Elisabeth Dreisbach, . . . und dennoch erfülltes Leben

ELISABETH DREISBACH

...und dennoch erfülltes Leben

Ein Frauenschicksal

CHRISTLICHES VERLAGSHAUS GMBH
STUTTGART

Das vorliegende Buch ist die Fortsetzung der unter dem Titel
„Des Erbguts Hüterin" erschienenen Erzählung

12. Auflage 1983
74.–78. Tausend

Umschlagfoto: Reinhard Brändle, Rundfunkmission
Gesamtherstellung: Druckhaus West GmbH, Stuttgart
ISBN 3-7675-7011-4

Dem Andenken Sternas gewidmet

Nun waren schon einige Jahre verflossen, seitdem das kleine Schild am Eingangstor des Eichenhofes befestigt wurde. Es trug die Aufschrift: Dr. Heiner Sorger, praktischer Arzt. – Äußerlich hatte sich kaum etwas verändert. In gewohnter Weise ging der Betrieb auf dem großen Hof weiter, den in fleißigem, fröhlichem Schaffen die junge Bäuerin Siegberte Streitmannn, jetzt Frau Doktor Sorger, vorbildlich leitete. Man hatte noch einige Hilfskräfte einstellen müssen, weil die Arbeit anders nicht mehr zu bewältigen war. Siegberte hatte ja durch ihre Verheiratung zu den alten Pflichten noch mancherlei neue übernommen, die zumeist mit der im Eichenhof eingerichteten Praxis ihres Mannes zusammenhingen. Dieser hielt täglich seine Sprechstunden, die so stark besucht waren, daß das Wartezimmer oft nicht ausreichte, um die Patienten, die nicht nur aus dem Dorf selbst, sondern oft von weit entfernten Ortschaften kamen, aufzunehmen. Sie mußten dann im Hof auf den beiden grüngestrichenen Bänken oder bei Regenwetter unter dem breit vorspringenden Dach der Scheune warten, bis sie an die Reihe kamen.

Schnell hatte es sich herumgesprochen, wie gewissenhaft, tüchtig, aber auch menschenfreundlich dieser Doktor Sorger war. Man brachte ihm schon aus dem Grund warmherziges Interesse entgegen, weil er der Mann von Streitmanns Siegberte war, die unter ihnen allen als echtes Dorfkind aufgewachsen war. – Daß sie es trotz aller Schwierigkeiten durchgesetzt hatte, Ärztin zu werden, und daß sie sich entschloß, nach dem tragischen Tod des einzigen Bruders und Hoferben unter Verzicht auf eine aussichtsreiche Stellung zurückzukehren und mit ihnen den Acker zu bebauen, auch daß sie trotz der vielen mühevollen Aufgaben, die solch ein Hof mit sich bringt, es fertigbrachte, den alten, amtsmüden Dorfarzt zu unterstützen und hilfebringend an die Krankenbetten der Dorfbewohner zu treten, – das hatte man ihr hoch angerechnet, und man wunderte sich nicht, daß ein Mann wie Doktor Sorger um sie geworben hatte. Der alte Doktor Nölle hatte zwar an seinem jungen Kollegen und Nachfolger viel zu nörgeln. „Viel zu gut, viel zu nachsichtig ist er! Aber er wird sich mit der Zeit schon umstellen. Grobe Leut' woll'n grobe Art."

Vorerst empfand Dr. Sorger aber noch nicht, daß ein Umstellen seinerseits notwendig wäre, sondern freute sich des ihm entgegengebrachten Vertrauens seiner Landbevölkerung, versuchte aus Schwierigkeiten, die natürlich nicht ausblieben, zu lernen und das Beste zu machen und war vor allem glücklich, in Siegberte, seiner jungen Frau, nicht nur einen tapferen, fröhlichen Lebenskameraden, sondern auch eine verständige Kollegin gefunden zu haben.

Sonst war auf dem Eichenhof alles beim alten geblieben. Die Felder wurden bestellt, der Viehbestand um einige Stück vermehrt und sorgsam betreut, und das Anwesen, das Siegberte damals aus den Händen des sterbenden Bruders übernommen und dessen Hüterin zu sein sie versprochen hatte, in gewissenhafter Treue verwaltet. Sie fühlte sich dabei ständig Gott und ihren Vorfahren gegenüber verantwortlich.

Vor der Einfahrt zu dem sorgsam gepflegten Anwesen standen wie Wächter die alten Eichbäume, die auf so manches Geschlecht des Eichenhofes geblickt hatten. Jauchzende Kinder hatten unter diesen Bäumen getollt; stille Schläfer wurden in ihrem letzten, engen Bette an ihnen vorüber auf den Gottesacker getragen; hochgeladene Brautwagen waren durch das blumengeschmückte Portal gefahren. Mit ihnen hatten junge, hoffnungsvolle Bäuerinnen Einzug in den Eichenhof gehalten. Einmal geschah es auch, daß ein Mensch mit haßentstelltem Gesicht, Flüche und Verwünschungen ausstoßend, wie ein Verfolgter aus dem Haus floh und an den alten Eichen vorbeihastete, um sich dann nie wieder blicken zu lassen. Das war der einstige Hofverwalter Holzbann gewesen. – Ja, die knorrigen Wächter des Eichenhofes hatten mancherlei erlebt. – Sie schwiegen aber zu allem, schüttelten höchstens verwundert ihre alten Häupter und warteten geduldig und ohne Hast der Dinge, die da kommen sollten. –

Was wohl die verstorbene Eichenhofbäuerin, Siegbertes Mutter, zu all den Neuerungen auf dem Hof gesagt hätte! Tatsächlich sahen diese Bäume jetzt so vieles Ungewohnte gegenüber früheren Zeiten. Da kamen die Leidenden zu Fuß oder mit dem Wagen und warteten darauf, bei dem freundlichen Arzt vorgelassen zu werden. Und wie viele waren es, die mit Kummer und Sorge beladen gekommen waren, um dann leuchtenden Auges den Eichenhof zu verlassen.

Der Vater Siegbertes, ja, der hätte Verständnis für all das Neue gehabt. Nicht umsonst hatte er oft das Wort ausgesprochen: Heb auf, was Gott vor deine Türe legt. Und Siegberte war ganz die Tochter dieses Vaters und darum paßte sie so gut zu dem jungen Doktor, der ein recht weites Herz voll Nächstenliebe besaß, wenn er auch nach Doktor Nölles Meinung nicht energisch genug war. Aber das Poltern hätte er müssen wirklich erst von seinem Vorgänger lernen; das lag seiner Art nicht.

*

Im großen, holzgetäfelten Wohnzimmer des Eichenhofes saß Siegberte und nähte an einem Kinderhemdchen für das Kleine, das sie in einigen Monaten erwartete. Nach einem unruhvollen Tag war es auf dem Hofe endlich still geworden. Die junge Frau gab sich, befreit aufatmend, der wohltuenden Stille hin. Nur aus der Küche drangen noch gedämpfte Laute an ihr Ohr: das Klappern von Geschirr, das nach der Abendmahlzeit abgewaschen und fortgeräumt wurde, auch das Lachen der Mägde, — sonst war kaum ein Laut vernehmbar. Das gleichmäßige Ticken der Wanduhr wirkte einschläfernd. Siegberte ließ die Hände in den Schoß sinken. Sie war so müde. Wenn sie nicht auf Heiner gewartet hätte, wäre sie am liebsten zu Bett gegangen. Er würde ihr das gewiß nicht verargen. Im Gegenteil, immer wieder redete er ihr zu, sich zu schonen, nicht zu viel Rücksicht auf ihn zu nehmen. Aber es war für sie selbstverständlich, auf ihn zu warten. Selbst wenn er, was oft geschah, mitten in der Nacht zu einem Kranken gerufen wurde, lag sie meistens wach, bis er wieder zurückkehrte oder schrak bei seinem Kommen aus leichtem Schlummer auf. Deswegen hatte er sie zwar schon oft getadelt: „Das kann sich die Frau eines Arztes nicht leisten. Damit schadest du dir und mir. Du brauchst deine Gesundheit, und ich brauche dich für die Aufgaben, die uns noch bevorstehen."

Es war erst neun Uhr, also noch früh am Abend. Heiner würde gewiß bald kommen. Das Aufleuchten seiner Augen verriet Siegberte jedesmal, wie es ihn dennoch freute, wenn sie noch auf war und ihn erwartete. Sie hob lauschend den Kopf. Wie der Junge hustete! Nun lag er schon wieder mit einer heftigen Erkältung zu Bett. Sie erhob sich, um nach ihm zu sehen. Neben ihrem eigenen Schlafzimmer schlief Rudolf. Leise öffnete sie die Tür. Aus dem Bett an der Wand richtete sich eine schmale Knabengestalt auf.

„Du schläfst noch nicht?" fragte die junge Frau.

Vorwurfsvoll sah der Junge sie an.

„Mir ist schrecklich heiß und ich habe Durst. Du läßt mich einfach hier liegen, wo du doch weißt, daß ich krank bin."

„Ich habe dich nicht rufen hören. Quält dich der Husten wieder so?" erwiderte Siegberte ruhig.

„Du weißt, daß du an deiner Erkältung selbst schuld bist.

Nun wirst du dich in Geduld üben müssen, bis du wieder gesund bist. Komm, laß mich deinen Puls fühlen."

Der Junge maulte: „Nun machst du mir wieder Vorwürfe."

„Ich mache dir keine Vorwürfe. Aber du mußt es lernen, die Wahrheit zu ertragen. Ich habe dich gewarnt, bei diesem kühlen Wetter schwimmen zu gehen. Denke doch, es ist Anfang Mai! Nun mußt du die Folgen tragen. Du weißt, daß deine Gesundheit nicht so fest ist, wie die der Dorfjungen. – Ja, du hast erhöhte Temperatur. Onkel wird nicht erfreut sein. Ich werde dir einen Wickel machen, damit du zum Schwitzen kommst. Dann wird's morgen schon wieder besser sein und in ein paar Tagen darfst du aufstehen."

„Ich mag keinen Wickel."

„Es kommt nicht darauf an, was du magst, sondern was notwendig ist. Und nun komm, leg dich unter die Decke. Ich hole rasch heißes Wasser."

Als Siegberte den Jungen in nasse Tücher gehüllt, gut zugedeckt und ihm schweißtreibenden Tee eingeflößt hatte, läutete das Telefon. Siegberte meldete sich.

„Sind Sie's, Frau Doktor? Kann Ihr Mann wohl gleich zu uns kommen?"

„Wer ist denn dort?"

„Mettens Wilhelm. Unsere Mutter will uns nicht gefallen. Das Herz tut nicht mehr mit. Der Herr Doktor sagte vorgestern, wir sollten ihn nur gleich rufen, wenn der Anfall sich wiederhole."

„Mein Mann ist nicht da. Ich will sehen, ob ich ihn erreichen kann. Er kommt dann, so schnell es möglich ist."

„Oder Siegberte – Verzeihung – Frau Doktor – wenn vielleicht Sie . . ."

„Ja, einer von uns beiden kommt."

Eine Viertelstunde später schritt Siegberte unter dem

Sternenhimmel dem Dorf zu. Ihr Mann war am Bette der Wöchnerin, zu der man ihn schon heute mittag gerufen hatte, unabkömmlich. „Es kann unter Umständen noch lange dauern", hatte er am Telefon gesagt. „Warte auf keinen Fall heute nacht auf mich. Es ist mir aber recht, wenn du gleich zu Mettens Mutter gehen kannst. — Ist es dir nicht zuviel? — Du gehst also? Schön — aber nachher gleich zu Bett, hörst du?"

Natürlich war sie gegangen. Es bedurfte ja keines Überlegens. Dafür war sie Arztfrau und selbst Ärztin. Wenn ein Menschenleben in Gefahr war, stand man zu Diensten.

„Franz soll dich begleiten", hatte ihr Mann ihr vorhin noch zugerufen. „Du sollst so spät nicht alleine fortgehen."

„Ich fürchte mich nicht", hatte sie erwidert. „Und den Weg finde ich in dunkelster Nacht."

Nun leuchteten über ihr die Sterne. Sie schritt energisch aus. Wie gut, daß sie ihrem Mann diesen Gang abnehmen konnte. Er käme sonst in dieser Nacht überhaupt zu keiner Ruhe. Es gelang Siegberte nicht, einen leisen Seufzer zu unterdrücken. Vergeblich hatte sie wieder einmal den Teetisch gedeckt und sich auf eine traute Feierabendstunde gefreut. Alles würde unberührt bleiben. Wenn Heiner endlich nach Hause käme, würde er so müde sein, daß er höchstens eilig einige Bissen zu sich nehmen und sich dann erschöpft zur Ruhe begeben würde. — Wie wenig Zeit hatten sie überhaupt für gemeinsame Besinnlichkeit! Und doch wäre sie so nötig bei den vielerlei Aufgaben, die jeden ihrer Tage füllten. Aber sie wollte nicht klagen. War es nicht unbeschreibliches Glück, daß ihre Wege zueinander gefunden hatten, daß sie sich gehörten, daß sie gleiche Interessen hatten und dasselbe Ziel verfolgten? — Ein heißes Dankgefühl durchflutete Siegbertes Herz. Nein, es sollte ihr nie zur Last werden, ihres Mannes Gehilfin zu sein, wenn die Anforderungen auch manchmal ihre Kräfte fast überstiegen. Ihr Leben an Heiners Seite war ja so reich, so ausgefüllt. Und wenn in einem Vierteljahr erst ihr Kind da sein würde! – In unaussprechlicher Freude faltete sie die Hände.

Eine Sternschnuppe zeichnete eine goldene Spur in den nächtlichen Himmel. „Gottesgabe" flüsterte Siegberte und gedachte liebend des kommenden Kindes.

Dann stand Siegberte vor dem Bett der nach Atem ringenden alten Frau, deren Augen weit aufgerissen angstvoll auf sie gerichtet waren. „Nur Mut, Frau Mettens, es geht vorüber. Ich bleibe bei Ihnen, bis Sie wieder ruhiger sind." Die Spritze verfehlte ihre Wirkung nicht. Wie ein bangendes Kind hielt die alte Frau Siegbertes Hand umklammert. Nach einer Stunde schlief sie ein. Die Ärztin gab noch weitere Anweisungen. Dann verließ sie das Haus. Die Begleitung des Sohnes der Kranken lehnte sie ab. Um die Straßenecke fegte ein Auto. Im letzten Augenblick konnte Siegberte zurückweichen. Der Wagen hielt mit plötzlichem Ruck. Doktor Sorger entstieg ihm.

„Aber Heiner!" tadelte Siegberte und lächelte ihn dennoch glücklich an. Er schloß sie in seine Arme.

„Ich hoffte dich noch hier zu treffen. Ich war in Sorge um dich." Er küßte sie. „Bist du sehr müde?"

„Wahrscheinlich nicht müder als du."

Und dann saß er am Steuer und sie neben ihm. Sie schwiegen beide und wußten doch genau, was ihre Herzen sich zu sagen hatten. Heiner fuhr das Auto in die Garage. Als Siegberte ihm über den Hof leuchtete, sagte sie: „Rudolf hat Fieber. Vielleicht schaust du nach ihm, während ich den Tee aufbrühe."

„Dem Bengel gehört eine Tracht Prügel", erwiderte Heiner. Aber er ging doch zu ihm hinauf, wo Minchen, das Mädchen, ihn gerade aus dem Wickel geschält hatte.

„Wie geht es dem Jungen?" fragte Siegberte, als Heiner zurückkehrte.

„Es ist nichts von Bedeutung, aber einen elenden Dickkopf hat er", antwortete der Doktor. „Doch komm, Siegberte, jetzt wollen wir noch ein Viertelstündchen uns gehören. – Wie schön hast du wieder den Tisch gedeckt! Hast du Zeit gefunden, die Schlüsselblumen zu pflücken? Und wie appetitlich sehen die belegten Brote aus." Er legte den Arm um sie.

„Siegberte, Liebling! Und bald sind wir zu dritt! Ich kann dir nicht sagen, wie ich mich freue. Als die arme Weberin heute abend endlich ihren Buben zur Welt gebracht hatte, da hätte ich am liebsten wie ein Lausejunge einen Luftsprung gemacht. Einmal weil es nun doch wider alles Erwarten gut gegangen war, und dann weil wir beide, du und ich, bald auch ein so kleines Menschlein besitzen werden. Unser Kind, Siegberte, unser Kind!"

Er hielt plötzlich inne. „Was ist dir, Liebste? Du weinst?" Siegberte barg das Haupt an seiner Brust und wischte so die Tränen ab, die ganz gegen ihren Willen über ihre Wangen liefen. Heiner nahm ihr Gesicht zwischen seine Hände. Seine Stimme war voll verhaltener Zärtlichkeit. „Siegberte, was ist?"

Sie aber lächelte bereits wieder: „Es ist schon vorbei; ich bin glücklich, daß wir beisammen sind."

Heiner sah sie besorgt an. „Es war gewiß heute zuviel für dich, wie so oft. Komm, laß uns rasch etwas essen und dann zur Ruhe gehen. Mitternacht ist vorüber."

*

Siegberte vermochte nicht am Leid eines Menschen vorüberzugehen, ohne wenigstens den Versuch zu machen, Hilfe zu bringen. Aber sie konnte auch energisch sein gegenüber solchen, die durch eigene Schuld und Leichtsinn in Not geraten waren. Für sie war die Türe des Eichenhofes verschlossen, während wirklich Hilfsbedürftige nie vergebens anklopften.

„Das Wissen um des Nächsten Leid verpflichtet", so hatte schon ihr Vater gesagt, und Siegberte hatte dieselbe Einstellung. Hiergegen stand der Mutter herbe Art. „Wir sind doch kein Obdachlosenasyl", hatte diese ausgerufen, wenn die Tochter elternlose Kinder und Hilfesuchende ins Haus brachte. Ihr Widerstand wurde jedoch jedesmal gebrochen, wenn sie in Siegbertes Augen schaute, aus denen ihr Mann sie anzublicken schien. Nun lag die Mutter seit einem Jahr auf dem Gottesacker, und auf dem Eichenhof wurde im Sinne ihres Mannes geschaltet und gewaltet.

Heute arbeitete Siegberte im Gemüsegarten neben dem Haus. Eine der Mägde half ihr beim Bohnenstecken. Es war ein maienschöner Tag. Über den in voller Blüte stehenden Obstbäumen wölbte sich ein strahlend blauer Himmel. Fleißige Bienen waren am Werk. Es versprach ein gutes Obstjahr zu werden. Siegberte schritt zum hinteren Teil des Gartens und sah nach dem Strauchobst.

„Die Johannisbeeren haben prächtig angesetzt", rief sie dem Mädchen zu. „Selbst die alten Sträucher tragen wieder." Als sie sich aus ihrer gebückten Stellung aufrichtete, trug der leichte Maiwind ihr eine Welle süßen Fliederduftes entgegen.

„Ach du kommst, Alwine!" rief sie und streckte ihre Hand dem eben herzugetretenen Mädchen entgegen. „Und welch herrlichen Fliederstrauß du hast! Es wollte mich schon wundern, daß der Duft von unserer Fliederhecke dort drüben bis hierher dringen sollte."

„Der ist für Sie, Frau Doktor", sagte das Mädchen und hob den Strauß mit den dunkelroten Fliederdolden über den Gartenzaun. „Ich weiß, Sie lieben Blumen sehr."

„Ich danke dir herzlich", erwiderte Siegberte und betrachtete wohlgefällig das junge Mädchen. Wie sauber und ordentlich sah sie aus! Sie hatte die dunklen Zöpfe zu einem Kranz um den Kopf gelegt. Und wie nett stand ihr das schlichte Waschkleid! Alwine war in den zwei Jahren ihres Hierseins noch gewachsen und hatte sich sehr zu ihrem Vorteil entwickelt. Unwillkürlich dachte Siegberte zurück an den Tag, da ein verzweifeltes Menschenkind mit einem dreijährigen Bübchen an der Hand und einem Bündel Kleider unter dem Arm völlig erschöpft vor dem Eichenhof stand. Eine rohe Hand hatte in den Lebensfrühling dieses Mädchens gegriffen und die schönsten Blüten geknickt. Ein verantwortungsloser Mensch betrog sie um Liebe und Ehre und war auf und davon gegangen, nachdem er sie ins Elend gestürzt hatte. Trotzdem hatte das arme Ding noch lange an ihn geglaubt oder wenigstens gehofft, daß er sein Wort einlösen, sie zu seiner rechtmäßigen Frau machen und dem Kinde seinen Namen geben werde. Als der Junge drei Jahre alt war, hatte die junge Mutter Ostpreußen verlassen und sich auf den Weg gemacht und die Spuren des Treulosen schließlich gefunden. Nicht gewillt, sich an das Mädchen, das er unglücklich gemacht hatte, zu binden und seiner Verpflichtung gegen sie nachzukommen, hatte er das ostpreußische Gut, auf dem er Verwalter war, verlassen. Alwine aber war auf dem gleichen Gut als Dienstmädchen angestellt gewesen.

Nach dem Tode Martin Streitmanns, Siegbertes Bruder, hatte sich dieser Holzbann — so war sein Name — um die Verwalterstelle auf dem Eichenhof beworben und dieselbe auch erhalten. Siegberte hatte diesen Entschluß damals allerdings sehr bald bereut. Nicht nur, daß dieser Mensch brutal und eingebildet war, er wußte sich auch bei der damals noch lebenden Eichenhofbäuerin einzuschmeicheln, so daß diese die Tochter schließlich zu überreden versuchte, dem Drängen des Verwalters nachzugeben und dessen Frau zu werden. Das waren qualvolle Monate für Siegberte gewesen, die den Charakterlosen gar schnell durchschaut hatte. Niemals hätte sie dem unfaßlichen Wunsch der Mutter Folge geleistet. Ihre ablehnende Haltung führte zu heftigen Auftritten und ernster Disharmonie zwischen Mutter und Tochter, worunter Siegberte unsagbar litt. Wenn sie nur an jene Nachtstunde dachte, wo Holzbann ihr in vollkommen betrunkenem Zustand einen Heiratsantrag machte, als sie von einem späten Krankenbesuch kam. Sie konnte sich des Zudringlichen nur dadurch entledigen, daß sie ihn, der auf schwankenden Füßen stand, in eine Schneewehe stieß. –

Es war wohl eine Fügung gewesen, daß das Mädchen aus Ostpreußen den Weg zum Eichenhof gefunden hatte und daß durch sie das wahre Wesen des unaufrichtigen Verwalters offenbar wurde. Das arme Ding mußte noch seine brutalen Schmähungen über sich ergehen lassen, ehe er fluchtartig den Hof verließ. Da endlich hatte auch die Bäuerin erkannt, in welche Not die Tochter geraten wäre, wenn eine so unselige Verbindung zustande gekommen wäre.

Sie ließ nach dieser bitteren Erfahrung Siegberte gewähren, als diese sich des armen Mädchens annahm, das nach diesen neuen Enttäuschungen buchstäblich zusammenbrach. Alwine war Waise und hatte niemand, zu dem sie mit ihrem Kinde flüchten konnte. Siegberte aber wußte: hier waren Aufgaben zu erfüllen, dem verzweifelten Mädchen mußte geholfen werden, sollte es nicht gänzlich Schiffbruch leiden. Hatte einer dieses junge Leben beinahe zerstört, so mußte ein anderer da sein, der half, aus den Trümmern ein neues aufzubauen. Sie behielt beide, das Mädchen und ihr Kind, auf dem Hof, ließ Alwine erst einmal zur Ruhe kommen und ermutigte sie dann zur Mitarbeit, daß sie in täglicher Pflichterfüllung Vergessen und sich selbst wieder finden möchte. Bald zeigte es sich, daß das Mädchen gut veranlagt, geschickt und fleißig war. Siegberte versuchte nun Fäden zu knüpfen zwischen Alwine und dem Steinhaldenhof, wo die Mutter Emil Holzbanns und als jetziger Besitzer der älteste Bruder mit seiner Frau und seinen beiden, damals noch unverheirateten Schwestern lebte. Nicht gleich waren diese gewillt, dem fremden Mädchen, von dem man ja nicht wissen konnte, wer und was sie war, Heimat zu bieten. Aber ihr Kind, der kleine Emil, gewann bald die Herzen der Zögernden. Alwine wurde mit dem Kleinen auf dem Steinhaldenhof aufgenommen und hatte in der zweijährigen Zeit ihres Dortseins mit den Besitzern mancherlei erlebt. So hatten die beiden Töchter des Hofes sich verheiratet und den Hof verlassen. Die Frau des Besitzers war ganz plötzlich gestorben. Da war ihre Mitarbeit sehr vonnöten, zumal die alte Mutter schon recht hinfällig war.

In schwärmerischer Liebe hing Alwine an Frau Doktor Sorger, die ihr über die schwere Anfangszeit hinweggeholfen und sich ihrer stets gütig angenommen hatte. Manchen freien Sonntagnachmittag hatte sie mit ihrem Kind schon auf dem Eichenhof zugebracht und immer wieder ihr Herz vor Siegberte ausschütten können, die ihr mehr Verständnis entgegenbrachte als etwa die alte Frau Holzbann. Diese zwar zeigte sich Alwine gegenüber nicht unfreundlich, aber durch die mannigfachen Enttäuschungen ihres Lebens war sie herb und verschlossen geworden.

Siegberte freute sich an Alwine und forderte sie auch jetzt, da sie mit dem großen Fliederstrauß zu ihr gekommen war, freundlich auf, näherzutreten.

„Du kommst gewiß nicht nur, um mir die Blumen zu bringen", sagte sie. „Du hast bestimmt etwas auf dem Herzen, ich sehe es dir an."

Alwine schlug errötend die Augen nieder. Ja, sie würde die Frau Doktor gerne um einen Rat fragen. Ob sie wohl auf den Abend für ein Stündchen kommen dürfe. Sie sei auf dem Weg ins Dorf, wo sie eine Besorgung zu machen habe, und jetzt eben vorbeigekommen, um zu fragen, ob die Frau Doktor ein wenig Zeit für sie habe.

Siegberte dachte einen Augenblick lang daran, daß ihr Mann ihr heute mittag beim Abschied zugerufen hatte: „Und heute abend hoffe ich daheim bleiben zu können; dann wollen wir wieder einmal gemütlich beisammen sitzen." Schon wollte sie Alwine auf einen anderen Tag bestellen, aber als sie in die bittend auf sie gerichteten Augen des Mädchens blickte, vermochte sie nicht, ihm eine abschlägige Antwort zu geben, zumal Alwine sich der vielen Arbeit wegen nicht oft frei machen konnte. Und sicher war es etwas Dringliches, was sie bewegte. Heiner würde es gewiß verstehen. So reichte sie dem Mädchen die Hand und sagte herzlich: „Komm nur heute abend, Alwine! Ich werde mir Zeit nehmen für dich."

„Ich will Sie gewiß auch nicht zu lange aufhalten", erwiderte das Mädchen.

Mit dem ruhigen Abend wurde es dann ohnehin nichts. Doktor Sorger wurde in ein Nachbardorf zu einem Schwerkranken gerufen. So hatte seine Frau Zeit für das Mädchen aus Ostpreußen. –

Alwine saß auf der gemütlichen Eckbank des Wohnzimmers. Sie blickte verlegen auf ihre im Schoß gefalteten Hände und suchte offenbar nach Worten, ihr Anliegen vorzubringen. Siegberte ließ ihr Zeit. Je älter sie wurde, desto mehr empfand sie, daß man, um einem anderen helfen zu können, sich Zeit für ihn nehmen und warten können müsse, bis er imstande sei zu reden. Ruhig strickte sie an dem wollenen Kinderjäckchen. Es ging ihr durch den Sinn, mit welch anderen Empfindungen Alwine wohl damals der Geburt ihres Kindes entgegengesehen haben mußte als sie, die während all dieser Zeit von einem unbeschreiblichen

Glücksgefühl durchdrungen war. – Ob ihre Gedanken auf das Mädchen übergesprungen waren? – Es sagte: „Sie wissen, wie sehr ich darunter gelitten habe, daß Emil ohne Vater aufwachsen soll. – Jetzt gäbe es einen Ausweg ..." Sie stockte.

Siegberte warf ihr einen ermutigenden Blick zu und sagte: „Sprich nur weiter, Alwine."

„Der Steinhaldenbauer hat mich gefragt, ob ich seine Frau werden will."

„Wirklich? – Das freut mich für dich, Alwine. Das ist ein Zeichen von Vertrauen. Und was hast du geantwortet?"

Alwine zögerte. Es war ihr anzumerken, wie schwer es ihr wurde, das auszusprechen, was sie empfand. – Schließlich antwortete sie: „Ich habe den Bauer gebeten, mir ein paar Tage Zeit zu geben, damit ich mir klarwerden könne, was das Richtige sei. – Seh'n Sie, Frau Doktor, damals in Ostpreußen bei – bei seinem Bruder, da habe ich zuwenig überlegt; so kam ich ins Unglück mit dem Kind. Jetzt ist mir Angst, etwas zu tun, was ich später vielleicht bereuen müßte."

Siegberte faßte die Hand des Mädchens. „Es ist schon recht, Alwine, wenn du dir alles gut überlegst; aber du darfst in diesem Falle auch ruhig dein Herz fragen. Was sagt es dazu?"

Alwine errötete. „Ach, Frau Doktor, ich weiß nicht, ob ich mich in meinem Herzen richtig auskenne. Als ich damals Emil kennenlernte, glaubte ich ganz gewiß, daß ich ohne ihn nicht sein könne – ich – ich meinte, ihn richtig gern zu haben. Später aber, als er mich mit dem Kind im Elend zurückließ und mich so schnöde betrog, hätte ich ihn hassen können und hab's wohl auch getan. Jedenfalls verachtet habe ich ihn aus tiefstem Herzen. – Und wenn ich nun daran denke, die Frau seines Bruders werden zu sollen ... Ich habe mich immer nur als Magd in seinem Hause betrachtet und großen Respekt vor ihm gehabt. Nach dem Tode seiner Frau dachte ich wohl dann und wann, daß wieder eine Bäuerin auf den Hof kommen werde, zumal kein Erbe da ist, und der Steinhaldenbauer noch keine vierzig zählt – aber daß er an mich denken könne, das ist mir nie in den Sinn gekommen. Ich weiß nun nicht, ob ich es wagen darf, ihm ‚ja' zu sagen, so wie ich zu ihm stehe, obgleich es natürlich verlockend ist, auf einem solchen Hof Bäuerin zu sein."

„Ich verstehe dich gut", erwiderte Siegberte. „Aber glaube mir, aus gegenseitiger Achtung kann Liebe erwachsen. Ohne Achtung kann Liebe ja schwerlich bestehen. Sieh, nachdem du Emil nicht mehr achten konntest, vermochte sich die vermeintliche Liebe sogar in Haß zu verwandeln. Übrigens zerren die Menschen das große Wort ‚Liebe' vielfach mit ihren unreinen Händen in den Schmutz niedrigster Gedanken und Gelüste. Sie verwechseln Liebe mit Triebhaftigkeit und Sinnenlust. Wahre Liebe adelt die Menschen, und die idealste Ehe ist da, wo zwei Menschen sich bis in die tiefsten Geheimnisse ihres gemeinsamen Lebens hinein gegenseitige Achtung bewahren. Wo einer den andern verachten muß, zerbricht eines Tages auch die stärkste Liebe. Ich bezweifle es, Alwine, daß dich und Holzbann damals wahre Liebe verband. Du warst ein junges, unwissendes Mädchen, fast noch ein Kind, und dadurch, daß du eltern- und heimatlos warst, besonders liebebedürftig. Du glaubtest natürlich den Versprechungen dieses Treulosen; er aber nutzte deine Unwissenheit aus. Und wenn es heute nur Hochachtung wäre, die du für den Steinhaldenbauer empfindest, so böte diese eine weit sicherere Grundlage für eine gemeinsame Zukunft, als jäh aufflackernde Leidenschaft, die oft so rasch in nichts zusammenfällt. Weil du gar nicht mit der Möglichkeit rechnetest, Steinhaldenbäuerin zu werden, hast du wohl weiteren Empfindungen in deinem

Innern keinen Raum gegeben. Aber gib nur acht, du gewinnst den Wilhelm Holzbann noch von Herzen lieb."

Ein Aufleuchten in Alwines Augen dankte Siegberte diese Worte. Sie antwortete: „Es ehrt mich, daß der Steinhaldenbauer mich zur Frau begehrt, obgleich er weiß, was zwischen seinem Bruder und mir vorgefallen ist."

„Er hat dich zur Genüge beobachtet und will vielleicht auch gutmachen, was Emil an dir verschuldet hat."

„Aus Mitleid wollte ich allerdings nicht geheiratet sein – aber . . ."

„Aber?" –

„Er sagt, ich sei ihm liebgeworden, daß er sich keine andere als seine Frau denken möchte."

„Na also. Ich glaube, daß du nicht länger im Unklaren zu sein brauchst über das, was du ihm antworten sollst."

„Wenn nun aber Emil eines Tages zurückkehrte?"

„Er hat jedes Recht an dich verloren durch sein ehrloses Handeln."

„Ich denke längst nicht mehr daran, ihn je zu heiraten; dazu hat er mich viel zu tief verwundet. Aber der Kleine ist doch sein Kind."

„Er hat bisher nichts unternommen, seine Vaterpflichten zu erfüllen; somit hat er auch keine Rechte zu beanspruchen. – Oder solltest du ihn gar fürchten? Nirgends wärest du wohl in sichererer Hut, als bei seinem Bruder, dem Steinhaldenbauer, der ein Mann von Charakter ist."

Alwine sann eine Weile vor sich hin. Dann sagte sie: „Es müßte schön sein, eine bleibende Heimat zu haben, und der Steinhaldenbauer würde meinem Kind gewiß ein guter Vater sein."

„Und seiner kleinen Frau ein liebevoller Gatte", fügte Siegberte hinzu und legte den Arm um die Schultern des verwaisten Mädchens. Da zog Alwine die Hand der mütterlichen Frau an ihre Lippen und küßte sie dankbar.

Doktor Sorger kam früher zurück, als seine Frau ihn erwartet hatte. „Wie freue ich mich!" sagte Siegberte. „So bleiben uns doch noch ein paar stille Abendstunden, wenn du nicht wieder abgerufen wirst. Während du dich wäschst, kocht das Teewasser. Wir können gleich essen." Sie sah ihn mit glücklichem Lächeln an. „Ich habe dir etwas Schönes zu erzählen."

Wenig später saßen sie im gemütlichen Winkel des Wohnzimmers. Wie traulich plauderte es sich beim gedämpften Licht der Stehlampe. Siegberte berichtete von der Unterredung mit Alwine. „Ich kann dir nicht sagen, wie es mich freut, daß das Mädchen nun endlich eine Heimat findet. Immer war ihr Ergehen mir ein Anliegen."

„Mußt du dir eigentlich immer zu den eigenen auch noch die Sorgen anderer aufladen?" fragte Heiner und wußte doch, noch ehe er ihre Antwort abwartete, daß sie nie anders handeln würde, weil das Sorgen um andere ein Teil ihres Wesens und ihr geradezu Lebensbedürfnis war.

„Unsere eigenen Sorgen", — nahm sie sinnend seinen Gedankengang auf. Dann sah sie ihn lächelnd an. „Ich habe doch nur noch die Hälfte wie früher."

„Die Hälfte?" — Er verstand nicht gleich.

„Ja, weil ich die andere Hälfte auf deine Schultern gelegt habe."

Da schloß er sie in seine Arme. „Demnach hast du also noch Platz genug für die Bürden anderer. Wenn dabei nur auch deine Kraft ausreicht. Ich fürchte immer, daß du dir zuviel zumutest. Aber ich glaube, du kannst nicht leben, ohne dich um die Not anderer zu kümmern."

Siegbertes Blick verlor sich in die Weite, dann sagte sie leise: „Mein Vater pflegte zu sagen: ‚Der Weg zu Gott führt über den Nächsten.'"

„Wenn du mit all deinen Sorgenkindern so Gutes und Erfreuliches erlebst, wie mit dem Mädchen aus Ostpreußen, soll es mich nur freuen. Ich fürchte, Rudolf wird dir mehr Kummer bereiten."

„Du hast eine Abneigung gegen den Jungen. Das tut mir manchmal fast weh, denn er soll doch bei uns Heimat finden."

„Nicht gegen Rudolf selbst, aber gegen das Heimtückische in seinem Wesen. Wenn du gesehen hättest, wie er gestern eines der jungen Kätzchen über den Gartenzaun geschleudert hat ..."

„Pfui, wie gemein." Siegbertes Augen flammten. „Da hätte ihm wirklich eine Tracht Prügel gehört."

„Du darfst überzeugt sein, daß ich sie ihm verabreicht habe. Und Rolands rasendes Bellen, sobald der Junge nur in der Ferne auftaucht, hat ganz gewiß auch seinen Grund. Rudolf leugnet zwar, das Tier mit dem großen Stein beworfen zu haben, aber ich bin fest davon überzeugt, daß es niemand anders war als er. Wenn dich deine Güte dem Bengel gegenüber nur nicht einmal teuer zu stehen kommt."

Siegberte schwieg eine Weile. Dann sagte sie: „Und dennoch tut er mir leid. Denke doch, er ist ein ungewolltes Kind. Weißt du, Liebster – jetzt, wo wir unser Kleines erwarten, verstehe ich in noch weit größerem Maße als vorher, welch eine Tragik über einem solchen Kind liegt. Glaubst du nicht auch, daß diese Kinder es weit schwerer im Leben haben als andere?"

„Das mag sein, aber das darf kein Freibrief für Bosheiten sein. Wer weiß, welche Erbmasse in dem Jungen schlummert. Aber tue du, wie dir dein mütterliches Herz gebietet. Für unser Kind wird ja doch wohl noch genug Liebe übrigbleiben."

„O Heiner!" Sie lehnte sich an seine Schulter und schloß die Augen. „Wenn ein Kind schon vor seiner Geburt so geliebt wird, wie das unsrige ... Und gerade darum tut Rudolf mir so unsagbar leid. Ich weiß, er ist oft fast unausstehlich. Er soll aber trotz allem spüren, daß jemand da ist, der ihn liebhat."

In diesem Augenblick klopfte es an die Tür. Franz Koppner, der Verwalter, trat ein. „Verzeihung, wenn ich ungeschickt komme." Sein Gesicht drückte ehrliches Bedauern über seine Störung aus. Er wußte, wie selten den Arztleuten solche Stunden traulichen Beisammenseins geschenkt waren. Aber er war lange genug im Hause, um zu wissen, daß Siegberte von allen Geschehnissen auf dem Hof unterrichtet sein wollte.

„Nun, Franz?" fragte diese.

„Frau Doktor, die Blanka gefällt mir gar nicht. Es wäre auch Zeit, daß das Kalb käme. Es ist bald zu fürchten, daß wir das Tier abschlachten müssen."

„Das wäre schlimm", erwiderte Siegberte und stand sofort auf. „Weshalb habt ihr dem Tierarzt nicht telefoniert?"

„Das ist bereits geschehen."

„Ich komme sofort. Will mich nur rasch umziehen."

„Und ich?" fragte Heiner. „Ja, ja, ich sehe schon. Ihr traut mir nichts zu. Aber warum soll ein Geburtshelfer nicht auch einer kalbenden Kuh zu Hilfe kommen. Franz, geh' voraus, in fünf Minuten sind wir im Stall."

Während sich beide rasch umkleideten, sagte Siegberte: „O Heiner, das hast du dir auch nicht träumen lassen, daß du auf dem Eichenhof derartige Pflichten zu erfüllen hättest."

„Aber warum nicht?" entgegnete er. „Hast du nicht selber vorhin vom Halbieren der Sorgen und Lasten gesprochen? Und wenn du an so manchem Krankenbett stehst und mir dann hilfst, dann betrachte ich es als ganz selbstverständlich, daß ich dir zur Seite stehe, wenngleich ich auch noch bitter wenig verstehe von Ackerbau und Viehzucht. Bin ich erst einige Jahre länger hier, so werde ich meine Kenntnisse um etliches vermehrt haben. Wir sind nun eben mal ein seltsames Arztehepaar. Aber ich denke, das Vertrauen unserer Bauern wird nicht geringer werden, wenn ich mich auch in ihren Stallungen etwas auskenne."

Als der Tierarzt eine Stunde später erschien, waren gerade Zwillingskälber angekommen und Doktor Sorger bemühte sich mit dem Verwalter um die Mutterkuh. „Hier scheine ich überflüssig zu sein", sagte der Tierarzt und schüttelte Heiner die Hand. „Ich gratuliere, Herr Kollege! – Wenn Sie morgen mal nach meiner kleinen Tochter sehen wollten – ich glaube, sie hat Windpocken." Doktor Sorger versprach zu kommen und bat den Tierarzt um Entschuldigung, wenn er ihm ins Handwerk gepfuscht haben sollte. Dieser aber wehrte lächelnd ab. „Als Bauernarzt müssen Sie alles können."

*

Rudolf kam aus dem Kindergottesdienst nach Hause, den er regelmäßig, wenn auch widerwillig zu besuchen hatte. Tante Siegberte sagte: „Es ist bei uns immer so üblich gewesen, daß man am Sonntag zur Kirche geht, und es schadet dir gewiß nicht, wenn du dich dieser guten Sitte fügst."

„Aber nützen tut es mir auch nichts", meinte der Junge.

„Das vermagst du wohl kaum zu beurteilen", erwiderte Siegberte ruhig. „Es ist traurig genug, daß du jahrelang ohne religiöse Erziehung gewesen bist, und ich hoffe sehr, daß du mit der Zeit den Wert des Religionsunterrichts schätzenlernst und Freude daran findest."

Rudolfs Miene hellte sich auf, als er erfuhr, daß man am Nachmittag ins Landhaus Kabel, das den schönen Namen „Heimkehr" trug, eingeladen war. Kabels waren gute Freunde von Sorgers. Rolf Kabel war Schriftsteller, und wohnte mit seiner jungen Frau und den beiden jetzt zweijährigen Zwillingen in einem idyllisch gelegenen Landhaus.

Mit Heiner Sorger verband ihn eine herzliche Freundschaft, Siegberte aber verehrte er geradezu. „Sie ist einmal der rettende Engel in unserem Hause gewesen", hatte er zu dem Arzt gesagt, als dieser das erstemal, noch als Siegbertes Verlobter, Haus „Heimkehr" aufgesucht hatte. „Lassen Sie sich von ihr selbst erzählen. – Jedenfalls sind wir, meine Frau und ich, ihr zu großem Dank verpflichtet." Und die beiden Ehegatten, jeder eins der Kinder auf dem Arm, hatten einen Blick stillen Einvernehmens miteinander getauscht. Siegberte aber hatte sich errötend abgewandt. „Rolf, Sie übertreiben. Um Engelsdienste leisten zu können, müßte ich viel weniger erdgebunden sein." „Und doch gibt es Menschen, die trotz aller Erdgebundenheit als helfende Engel durch die Welt gehen", hatte der Schriftsteller erwidert. Jedenfalls bestand ein sehr gutes Verhältnis zwischen dem Arztehepaar und den Bewohnern des Landhauses und es bedeutete für alle Beteiligten jedesmal ein Fest, wenn sie sich abwechselnd besuchen konnten. Kabels bedauerten nur, daß Sorgers so wenig Zeit zum Besuchemachen hatten. „Ihr werdet noch vollständig von eurer Praxis und eurem Betrieb verschlungen", murrte Rolf Kabel. Aber zu ändern war daran nichts.

„Ins Landhaus gehen wir?" jubelte Rudolf. „Wer geht mit? Ich und du allein? – Herrlich!"

„Weshalb freut es dich, daß wir beide allein gehen?" fragte Siegberte. „Magst du nicht, daß der Onkel auch mitgeht?"

„Doch – nein – das heißt – weißt du, Tante, lieber bin ich schon mit dir allein."

„Aber warum, Rudi. Onkel Heiner meint es doch auch gut mit dir."

„Er kann mich nicht leiden."

„Wie kannst du das sagen?"

„Das spüre ich, und er hat mich auch schon ein paarmal geschlagen."

„Nur wenn du es verdient hattest." Der Junge zuckte die Achseln und fuhr nicht ohne Bitterkeit fort: „Außer dir mag mich überhaupt niemand richtig."

„Aber Rudolf!" Siegberte legte den Arm um die Schultern des Jungen. „Deine Mutter hat dich doch auch lieb."

„Pah – meine Mutter! – Etwa, weil sie mir ein- oder zweimal im Jahr allerlei Süßigkeiten oder andere nette Sachen bringt? Wie kann sie mich liebhaben, wo sie mich kaum kennt." Der Junge schlug mit der Hand durch die Luft, als wolle er eine lästige Fliege verjagen, und brummte: „Lassen wir das!" Siegberte erschrak. War Rudolf wirklich erst zwölf Jahre alt? Eine Weile gingen sie schweigend nebeneinander her. Siegberte spürte genau, daß ihrer beider Gedanken die gleichen waren. Wenn Rudolf jetzt auch eine gleichgültige Miene zur Schau trug und zu pfeifen anhob, so konnte er im Augenblick doch nicht von seiner Mutter loskommen. Er brach seine Melodie auch plötzlich ab, blieb vor Siegberte stehen und sagte, indem sich seine Augen dunkel färbten: „Ich weiß, daß ich ein ungewolltes Kind bin."

Siegberte sah bekümmert auf den Jungen. „Du kannst doch nicht leugnen, daß es so ist", fuhr Rudi unbeirrt fort. „Du kennst doch meine Mutter und weißt, daß sie nichts von mir wissen will. Und mein Vater – der kümmert sich überhaupt nicht um mich. – Das muß ein Schöner sein!" – Er lachte bitter auf. „Als meine Mutter das letztemal bei mir war, habe ich sie gefragt, weshalb ich keinen Vater habe wie andere Kinder und wo mein Vater eigentlich sei. Da wurde sie verlegen, und anstatt mir zu antworten, versprach sie, mir eine Armbanduhr zu schicken. – Das hat sie ja dann auch getan. Ha – auf die Uhr könnt' ich verzichten; sie sollte mir lieber den Vater bringen."

Der Junge brachte Siegberte in äußerste Not. Was sollte sie nur antworten? Empfand er nicht ganz richtig? – Sie waren langsam weitergegangen. Nach einer Weile warf Rudolf Siegberte einen scheuen Blick zu.

„Tante Siegberte, Franz Stucki sagt" – er stockte und suchte sichtlich nach den rechten Worten – „und ich wußte es auch – du – du bekommst – –" Sie half ihm. „Du darfst es ruhig aussprechen. Ja, es ist so, wir erwarten ein Kindlein, und Onkel Heiner und ich freuen uns unsagbar darauf." – „Siehst du – siehst du!" entfuhr es fast leidenschaftlich dem Jungen. „So ist es bei euch, und so ist es bei allen rechten Eltern. Aber auf mich hat sich kein Mensch gefreut. Oder würdest du vielleicht dein Kind gleich, nachdem es auf die Welt kommt, zu fremden Leuten tun? – Sag, würdest du so etwas tun?" Rudolf war wieder vor Siegberte getreten und forderte herrisch Antwort auf seine Frage. Statt zu antworten nahm die junge Frau ihn in ihre Arme und küßte ihn. Ihr Herz floß über vor Erbarmen und Mitleid mit dem armen Kind, das ihr Einblick in sein Inneres gewährt hatte. Sie glaubte Menschenkennerin zu sein, aber solchen Gefühlsausbruch hätte sie nicht erwartet und solche Überlegungen nicht hinter der sonstigen Oberflächlichkeit Rudolfs gesucht. Der Junge befreite sich erschrokken aus ihren Armen: „Tante Siegberte, du weinst ja! Aber doch nicht wegen mir?" Und nun mußte sie fast lächeln. Er legte nämlich seinen Arm um sie und sagte wie ein Alter: „Beruhige dich, es ist nun einmal nichts daran zu ändern; und weißt du, hier bei euch auf dem Eichenhof bin ich ja auch ganz zufrieden. Zum erstenmal mußte ich nicht das Gefühl haben, daß ich nur geduldet bin, wenn auch Onkel Heiner mich nicht so sehr mag. Du bist immer nett zu mir. Und außerdem kann ich reiten und überall herumstreifen und auf die Bäume klettern und Obst essen, soviel ich will – und du hast mir eines von den Lämmern geschenkt, daß ich es immer behalten darf." – Nun war er wieder ganz Kind und schien seinen Kummer bereits vergessen zu haben. Welch ein seltsamer Junge! – Wer kannte sich bei ihm aus! Jetzt pfiff er schon wieder, wenn auch in schauerlichen Tönen. Rudolf war nämlich vollkommen unmusikalisch.

Siegberte in ihrer gründlichen Art vermochte aber das angeschnittene Thema nicht so plötzlich abzubrechen. „Wir, der Onkel und ich, haben dich beide lieb", sagte sie. „Wir möchten dir wirklich eine bleibende Heimat bieten, und wenn du dir Mühe gibst und gehorsam bist, vor allem nicht roh und gewalttätig, dann wird dir Onkel Heiner mit der Zeit ein rechter Freund oder ein Vater werden. – Sieh, wir beide können nicht begreifen, daß du manchmal hilflose Tiere in so heimtückischer Weise quälen kannst, während du doch vorgibst, ein Tierfreund zu sein, was ich auch gar nicht bezweifeln will. Wie sehr hast du dich über das Lämmlein gefreut!"

Rudolf sann eine Weile vor sich hin, dann sagte er: „Ich weiß nicht, woher es kommt, daß ich Freude daran finde, ein Tier zu quälen. In mir muß ein Teufel sitzen, der mich dann und wann zwickt."

„Es sind in allen Menschen zwei Mächte am Werk, die Macht des Guten und die Macht des Bösen. Aber es kommt immer darauf an, für welche von den beiden Mächten wir uns entscheiden."

Rudi pfiff schon wieder. Es war vielleicht jetzt gut, das Gespräch zu beenden. Sie hatten inzwischen die Höhe erreicht. Von hier aus genoß man einen wunderschönen Ausblick auf das Dorf. Eine Bank am Waldrand lud zum Rasten ein. „Komm, wir setzen uns ein wenig", schlug Siegberte vor. „Das Steigen hat mich doch etwas angestrengt. Dieses Plätzchen liebe ich so sehr. Sieh einmal die herrliche Baumgruppe da drüben. Kennst du die Namen der Bäume?" – Rudolf war zugänglich und begann aufzuzählen: „Das ist eine Weißtanne und daneben eine Rottanne. Und wie heißt der Baum, der so zarte, hellgrüne Zweige herunterhängen läßt?"

„Das ist eine Lärche. Als Kind sagte ich immer Hochzeitsbaum. Und dort steht eine Kiefer und ein Ahorn. Daneben rechts eine Akazie. Dort drüben am Wiesenrand erlebten wir einmal etwas Nettes. Unsere Eltern machten eines Sonntagnachmittags einen Spaziergang mit uns. Mein Bruder Martin spielte leise auf seiner Mundharmonika, als er plötzlich stehenblieb und auf eine Eidechse deutete, die aus ihrem Erdloch geschlüpft war und meinen Bruder mit ihren hellen Augen unverwandt anstarrte. Martin spielte immer noch und die Eidechse huschte zurück in die Erde. Schon wollten wir weitergehen, als wir sahen, daß das Tierchen mit zwei, drei anderen Eidechsen wieder zum Vorschein kam. Alle hielten vor uns still, nur die Äuglein bewegten sich hin und her. ‚Die haben Freude an deiner Musik', sagte Vater. Als wir dann langsam weitergingen, kamen die Eidechsen hinter uns her, etliche Meter weit, bis sie mein Aufjauchzen verscheuchte. – Sieh, so habe ich unzählige liebliche Erinnerungen aus meinen Kindertagen. Und so froh wie wir waren, sollst auch du bei uns sein, Rudi. – Aber nun komm, Kabels werden schon auf uns warten, und wenn der Onkel die beiden Krankenbesuche erledigt hat, kommt er und holt uns ab."

Frau Sabine kam ihnen durch den Garten entgegen. An jeder Hand führte sie einen der Zwillinge. Peter und Susi jauchzten Siegberte zu. Der Kleine hob sein Fäustchen, in dem ein paar mißhandelte Gänseblümchen die Köpfchen bereits hängen ließen, der Tante entgegen. „Da!" sagte er und bewies damit sein Bedürfnis, sie zu beschenken. Siegberte hob den Kleinen auf den Arm. Dadurch fühlte sich das Schwesterlein zurückgesetzt. Es stellte sich auf die Zehenspitzen und versuchte ganz energisch den Bruder an den Beinen herunterzuzerren. Erst als Rudolf sie mit einem Schwung auf seine Schultern hob und als mutwilliges Roß mit ihr durch den Garten trabte, beruhigte sie sich. „Was ist mit Rudi?" fragte Frau Kabel. „Solch ritterliche oder kinderfreundliche Regungen ist man bei ihm sonst nicht gewöhnt."

„Ich hatte auf dem Wege hierher eine Unterredung mit ihm", erwiderte Siegberte, „und er war zugänglicher als sonst." Sabine legte den Arm um die Freundin und sagte: „Du bist nun einmal eine geborene Seelsorgerin."

Siegberte errötete: „Ihr dichtet mir immer Tugenden an, von denen ich nichts weiß. Aber schließlich, Sabine, sollte ja jede Mutter eine Seelsorgerin sein."

„Ob Rudi es wohl zu schätzen weiß, was du für ihn tust?"

„Danach habe ich bisher nicht gefragt. Mir liegt es vor allem daran, ihn von meiner Liebe überzeugen zu können. Doch was sehe ich? Da steht ja Heiner auf dem Balkon! Ist er schon lange hier?"

„Heiner kam vor einer Viertelstunde", antwortete Frau Kabel. „Und nun wollen wir das Zusammensein ausgiebig genießen. Pauline hat großmütig auf ihren freien Nachmittag verzichtet. Das heißt, sie nimmt die Kinder nachher im Wagen mit hinunter ins Dorf zu ihrer Mutter, damit wir ungestört sind. Ich hoffe, es verletzt deine mütterlichen Gefühle nicht, wenn ich dir sage, daß ich tatsächlich aufatme, wenn ich meine beiden Plagegeister für ein paar Stunden los bin. Aber weißt du, wir hätten keine Ruhe, wenn wir's nicht so machten. Die Kinder sind nun in dem gefährlichen Alter, in dem es bei ihnen ohne beständige Beaufsichtigung nicht geht, soll nicht immer ein Unglück passieren."

Die beiden Männer wurden ungeduldig. „Was ist?" rief Rolf Kabel. „Laßt uns doch teilnehmen an eurem Gespräch. Ihr wälzt wohl schon wieder eure Hausfrauenprobleme? Oder beschäftigen euch pädagogische Fragen? Siegberte, laß dir von Sabine nur erzählen, wie wir beide von unseren Zwillingen tyrannisiert werden. Und doch behauptet meine Frau, es gäbe auf Gottes weiter Welt keine süßeren, begabteren und mehr versprechenden Kinder, als die unsrigen es sind. Aber daß sie diese wertvollen Eigenschaften alle von ihrem Vater geerbt haben, davon will sie nichts hören."

Inzwischen waren die beiden Frauen auf der weinumrankten Veranda angekommen. Siegbertes Augen grüßten strahlend den Gatten. „Wie schön, daß du da bist! Warst du schon so bald abkömmlich?"

„Ja, dem alten Puhnke geht es heute besser. Und Vossens Magd habe ich ins Krankenhaus überführen lassen. Appendizitis."

„Kinder", unterbrach sie Sabine, „sprecht um alles in der Welt nicht in Fachausdrücken, sonst kann ich ungelehrte Frau euch nicht folgen. Was also fehlte dieser Magd?"

„Entschuldige", beeilte sich Siegberte zu erklären, „wir sprechen von Blinddarmentzündung."

„Aber etwas ganz Tolles habe ich erlebt", fuhr Heiner fort. „Doch das erzähle ich euch beim Kaffee. Mir schwant, daß Frau Sabine uns mit einem echten türkischen Mokka überraschen will. Es ziehen Gerüche durchs Haus, die mich an meine Reise nach Budapest erinnern, wo man uns auf dem Schiff durch einen alten Türken einen Kaffee servieren ließ, der sich sehen lassen konnte. Aber nachdem mein Ahnungsvermögen mir solche Genüsse vorgaukelt, meine ich, sollten wir nicht länger zögern."

„Pauline hat in der Geißblattlaube gedeckt", sagte Sabine. „Soeben trägt sie den Kaffee heraus. Heiner, du sollst nicht länger warten müssen."

Und dann saß man gemütlich beisammen. Der Duft des Geißblattes wirkte fast ein wenig betäubend in seiner Stärke. Aber Rolf Kabel behauptete, es gerade so zu lieben. „Mir kommen meine besten Gedanken zur Blütezeit des Geißblattes", sagte er.

Rudolf vertiefte sich nach dem Genuß etlicher Stücke Rahmtorte in ein Album mit Tierbildern. Dann erbettelte er sich die Erlaubnis, mit Onkel Rolfs Angelgerät im Waldsee angeln zu dürfen. Siegberte wollte es nicht erlauben, aber die beiden Herren überstimmten sie. „Dem Jungen wird es ja sterbenslangweilig bei uns; laß ihn gehen. Um sechs Uhr bist du aber wieder hier", bestimmte Doktor Sorger, „und treibe mir keinen Unfug!"

„Geh hinüber zu Försters Karl", schlug Rolf Kabel vor. „Der geht auch oft zum Angeln. So seid ihr zu zweit, und einer kann den andern aus dem Wasser ziehen, wenn er hineinfällt."

Rudolf stürmte begeistert davon.

„Nun erzähle, was du erlebt hast", drängte Kabel. „Du weißt, ich bin immer auf der Suche nach brauchbarem Stoff, und den bietet das Leben am besten."

„Ja, wenn ich mein Erlebnis in einem deiner Bücher lesen würde, nähme ich fraglos an, du habest deiner Phantasie Flügel wachsen lassen. Zum wenigsten würde ich es als Übertreibung ansehen. Also ich hatte gerade für Vossens Magd telefonisch den Krankenwagen bestellt, als der Vossenbauer hinter mir herkam und mir geheimnisvoll zuflüsterte: ‚Herr Doktor, gucken Se mal beim Eulenmüller rein. Da ist was nicht ganz geheuer. Ohne Grund stöhnt da nicht einer schon mindestens acht Tage und Nächte.'

‚Aber Vossenbauer', sagte ich, ‚es geht wohl nicht an, daß ich ungerufen Krankenbesuche mache. Vielleicht will der Patient gar keinen Arzt, oder er hat einen solchen aus der Kreisstadt geholt.'

‚Nee, nee', erwiderte der Alte, ‚um das geht's nicht. Der Patient, wenn er das is, wo ich meine, der wird nich gefragt werden, ob er einen Arzt haben wolle. Der liegt nämlich auf 'ner Schütte Stroh im Stall.' ‚Ja, lieber Vossenbauer', sagte ich und klopfte ihm auf die Schulter, ‚da haben Sie sich an die verkehrte Adresse gewandt; im Stall ist das Tätigkeitsfeld des Tierarztes.' Da zwinkerte mir der Alte zu und sagte grinsend: ‚Diesmal wissen Se nischt, Herr Doktor. Aber ich will nichts verraten. Geh'n Se hin und seh'n Se sich die Strohschütte im hintersten Stallwinkel beim Eulenmüller an.' ‚Sie machen mich wirklich neugierig', gab ich ihm zur Antwort. Aber der Vossenbauer ließ sich auf nichts Weiteres ein, sondern sagte nur noch: ‚Sie werden dort dringend gebraucht, Herr Doktor!' Damit ging er ab.

Mir war die Sache allerdings peinlich. Ich konnte doch nicht ohne Aufforderung meine Arztdienste anbieten. Aber ich sollte leichter zum Ziel kommen, als ich ahnte. Der Eulenmüller stand nämlich in der offenen Stalltüre. Ich warf im Vorbeigehen einen Blick hinein. ‚Was habt Ihr für prächtige Pferde', sagte ich und war, ehe er es verhindern konnte, schon im Stall. Noch war nichts Außergewöhnliches zu entdecken. Sechs prächtige, gutgepflegte Tiere standen da. In diesem Augenblick vernahm ich ein schmerzhaftes Stöhnen. Und nun wurde der Eulenmüller merklich unruhig.

‚Äh — Herr Doktor — äh — bitte — ich möchte nämlich jetzt die Stalltüre schließen — äh — der Durchzug schadet den Tieren.'

Ich war aber bereits den Jammertönen gefolgt und fand tatsächlich im hintersten Winkel des Stalles auf einer verfaulten Strohschütte und mit einer zerlumpten Decke zugedeckt eine Jammergestalt, wie sie mir kaum je vor Augen gekommen ist. Ein elender, hagerer Mensch, unbestimmbaren Alters, verwahrlost, daß es einem grauste, lag da. ‚Was bedeutet denn das?' fragte ich den Eulenmüller. ‚Wo haben Sie denn diesen Unglücklichen aufgelesen?' Ich dachte an irgendeinen Bruder von der Landstraße, der des Wegs gekommen war und nicht mehr weiter konnte. Aber der Eulenmüller hatte den Stall schon verlassen. Statt seiner fauchte seine sehr robuste Ehehälfte herein.

,Wer hat denn Sie eigentlich bestellt, Herr Doktor? Wir jedenfalls haben Sie nicht gerufen, das möchte ich doch gesagt haben.' Ich wiederholte in aller Seelenruhe meine Frage: ,Wer ist der Kranke und wie kommt er hierher?'

,Das kann ich Ihnen sagen', zeterte das Weib, ,obgleich ich Ihnen keine Rechenschaft schuldig bin, weil wir Sie nicht geholt haben. Das da', sagte sie und wies mit dem Daumen nach der Ecke, ,ist die Zugabe zu dem Schimmel.'

,Wie bitte?' Ich sah die Frau verständnislos an.

,Jawohl', wiederholte sie ungeduldig, weil ich nicht gleich begriff, ,die Zugabe zu dem Schimmel.' Hinter ihrem breiten Rücken tauchte nun wieder der Eulenmüller auf und sagte: ,Mina, das wirst du dem Herrn Doktor wohl erklären müssen.'

,Halt deinen Mund', kreischte die Alte. ,Wem bin ich eine Erklärung schuldig?' Jetzt war es mir aber doch zu bunt. ,Nein', erwiderte ich sehr ruhig. ,Sie sind mir keine Erklärung schuldig. Aber ich werde den Fall dem Gesundheitsamt übergeben. Dann wird sich die Polizei und schließlich das Gericht mit dieser Angelegenheit befassen. Sie werden dann gezwungen werden, Auskunft zu geben. Die Sache kommt mir höchst verdächtig vor.'

Ich ließ die beiden Verblüfften stehen, stieß einen Fensterladen auf, um mehr Licht zu haben, und machte mich an die Untersuchung des Kranken, der mit angstvoll aufgerissenen Augen den Auseinandersetzungen gefolgt war. Währenddessen tuschelte und flüsterte das Ehepaar und konnte sich scheinbar nicht einig werden. Schließlich fuhr das Weib den Eulenmüller an: ,Tu, was du willst, gezahlt wird jedenfalls nischt!' Und damit stob sie hinaus.

Ich hatte bei dem Kranken inzwischen einen ernstlichen Gelenkrheumatismus festgestellt. Der arme Mensch war in unbeschreiblichem, jammervollem Zustand, mager wie ein Gerippe, dabei verblödet. Er beantwortete nur lallend meine Fragen und schien sich entsetzlich vor den beiden zu fürchten. Jetzt trat der Eulenmüller näher und erklärte mir: ‚Das war nämlich so: Vor sechs Jahren habe ich den Schimmel gekauft. Sie sehen, Herr Doktor, er is ein feines Tier. Ich wollt' ihn unbedingt haben. Aber da war ein Haken. Ich mußte nämlich eine Zugabe mit in den Kauf nehmen. Der Pferdehändler hatte einen schwachsinnigen Bruder, den er los sein wollte. Als er sah, daß ich den Schimmel unter allen Umständen haben wollte, sagte er: ‚Nur wenn Sie den Jakob dazunehmen und ihn bis an sein Lebensende verpflegen, kriegen Sie den Schimmel.' Das war der Haken. Ich habe hin und her überlegt, schon wegen meiner Frau.' Er trat nahe an mich heran, um mir ins Ohr flüstern zu können: ‚Sie haben vielleicht schon gemerkt . . .' In diesem Augenblick vernahm man die vor Wut übergeschnappte Stimme der Alten, die hinter der Stalltüre gelauscht hatte: ‚Komm du bloß ins Haus, du falscher Kerl, dir werd ich . . .!' Der Eulenmüller war zusammengefahren, kratzte sich die Glatze und seufzte: ‚Sehn Se, sehn se!' Dann fuhr er leise fort: ‚Ich wollt eben den Schimmel haben und so hab ich halt in Gottes Namen den blöden Jakob als Zugabe mitgenommen.'

‚Hätten Sie es nur in Gottes Namen getan', fuhr ich ihn an, ‚dann sähe dieser arme Mensch nicht so unglaublich aus.'

Erlaßt mir die nähere Beschreibung. Nie vorher habe ich ein erbarmungswürdigeres Wesen gesehen als diesen Menschen. Schlechter als ein Tier ist er behandelt worden. Ich telefonierte noch einmal ins Krankenhaus, aber es ist überfüllt; kein Bett ist mehr frei. Dem Eulenmüller habe ich strengen

Befehl gegeben, den Schwerkranken in ein Bett zu legen, andernfalls ich morgen eine Anzeige gegen ihn erstatten würde. Aber was ist von diesen hartherzigen Menschen schon zu erwarten! Haben sie den Unglücklichen auf faulem Stroh liegen lassen, als er noch für sie arbeiten konnte, so werden sie jetzt, wo er krank und hilflos und ihnen eine Last ist, erst recht nichts für ihn tun. Der Müller schien mir noch zugänglicher zu sein, aber seine Frau behauptete, kein Bett und überhaupt keinen Platz für den Kranken in der Wohnung zu haben. Dieses herzlose Weibsbild! Na, ich werde morgen nach dem Jakob sehen und mich auch weiter um ihn kümmern."

Doktor Sorger war immer wieder von empörten Ausrufen unterbrochen worden. Jetzt legte Siegberte ihre Hand auf die seine und sah ihn bittend an: „Heiner, könnten wir den armen Menschen nicht zu uns auf den Eichenhof nehmen? Wenigstens für's erste. Später sieht man dann weiter. Aber auf keinen Fall darf er in der Mühle bleiben. Ich begreife einfach nicht, wie Menschen so handeln können, und besonders nicht, wenn sie Anspruch darauf erheben, christlich genannt zu werden. Gerade die Eulenmüllerin sitzt fast sonntäglich in der Kirche."

„Das ist es eben", sagte ihr Mann, „fromm scheinen und fromm sein sind zwei verschiedene Dinge. Aber was deinen Vorschlag betrifft, Siegberte, so will ich deiner Nächstenliebe gewiß kein Hindernis entgegenstellen. Jedoch scheint es mir im Augenblick nicht ratsam, den verkommenen Knecht ins Haus zu nehmen. Bedenke doch deinen Zustand! Solche geistesschwachen Menschen sind oft sehr reizbar, ja manchmal boshaft. Und durch die schlechte Behandlung bei Eulenmüllers ist der Mensch gewiß verbittert und mißtrauisch. Ich möchte dich dem allem doch nicht aussetzen."

Siegberte sah ihren Mann bittend an: „Heiner, ich fürchte mich nicht. Aber wenn ich mir vorstelle, daß der arme

Mensch seit Jahren in keinem Bett gelegen und nicht die geringste Fürsorge genossen hat, dann kommt es mir wie Schuld vor, wenn wir jetzt nicht handeln und etwas für ihn tun. Nicht wahr, du läßt mich machen?"

Heiner blickte Siegberte besorgt an, ohne zu antworten. Da trat Rolf Kabel für sie ein. „Ich verstehe deine Frau", sagte er, „laß sie handeln und hindere sie nicht. Du weißt ja, es ist ihr Bedürfnis, zu helfen."

Siegberte wehrte das Lob ab und sagte ganz schlicht: „Was ihr getan habt einem unter diesen meinen geringsten Brüdern, das habt ihr mir getan. Wenn man selbst glücklich ist, will man gerne auch andere glücklich wissen."

„Dafür hast du eine besondere Begabung", fügte Sabine hinzu und legte den Arm um die Schultern der Freundin.

„Was aber das Christentum der Tat anbelangt", sagte Kabel, „so fehlt in Wirklichkeit vielen Menschen die Erkenntnis darüber. Ihr kennt ja die Geschichte meiner Kindheit. Meine Großmutter wurde eine fromme Frau genannt. In ihrem Hause hingen viele Bibelsprüche an den Wänden und sie liebte es, fromm zu reden; sie besuchte alle möglichen Frauenvereine und warb eifrig für die Heidenmission. Als aber meine Mutter sie bat, mich, der ich damals erst wenige Wochen alt war, zu sich zu nehmen, wandte sie sich entrüstet ab mit der Begründung, das Kind der Sünde niemals in ihr Haus aufnehmen zu können. Sie hatte sich innerlich ja schon von meiner Mutter losgesagt, als diese zur Bühne ging. Später erkrankte sie schwer. In der ihr infolge der Krankheit aufgezwungenen Stille kam sie dann doch noch zur Einsicht. Sie ließ mich rufen und bekannte mir das alles, weil sie nicht Ruhe fand. Ich war damals ein noch sehr unfertiger junger Mensch, der mit seinem Schicksal haderte. In törichtem Stolz lehnte ich das Angebot der alten Frau, zu ihr zu ziehen, rundweg ab. In meinem Groll redete ich sie mit ‚Sie' an und sagte: ‚Sie haben sich bis jetzt nicht um mich gekümmert, ich werde meinen Weg auch weiterhin allein finden.' Und als sie mir mit frommen Worten anfing, von der Verpflichtung zu reden, die sie Gott gegenüber empfinde, indem sie mich aufnehme, lachte ich höhnisch auf: ,Diese Erkenntnis kommt Ihnen reichlich spät. Im übrigen brauchen Sie sich meinetwegen nicht zu bemühen, denn ich glaube an keinen Gott, auch habt ihr Frommen bis jetzt nicht so an mir gehandelt, daß ich mich zu eurem Gott hingezogen fühlte.' Das letzte warf ich ihr mit hartem Ton entgegen, und dann ließ ich die arme Frau in ihrer Not allein.

Als ich nach Jahren selbst zur Einsicht gekommen war und ein Gotterleben haben durfte, hätte ich die harten Worte gern zurückgenommen. Aber es war zu spät. Meine Großmutter war inzwischen einsam gestorben. Aber oft habe ich gedacht, ob nicht der Weg meiner Mutter anders geworden wäre, wenn ihre Mutter nicht nur fromm geredet, sondern auch fromm gehandelt hätte."

Nach Kabels Worten schwiegen alle eine Weile. Es war so vielerlei Not, in die hinein sie heute geblickt hatten. Heiner Sorger aber drückte dem Freund die Hand: „Ich danke dir für deine Worte, so erschütternd sie sind. Sie haben mir meine Aufgabe Rudolf gegenüber ins rechte Licht gerückt. Ich gestehe, daß es mir in letzter Zeit oft schwerfiel, den Jungen zu ertragen. Aber nie soll er uns vorwerfen können, daß wir versäumt hätten, ihm Christentum vorzuleben."

So war es immer, wenn die Freunde zusammenkamen. Es dauerte nie lange und sie besprachen ernste Lebensfragen. „An euch sind zwei Philosophen verlorengegangen", behauptete Sabine.

„Jeder ernsthaft Denkende trägt ein Stücklein Philosophie in sich, und je ernster wir das Leben auffassen, desto weniger ertragen wir es, uns im seichten Gewässer oberflächlicher Unterhaltung zu bewegen", erwiderte Heiner Sorger.

Sabine schwieg und blickte ernst versonnen vor sich hin. Rolf Kabel betrachtete seine Frau eine Weile, dann drückte er ihr die Hand. Sie aber schmiegte sich an ihn und flüsterte ihm zu, ohne daß die andern es wahrnahmen: „Ich bin so froh, daß die Vergangenheit ausgelöscht ist."

Stark war die Erinnerung an die Zeit über sie gekommen, wo sie und ihr Mann nebeneinander hergegangen waren und die Kluft zwischen ihnen sich mehr und mehr weitete, bis es zur Unerträglichkeit und zur Trennung gekommen war. Gewiß hatten beide Schuld. Aber Sabine war ehrlich genug, sich heute einzugestehen, daß es ihre oberflächliche Lebensauffassung gewesen war, die zu diesem Bruch geführt hatte. Die tiefere Ursache davon mochte freilich in ihrer Erziehung gelegen haben. Der einzigen Tochter hatten ihre in Wohlstand lebenden Eltern jeden Wunsch erfüllt. Ernstere Lebensauffassungen waren nie gepflegt worden. So konnte es kaum anders sein, als daß Sabines ganzes Sinnen und Trachten auf Äußerlichkeiten gerichtet war. Rolf Kabel hatte sich von der äußerlichen Schönheit Sabinens blenden lassen. Aber es dauerte nicht lange, bis er erkennen mußte, wie unsagbar allein er neben ihr war. Sie fanden einfach nicht zueinander und ertrugen sich bald nicht mehr. Sie waren demzufolge auch in der gegenseitigen Beurteilung ungerecht. Was Kabel sich für seine Ehe ersehnt hatte, war ein tapferer, sonniger Lebenskamerad, der teilnahm an seinem Schaffen und der in Selbstverständlichkeit Freud und Leid mit ihm trug. Wie eine Treibhauspflanze kam seine junge Frau ihm vor. Sie versagte, sobald ernste Pflichterfüllung von ihr gefordert wurde, und war nicht imstande, den mancherlei Anforderungen des häuslichen Lebens zu genügen. Die damals noch unverheiratete Siegberte war in jener Zeit als junge Ärztin in ihr Haus gekommen. Ihre ruhige und doch bewußte Art, das Gleichmaß ihres Wesens und die Gabe, das Leben mit seinen mannigfachen Aufgaben zu meistern, zwang Kabel zu Vergleichen, bei denen seine Frau Sabine allerdings zu kurz kam. Nachdem sie ihren Mann verlassen hatte, glaubte dieser sein Handeln vor sich selbst rechtfertigen zu können, als er Siegberte bat, ein neues Leben mit ihm zu beginnen. Sie aber hatte ihn in zartfühlender und doch bestimmter Weise zurechtgewiesen, war ohne sein Wissen zu seiner Frau gereist, um zu vermitteln, und hatte es schließlich erreicht, daß die Ehegatten wieder willens wurden, noch einmal von vorne zu beginnen. Als Sabine dann wußte, daß sie Mutter werden würde, war eine Wandlung mit ihr vorgegangen. Verantwortungsbewußtsein war in ihr erwacht, und dank des starken Einflusses von Siegberte, die wirklichen Freundesdienst an ihr tat, wurde die zwischen den beiden bestehende Kluft wieder überbrückt. Als dann die Zwillinge da waren, gab es sich von selbst, daß Sabinens Tag voll ausgefüllt war. Nur an sich selbst zu denken und sich selbst zu leben, war nicht mehr möglich. Dadurch fiel nach und nach auch ihre Launenhaftigkeit ab, und was kaum noch zu erwarten war, geschah: Rolf und Sabine fanden immer mehr zueinander hin und ihre Ehe wurde von Tag zu Tag harmonischer. Auch Kabel selbst hatte aus der Vergangenheit gelernt.

„Ich habe erkannt, daß auch ich mich umstellen muß", hatte er eines Tages seinem Freund Sorger anvertraut. „Ich darf nicht nur erwarten, sondern muß auch gewillt sein zu geben."

Rudolf kehrte vom Angeln zurück. Sein weißer Sonntagsanzug sah ziemlich verwüstet aus. „Aber Rudi", tadelte Siegberte, „sieh nur die Gras- und Wasserflecken."

„Das kann man ja wieder waschen", erwiderte dieser leichtfertig und hieb mit seiner Gerte durch die Luft. Doktor Sorgers Stirne zog sich in Falten. Diese oberflächliche Art des Jungen reizte ihn immer wieder. Aber er bezwang sich, in Erinnerung an das Gespräch von vorhin. Siegberte dankte es ihm mit einem warmen Blick. Man mußte schließlich auch einmal etwas übersehen können.

Mitten in das traute Zusammensein schrillte das Telephon. Dr. Sorger wurde gewünscht. „Wie schade", sagte Kabel. „Aber damit muß man ja rechnen, wenn man einen Arzt zum Freunde hat, und schön war's jedenfalls, daß ihr wieder einmal bei uns waret. So schnell werden wir ja kaum wieder mit eurem Besuch rechnen können."

„Jetzt kommt ihr erst einmal auf den Eichenhof", erwiderte Siegberte. „Es gibt dort manches Neue, das ihr noch nicht bewundert habt." Heiner Sorger mußte zuerst noch nach Hause, um einige Instrumente zu holen. An seinem Arm schritt Siegberte durch den lauschigen Wald und sonnigen Talgrund, der mit seinen unzähligen Blumen wie eine einzige Festwiese aussah.

Rudi sprang indes bald voraus, bald blieb er zurück. Er mußte beständig im Auge behalten, und immer wieder gemahnt werden. Sorger dachte, ob Siegberte in ihrer Nächstenliebe nicht doch zu weit ging? Nur selten fand er Zeit, eine ruhige Stunde mit ihr zu genießen, und wenn es einmal gelang, stand gewißlich der Bengel im Wege, stellte irgendeine Dummheit an oder schaffte Verdruß. Er hätte Siegberte vielleicht doch nicht nachgeben sollen, als sie ihn bat, Rudi ins Haus nehmen zu dürfen. Nun wurde man ihn so schnell nicht wieder los. Er kannte seine Frau auch zu gut, um nicht zu wissen, daß, was sie einmal ans Herz genommen hatte, sie so rasch nicht wieder hergab.

*

Siegberte aber machte sich mehr Sorgen um Rudolf, als sie vor ihrem Manne zugab. Sie fürchtete, daß er, der ihr so gerne jeden Stein aus dem Weg räumte, dem Kinde hart begegnen könnte, zumal seine Abneigung gegen Rudolf jetzt schon dann und wann von ihr bemerkt wurde. Der Junge, der keineswegs dumm, sondern, wie Heiner ganz richtig urteilte, eher verschlagen und hinterlistig war, empfand diese Abneigung und war Heiner gegenüber meistens scheu oder aber begegnete er ihm mit kriecherischer Höflichkeit, die bewußter Berechnung entsprang. Unter gar keinen Umständen wollte er fort vom Eichenhof. Einmal hing er in schwärmerischer Liebe an Siegberte. Dann aber behagte ihm das Leben auf dem großen Hof, wo ständig Abwechslung war, sehr. In den zwölf Jahren seines Lebens war er aus den verschiedensten Gründen von einer Pflegestelle zur anderen geschoben worden. Er hatte wenig Liebe erfahren dürfen, dafür aber um so mehr empfinden müssen, daß er überflüssig und den andern im Wege war. Kein Wunder, daß in dem Kind frühzeitig Gefühle der Bitterkeit wach wurden. Seine Mutter besuchte ihn alle Jahre ein- oder zweimal. Sie überhäufte ihn dann derart mit Zärtlichkeiten, daß der Junge sich dadurch eher abgestoßen als angezogen fühlte. Sie schenkte ihm bei solchen Gelegenheiten eine Menge Spielzeug und Süßigkeiten, kümmerte sich aber sonst wenig um ihr Kind. Gewiß, es war äußerlich versorgt gewesen, aber nirgends hatte man ihm wirkliche Liebe entgegengebracht und niemand hatte die Verantwortung gefühlt, ihm eine rechte Erziehung angedeihen zu lassen. So war der Junge ziemlich wild aufgewachsen. Seine Veranlagung tat ein übriges, und Siegberte hatte in der Tat keine geringe Aufgabe übernommen, als sie sich vor bald einem Jahr entschloß, Rudolf ins Haus zu nehmen. Die Mutter des Jungen hatte sie in Bonn kennengelernt, als sie dort vor Jahren als junge Assistenzärztin in einer Frauenklinik praktizierte. Angelika Steinhorn war dort ihre Patientin gewesen. In einem Augenblick der Verzweiflung hatte diese einen Selbstmordversuch gemacht, bevor sie ihr zweites uneheliches Kind zur Welt brachte. Siegberte Streitmann war dazugekommen, und es war ihr gelungen, das Vorhaben des Mädchens zu verhindern. Irgendwie faßte Angelika Zutrauen zu der jungen Ärztin, die sich nicht nur aus beruflichem Interesse, sondern vor allem als warmherziger, liebevoller Mensch um sie bemühte. So erfuhr sie die Geschichte der Unglücklichen.

Mit sechzehn Jahren war sie als junge Verkäuferin nach Bonn gekommen. Die Stadt mit ihren vielseitigen Zerstreuungen lockten das unerfahrene, glückshungrige Mädchen, das im engen Elternhaus wenig Frohes erlebt hatte, obgleich die alternden Eltern, die in bürgerlichen Verhältnissen lebten, für die einzige Tochter taten, was sie eben konnten. Angelikas Entschluß, in die Stadt zu gehen, verursachte den ersten ernsthafteren Konflikt zwischen ihr und den Eltern. Letztere hätten es noch eher hingenommen, daß aus der Jugendfreundschaft zwischen Angelika und einem jungen Nachbar, dem Sohn einer Witwe, ein Verhältnis zu werden schien. In die Stadt aber wollten sie die Tochter nicht ziehen lassen. Sie aber bestand darauf. Das oberflächlich veranlagte Mädchen hatte leider bald die Mahnungen der besorgten Mutter und auch die dem Freunde gegebenen Versprechungen vergessen. Sie gab sich hemmungslos den Freuden des Stadtlebens hin und kam dabei bald auf schlimme Wege. An die Eltern, denen sie bis dahin nur dann und wann einen kurzen Brief geschrieben hatte, erinnerte sie sich ernsthaft erst wieder, als sie das Kind erwartete. Der Vater wies ihr jedoch die Türe, und auch die Mutter wandte sich von der mißratenen Tochter ab. Verzweifelt und bitterlich weinend stand sie zu nächtlicher Stunde vor dem Elternhause und wußte nicht, wohin sie sich wenden sollte. Da war es der Jugendfreund gewesen, der sie ohne viel Worte zu seiner Mutter führte: „Nicht wahr, Mutter, Angelika kann eine Nacht bei dir bleiben?"

Die alte Frau stimmte freundlich zu und Wolfgang verließ das Zimmer, dem Mädchen einen tieftraurigen Blick zuwerfend. Angelika aber sank aufschluchzend auf den nächsten Stuhl. Sie wußte, daß sie den Jugendfreund für immer verloren hatte. Frau Waldmeier brachte ihr warme Milch und Brot und fragte, als das Mädchen sich einigermaßen beruhigt hatte, nach seinen weiteren Plänen. Aber Angelika sah keinen Weg vor sich.

„Wo soll ich hin? Ins Geschäft kann ich nicht zurück. Die Eltern nehmen mich nicht auf. Wer will mich mit dem Kind? Am besten ist's, ich gehe ins Wasser."

„So steht es in den Dreißig-Pfennig-Romanen", erwiderte Frau Waldmeier scheinbar ungerührt. „Du hättest müssen vorher die Folgen deiner Handlungsweise bedenken. Aber ich will dir nicht auch noch Vorwürfe machen, obwohl ich weiß, was du Wolfgang angetan hast. Er hatte mit dir gerechnet und auf dein Wort gebaut. Aber nun ist's einmal so! Und er will, daß ich dir rate und helfe. Was ist's mit dem Vater deines Kindes? Kann er dich nicht zu seiner Frau machen?"

Da senkte Angelika den Kopf und flüsterte: „Er ist verheiratet."

„O du unglückseliges Geschöpf, jetzt weiß ich auch keinen Rat mehr." Und doch saß die alte Frau noch lange mit dem Sohn zusammen, um für das Mädchen einen Weg zu suchen, während dieses sich schließlich im Nebenzimmer in den Schlaf geweint hatte.

Durch die Vermittlung der beiden kam Angelika in einem Mütterheim unter, wo sie der Geburt ihres Kindes entgegensah. Die Hausordnung war streng. Nur seufzend fügte sie sich derselben, war aber doch recht froh, wenigstens ein Unterkommen zu haben, und als sie erfuhr, daß ihr Kind gleich nach der Geburt Aufnahme in einem Säuglingsheim finden und sie wieder in ihrem Beruf weiterarbeiten könne, brach ihre alte Oberflächlichkeit wieder durch. Es waren einige nette junge Frauen im Haus, ebenso etliche Unverheiratete, die einen ordentlichen Eindruck machten. Zu diesen fühlte sich Angelika aber keineswegs hingezogen. Sie schloß sich vielmehr etlichen leichtfertigen Mädchen an, die ihrem kommenden Kinde keineswegs mit mütterlichen Gefühlen entgegensahen, sondern ihre ganze Lage als etwas betrachteten, das zum Glück vorbeigehen würde. Nachher konnte man das alte Leben wieder beginnen. Nur schlauer würde man sein – nein, solch eine Dummheit würde einem nicht noch einmal passieren. Einige unter ihnen waren so ehrvergessen, daß sie höhnisch darüber lachten, wenn Angelika davon sprach, später wieder arbeiten zu wollen. Arbeiten? Wozu denn? Das hatte man nicht mehr nötig. Ein hübsches Mädel konnte auf andere Weise ihr Geld verdienen. Warum sollte man sich das Leben schwer machen, wenn es auch auf leichtere Art ging? Allerdings, das mit dem Kind, das war Pech! Aber na, es geht alles vorüber.

Als die Mädchen bei Angelika noch Bedenken feststellen mußten, lachten sie hell auf. Ihr Gewissen hatten sie längst beiseite geschoben. Und Rücksichtnahme auf die Eltern? Ha, direkt lachhaft! Als ob die Alten Rücksicht verdient hätten? Ob das vielleicht christliche Nächstenliebe sei, wenn man der einzigen Tochter in dem Zustand die Türe weise, wie es Angelikas Eltern getan? Nein, nein, mit solchen Sentimentalitäten komme man heute nicht weiter.

Angelika war noch nicht so verdorben, daß sie das Gift solcher Reden nicht empfunden hätte. Aber ihr Wille war nicht stark genug, sich energisch zu widersetzen. Mehr und mehr geriet sie unter den verderblichen Einfluß ihrer Umgebung und verlor, ohne es selbst zu wollen, immer mehr jeden Halt. Rudolf wurde geboren, fand Aufnahme im Säuglingsheim und Angelika erhielt durch Vermittlung eines der Mädchen aus dem Mütterheim ein Zimmer bei einer Frau, die sich bald als Zuhälterin entpuppte. Nur wenige Wochen war Angelika als Verkäuferin an ihrem alten Platz tätig, als ihre Umgebung merkte, daß sie ein Doppelleben führte. Sie wurde entlassen. Nun bedeutete es nicht mehr viel für sie, die noch leise mahnende Stimme ihres Innern zu beschwichtigen und sich zu sagen, es bliebe ihr nun keine andere Wahl, als diesen Abgrundsweg zu gehen; ein Zurück gebe es nicht mehr. Ein tolles Leben begann nun. Immer tiefer wurde sie hineingerissen in den Strudel eines schändlichen Daseins. Die Nacht wurde ihr zum Tage, und während andere am Tage ihrer Arbeit nachgingen, suchte sie im Schlaf Vergessen. Dabei merkte sie wohl, daß sie das heimliche Mahnen des Gewissens nicht zum Schweigen bringen konnte, ja, es gab Zeiten, in denen sie unsagbar unglücklich war und sich heraussehnte aus diesem Elendsdasein. Aber dann verlachten sie die anderen: „Die schöne Angelika hat Katzenjammer! Sollen wir den Beichtvater holen?" So blieb das Mädchen in dem Sündenleben.

Oft dachte Angelika: Es ist nur gut, daß zu Hause niemand etwas davon ahnt, wie ich mein Leben zubringe. Die Verbindung mit den Eltern hatte längst aufgehört.

Eines Wintermorgens – Angelika lag noch in ihrem spitzenbesetzten Bett, die rotverhangene Lampe brannte – trat ihre Wirtin ziemlich aufgeregt ein. „Steh bloß auf, ein altes Weib vom Land will zu dir! Sie läßt sich unter keinen Umständen abweisen und behauptet, Wichtiges mit dir sprechen zu müssen."

Angelika hatte sich halb aufgerichtet. Gähnend fragte sie: „Wer will zu mir? Eine Frau vom Land? Ich weiß nicht, wer das sein könnte! Fragen Sie doch nach ihrem Namen und was sie von mir will." Ehe die Wirtin jedoch gegangen war, stand die Fremde schon im Zimmer.

„Frau Waldmeier!" rief Angelika. Scham und Angst wechselten auf ihrem Gesicht. „Was bringen Sie mir für Nachricht? Ist der Mutter etwas zugestoßen?" Die alte Frau beantwortete zunächst keine dieser Fragen, sondern wandte sich an die stehengebliebene Wirtin: „Was ich mit Angelika zu besprechen habe, gilt nicht fremden Ohren." Irgend etwas in ihrer Stimme oder in ihren Augen zwang das Weib, das Zimmer zu verlassen. Angelika war inzwischen aus dem Bett und in ihren rosaseidenen Morgenrock geschlüpft. Sie nötigte Frau Waldmeier in einen Sessel und zündete sich in nervöser Hast eine Zigarette an.

„Nun sprechen Sie schon, Frau Waldmeier! Was treibt Sie hierher? Es ist doch hoffentlich alles in Ordnung bei den Eltern?"

Schweigend betrachtete die Frau das Mädchen. Dann sagte sie: „Daß du diese Frage stellst, beweist, daß du noch nicht ganz verkommen bist; aber wenn ich dich so vor mir sehe, dann verstehe ich, daß Wolfgang mir keine Ruhe ließ. ‚Geh', sagte er, ‚sprich mit ihr, bitte, ermahne, warne sie, tue alles, was du kannst, um sie von diesem entsetzlichen Weg zurückzuführen, ehe es zu spät ist.'"

Angelika warf die halbgerauchte Zigarette in den Aschenbecher. „Was weiß Wolfgang von mir? Und wenn, was kümmert ihn mein Leben?" Es sollte lässig klingen, aber das Zittern ihrer Stimme und die flackernde Röte auf ihren Wangen verrieten ihre Erregung.

„Wolfgang hatte in Bonn zu tun", fuhr Frau Waldmeier ruhig fort. „Dort entdeckte er dich in später Abendstunde auf der Straße und konnte nicht lange im Zweifel darüber bleiben, was für Wege du gehst. Tieftraurig hat er dir nachgestarrt. Er meinte, dir nacheilen und mit dir reden zu müssen. Aber er hat es dann doch nicht fertiggebracht. Tief erschüttert, als sei er um Jahre älter, so kam er heim. Und nun hat er mir keine Ruhe gelassen, bis ich zu dir reiste. Ach Angelika, wie kann ich altes Weib dir helfen? Du lebst in einer Welt, die mir fremd ist. Aber ich will wenigstens den Versuch machen. Angelika, du bist doch auch Mutter. Denke doch daran! Sage mir, was weißt du von deinem Bübchen?"

Dieses und vieles andere sagte Frau Waldmeier zu der ehemaligen Jugendfreundin ihres Sohnes. Als sie nach etwa zwei Stunden das Haus verließ, war sie vollständig erschöpft. Angelika aber kündigte trotz des Hohngelächters der anderen und trotz der Wutausbrüche ihrer Wirtin noch am gleichen Tag ihr Zimmer. Sie war gewillt, ein neues Leben zu beginnen.

Mit dem guten Willen allein war es jedoch noch nicht getan. Das Leben, das sie nun begann, war ein Hinundherschwanken. Zu tief verstrickt war sie in die Gewohnheiten und Sünden ihrer Vergangenheit, und bei ihrem oberflächlichen Charakter und dem Mangel an innerer Tiefe nimmt es nicht wunder, daß sie die Frau eines völlig ungeliebten Mannes wurde. Keinerlei Neigung ließ sie diese Ehe eingehen, zumal der Mann unansehnlich und dazu noch taubstumm war. Aber er verfügte über ein beträchtliches Vermögen, das ihr die Möglichkeit lieh, ein sorgenfreies Leben zu führen und sich alle Wünsche zu erfüllen. Mit der Treue diesem Mann gegenüber nahm sie es nicht sehr genau. Der durch sein Leiden sehr Behinderte vermochte ihr Leben nicht zu kontrollieren, ahnte jedoch mehr, als daß er wußte, wie es um sie stand, und so kam es oft zwischen beiden zu den häßlichsten Szenen. Jedoch setzte sie sich auch darüber gleichgültig hinweg und schwieg je länger desto mehr ihr Gewissen tot.

Um Rudolf kümmerte sie sich monatelang nicht, bis sie

sich dann plötzlich wieder ihrer Mutterpflichten erinnerte und den Jungen ganz unvermittelt besuchte. Wie um das Versäumte gutzumachen, überhäufte sie ihn dann mit allerlei nötigen und unnötigen Geschenken, ohne aber auch nur die geringste innere Verbindung mit ihrem Sohn zu haben. Sie erlebte zuweilen Stunden, in denen ihr die Sinnlosigkeit und Leere ihres Daseins zum Bewußtsein kamen. Sie gab sich dann wohl solchen Empfindungen hin, spielte die Lebensmüde und Verzweifelte und steigerte sich in derartige Zustände hinein, daß ihre Umgebung es kaum noch neben ihr aushalten konnte. Man hatte sie deshalb schon zweimal in ein Nervensanatorium gebracht. Aber auch das nützte nicht viel. Etliche Male flüchtete sie sich mit ihrer Not zu der Mutter ihres ehemaligen Jugendfreundes. Die schlichte Frau bemühte sich treulich, ihr zurechtzuhelfen, ohne aber begreifen zu können, wie ein Mensch derart aus der Bahn kommen konnte. Auch Siegberte Sorger hatte sich verschiedentlich um Rudolfs Mutter bemüht. Sie hielt ihre Veranlagung für krankhaft. Doktor Sorger jedoch meinte, daß es sich bei ihr in Wirklichkeit um dämonische Einflüsse handle. „Dann könnte freilich nur Gott ihr helfen", erwiderte Siegberte und empfand tiefes Mitleid mit der armen Frau. Und weil sie ihr so gerne helfen wollte, ließ sie Rudi in ihr Haus kommen, der wieder einmal in einer Pflegestelle nicht gut getan hatte. Die Mutter, die keinen Einfluß auf den Jungen hatte und ihn ihres Mannes wegen nicht zu sich nehmen konnte, wußte keinen Rat und war in ihrer Verzweiflung zu Siegberte gekommen. Nach Rücksprache mit ihrem Mann kam Rudolf auf den Eichenhof. Doktor Sorger war zwar nicht so recht einverstanden gewesen. „Wie denkst du dir das Hiersein des Jungen, wenn wir eigene Kinder haben?" hatte er gefragt. „Und obgleich ich überzeugt bin, daß Vorbild und Umgebung einen Menschen ändern können, müssen wir doch bedenken, woher der Junge kommt. Willst du dir eine solche Bürde aufladen?"

Siegberte hatte so sehr gebeten, mit dem Kind wenigstens einen Versuch zu wagen, daß er schließlich nachgab und einwilligte. Aber nicht einen Augenblick hatte er bis jetzt Freude an dem Jungen gehabt. Oft hatte er das Gefühl, es könnte durch Rudolf irgendwelches Unglück über sein Haus kommen. Siegberte hatte versucht, ihm das auszureden: „Wo denkst du hin, Heiner? Glaubst du, daß Gott etwas Derartiges zuläßt? Er wird das verhüten, schon weil es ein Gottesdienst ist, einem solch armen Kinde eine Heimat zu bieten!" Er wollte sie nicht hindern, dem Zug ihres Herzens zu folgen und ließ sie gewähren, aber ohne selbst von der Richtigkeit dieser Entscheidung überzeugt zu sein. –

Wenige Wochen später kam Alwines kleiner Junge auf den Eichenhof. Er war ein nettes Kerlchen von fünf Jahren, mit hellen Augen und einem Köpfchen voll dunkler Locken. „Nun, Emil, was hast du mir zu berichten?" fragte Siegberte und zog den Kleinen zu sich heran. Emil machte ein wichtiges Gesicht und erwiderte: „Tante Siegberte, der Bauer heißt jetzt nicht mehr Onkel, sondern Vater." Da mußte Siegberte hell auflachen: „Das freut mich für dich, Emil, und dann wird sicher bald ein großes Fest bei euch gefeiert werden?" – „Ja", berichtete der Kleine stolz, „die Mutter hat's gesagt und das Fest heißt Hochzeit, und der Bauer hat gesagt, du und Onkel Doktor müßten auch dazu kommen. Und ich krieg einen neuen Anzug und die Mutter ein weißes Kleid und einen Schleier. Aber ich krieg keinen Schleier, und die Großmutter hat gesagt, ein schwarzes Kleid tät's auch. Aber der Bauer, zu dem ich jetzt Vater sagen darf, sagt, Mutter soll ein weißes haben. Und es gibt Kuchen und Braten, und es kommt Besuch und Musik wird auch gemacht." Das Kind klatschte fröhlich in die

Hände: „Ich freu mich! Tante Siegberte, freust du dich auch?" Da küßte sie den Kleinen liebevoll auf die Stirne: „Ja, kleiner Emil, ich freu mich von Herzen für dich und die Mutter; nun habt ihr eine richtige und bleibende Heimat."

*

In der Wirtschaft „Zum Krug" ging es hoch her. Undurchdringlicher Tabaksqualm erfüllte den Raum. Die Kellnerin hatte genug zu tun, die Wünsche der Gäste zu erfüllen. Auch der letzte Platz war besetzt. Es mochte gegen acht Uhr abends sein, als sich die Türe öffnete und ein verwahrlost aussehender Mann die Wirtschaft betrat. Fast herausfordernd blickte er sich in dem gefüllten Raum um, so, als sei er hier kein Fremder. Doch schien keiner der Anwesenden ihn zu erkennen. Vielleicht hinderte daran der dichte Qualm, der im Raum herrschte. Außerdem waren die Gäste so in ihre Unterhaltung vertieft, daß sie den Neuangekommenen nicht beachteten. Dieser ließ sich auf einer Eckbank, die sonst nicht von Gästen benützt wurde und noch einen freien Platz hatte, nieder. Die Wirtskinder saßen spielend auf dieser Bank. „Hier ist kein Platz für Gäste", fuhr die Kellnerin den wenig vertrauenerweckenden Fremden an. Dieser aber nahm kaum Notiz von der Zurechtweisung, pflanzte sich vielmehr breit hinter dem Tisch auf und erwiderte lässig: „Hier habe ich gesessen, längst bevor Sie das erste Bierglas trugen, und jetzt sorgen Sie, daß ich etwas zu trinken bekomme, vor allem einen herzhaften Schnaps."

Das Mädchen hatte nicht Zeit, sich länger zu unterhalten, weil sie bereits wieder an verschiedene Tische gerufen wurde. Sie nahm sich jedoch vor, den neuen Gast gehörig lange warten zu lassen. Währenddessen ging es an allen Tischen immer lebhafter zu. Eine heute im Ort stattfindende Hochzeit schien die Gemüter der Anwesenden stark zu bewegen. Es wurde so laut verhandelt, daß auch der neuangekommene Gast sehr bald wußte, um was es ging. Weshalb streckte er plötzlich lauschend den Kopf vor? Dann stieß er ein unheimliches Lachen aus und schlug mit der flachen Hand auf die Tischplatte, daß sein Glas, das ihm die Kellnerin eben hingestellt hatte, hochsprang. Verwundert schauten sich die ihm zunächst Sitzenden um. Was kam dem Fremden an? Der Wirt war nun auch auf ihn aufmerksam geworden. Er verließ seinen Platz hinter dem Schanktisch, trat näher und schaute den Verkommenen, ihn plötzlich erkennend, an. „Holzbann, um Gottes willen, was tust du hier und gerade heute? Und in diesem Aufzug? Weißt du nicht, daß auf eurem Hof Hochzeit gefeiert wird?"

„Soeben höre ich es", erwiderte der Angeredete und streckte seine Hand dem Wirt zum Gruß entgegen. Dieser ließ sich auf einem Stuhl neben ihm nieder: „Erzähle, wie ist es dir ergangen in den Jahren deines Fernseins? Was hast du erlebt und was treibt dich wieder hierher? Auf den Eichenhof wirst du wohl nicht zurück wollen? Es ist dort ja längst ein neuer Hausherr eingezogen; für dich also nicht mehr viel zu hoffen. Außerdem ist die Geschichte mit dem Mädchen aus Ostpreußen ruchbar geworden. Du weißt, wir sind hier auf dem Dorf, wo sich alles schnell herumspricht. Hättest du allerdings geahnt, daß dein Bruder heute deine frühere Geliebte zu seiner Ehefrau machen würde, du hättest dir wohl einen anderen Tag zur Heimkehr ausgesucht, wenn du es nicht vorgezogen hättest, überhaupt fernzubleiben. Nun lasse den Kopf nicht hängen. Ein Mann wie du findet immer seinen Weg, und hier in deinem alten Stammlokal sollst du stets willkommen sein." Weil der andere schwieg, fuhr der Wirt fort: „Allerdings in einem derartigen Aufzug hast du dich bisher in der Heimat nicht sehen lassen. Es scheint dir nicht gut gegangen zu sein Willst du mir nicht ein wenig erzählen?"

Holzbann, der ehemalige Verwalter des Eichenhofes und zweite Sohn des Steinhaldenbauern, der nach mancherlei Irrfahrten heute heimzukehren gedachte, antwortete mit einem wüsten Fluch.

„Nach deinen Berichten, Krugwirt, ist es mir nicht ums Erzählen; das kann ein anderes Mal geschehen. Für heute stunde mir die Zeche. Ich gebe dir ehrlich zu, daß ich keinen Heller in der Tasche habe. Aber lasse mich nur machen, du sollst nicht geschädigt sein." Er schlug dem Wirt auf die Schulter: „Und du hast recht, ein Mann wie ich findet seinen Weg." Er stand auf, nahm sein Bündel und verließ grußlos, und ohne von jemand erkannt zu werden, das Wirtshaus. Der Wirt aber konnte die Neuigkeit nicht für sich behalten. Er stellte sich mitten in die Wirtsstube und rief laut in den Lärm: „Wißt ihr, wer da soeben die Gaststube verlassen hat? Das war der Holzbann, Emil Holzbann, der sich den richtigen Tag zur Heimkehr ausgesucht hat. Mich soll's nicht wundern, wenn dieser Heimkehr eine Tragödie folgt."

Inzwischen feierte man auf dem Steinhaldenhof Hochzeit. Noch heute konnte Alwine es nicht fassen, daß sich ihr Leben so gewendet hatte. Das verzweifelte, heimatlose Mädchen sollte mit dem heutigen Tage als Bäuerin an der Seite eines geachteten, ehrenwerten Mannes ihr Dasein fortführen! Und was ihr vor allem wichtig war: ihr Kind hatte nun eine Heimat und einen Vater gefunden. Es war ihr, als seien sie beide nach stürmischer Seefahrt in einen friedlichen Hafen eingelaufen. Wie gerne wollte sie Arbeit und Mühe auf sich nehmen. Daß das auf sie wartete, wußte sie, aber es schreckte sie nicht. Ja, es war, als verleihe ihr das ihr entgegengebrachte Vertrauen neue Kraft. Sie freute sich der Zukunft, und es war wirklich so, wie Siegberte Sorger vorausgesagt hatte: aus Achtung war Liebe geworden.

Alwine hatte zuviel Schweres durchgemacht, als daß sie ihr Glücksgefühl hätte andern offenbaren können. Wer sie aber genau beobachtete, konnte an ihrem Gesichtsausdruck und ihrem ganzen Wesen merken, wie reich sie sich fühlte. Hinter ihr lag eine Zeit, in der sie geglaubt hatte, sich von der ihr zugefügten Schmach nicht mehr erholen zu können. Ins Unglück gestürzt, verleugnet und verlassen, stand sie damals wie an einem Abgrund, keinen Ausweg sehend, ohne Glauben an Gott und Menschen. Hätte Siegberte sich ihrer nicht angenommen, sie wäre imstande gewesen, das Leben von sich zu werfen. Aber nun war das alles vorüber; ein neuer Weg lag vor ihr. Eine Hand hatte sich ihr entgegengestreckt, um sie zu führen, und diese Hand war stark und gehörte einem aufrechten, treuen Menschen – ihrem Manne.

Die Hochzeitsgäste machten sich zum Aufbruch fertig. Es wurde still in dem großen Bauernhaus. Der Steinhaldenbauer machte noch einen Gang durch seinen Hof, verschloß dann die schwere Tür und stand nun inmitten der geräumigen Wohnstube neben seiner jungen Frau. Er legte den Arm um ihre Schultern und zog sie an sich: „Es war ein schöner Tag", sagte er. „Und nun beginnt unser gemeinsamer Weg. Ich bin so froh! Aber was ist dir?" Erschrocken stützte er die Wankende. Alwine war plötzlich schneeweiß geworden. Ihre Augen weiteten sich vor Schrecken, während ihre zitternden Hände sich in den Arm ihres Mannes verkrampften und ihre blutleeren Lippen flüsterten: „Dort, sieh dort!" Ihr Mann wandte den Blick zum Fenster, konnte aber nichts entdecken. „Du bist erregt, Alwine", erwiderte er und streichelte ihr beruhigend über das Haar. „Es ist doch wirklich nichts zu sehen." Sie aber barg den Kopf an seiner Brust und begann bitterlich zu weinen. Er konnte sich diesen Gefühlsausbruch gar nicht erklären. „Nun sage mir um Gottes willen, was ist mit dir?" Schluchzend stieß sie hervor: „Ich meinte soeben ganz deutlich das Gesicht Emils am Fenster zu sehen." Jetzt lachte er. „Törichtes Kind, wo sollte der grade heute herkommen! Du mußt diese alte Furcht nun endgültig überwinden. Du weißt, jetzt schütze ich dich. Aber wenn es dich beruhigt, will ich gern noch einmal gehen und nachsehen, obgleich ich sicher bin, daß nichts zu finden ist." Da legte sie die Arme um seinen Hals und bat: „Nein, laß mich jetzt nicht allein; bleib bei mir, ich weiß, dann kann mir nichts geschehen."

Und doch war es so gewesen, daß Emil Holzbann, erfüllt von Haß und Rachegelüsten die Wirtschaft verlassen und den Weg zu seinem elterlichen Gehöft eingeschlagen hatte. Schon von weitem hatte er Musik, frohes Lachen und Scherzen vernommen. Also war es doch so, daß dort gefeiert wurde. Die Hochzeit seines einzigen Bruders mit dem Mädchen, das einst seine Geliebte gewesen war. Er lachte auf. Ein widerliches, gemeines Lachen. Keinen Augenblick dachte er daran, was er dem Mädchen angetan hatte und wie er einst kaltblütig über es hinweggeschritten war, als es in Verzweiflung mit ihrem Kinde vor ihm auf den Knien gelegen hatte. Jetzt haßte er sie, und er haßte auch seinen Bruder, der sie zur Frau gemacht hatte. Aber sein Kind wollte er haben. Nicht etwa, weil sich väterliche Gefühle in ihm geregt hätten, oder weil er sich auf seine versäumten Pflichten besann, sondern weil ihn plötzlich das Bewußtsein unbeschreiblicher Armut und innerer Leere übermannte. So verwahrlost und verkommen wie jetzt war er in seinem ganzen Leben noch nie gewesen. Er wußte auch, daß er die Heimat verscherzt hatte. Nun gönnte er auch den andern ihr Glück nicht, und so reifte in ihm ein furchtbarer Plan, der Plan, sein Kind zu entführen. Dabei sagte er sich, es sei ja sein Kind, und er habe über dasselbe zu bestimmen. Daß er bis heute nie etwas für seinen kleinen Sohn getan hatte, störte ihn in diesem Augenblick keineswegs; er wollte nur hassen und wehtun.

So näherte er sich dem festlich beleuchteten Steinhaldenhof und ging von Fenster zu Fenster, wilde Flüche und Verwünschungen murmelnd. Er sah das Brautpaar, die Gäste, seine alte Mutter, Angehörige, Freunde aus seinen Jugendtagen, und er stand als ein Fremder an den Fenstern des Hauses, darin er eine frohe, sonnige Kindheit verlebt hatte. Aber hatte er nicht selbst sich von allem getrennt? War nicht seine Welt eine völlig andere, als diejenige der Seinen? Gerade in diesem Augenblick dachte seine alte Mutter wehen Herzens an den verlorenen Sohn.

Emil hatte das Erbleichen Alwines wahrgenommen und den Schrei des Entsetzens gehört. Weil er annehmen mußte, man vermutete ihn hier, war es wohl richtiger, die Entführung seines Kindes auf eine günstigere Gelegenheit zu verschieben. Aber sicher würde er wiederkommen, sein Vorhaben auszuführen, das stand bei ihm fest. Er wußte, dadurch würde er Alwine am schmerzlichsten treffen und ihr wehe tun, das wollte er vor allem. Dabei regte sich in ihm plötzlich ein starkes Gefühl der Einsamkeit. Er schalt es zwar Gefühlsduselei, erwärmte sich jedoch tatsächlich an dem Gedanken, daß da ein Mensch sei, der in Wirklichkeit zu ihm gehöre. Und auf diesen Menschen gedachte er nicht länger zu verzichten, obgleich eine innere Stimme ihm sagte, daß er seinen Anspruch längst verwirkt hatte. Daß er diesem Kinde nichts zu bieten hatte und selbst weder Unterkunft noch Geld besaß, machte ihm in diesem Augenblick kein Kopfzerbrechen. Aber ein anderer Gedanke kam ihm, angeregt durch die Düfte, die vom Hochzeitsschmaus zu ihm aus dem Hause drangen. Schon tagelang hatte er sich nicht mehr satt gegessen. Er, als Sohn des Hauses, stand hier hungrig wie ein Bettler vor verschlossener Tür. Was brauchte ihn davon abzuhalten, sich ins Haus zu schleichen und sich wenigstens in der Küche satt zu essen. Warum sollte er darben, wenn hier alle satt waren. Vielleicht war auch sonst noch dies und das zu ergattern.

Emil wartete, bis es im Hause still geworden und alle Lichter gelöscht waren. Bald darauf stand er in der geräumigen Küche. Alles befand sich noch am gleichen Platz wie vor Jahren. Erinnerungen an frühere Zeiten rührten an seiner Seele. Wie gemütlich war es gewesen, wenn Vater und Mutter mit den Geschwistern und dem Gesinde um den großen Tisch saßen bei den Mahlzeiten! Und wie ernst war sein Konfirmationsmorgen, als die Mutter ihn in den Küchenwinkel zog und ihm mit ihrer guten Hand über den Kopf strich! Tränen standen ihr in den Augen, als sie mit zitternder Stimme bat: „Emil, entschließe dich heute, auf Gottes Weg zu gehen. Du kennst deine gefährlichen Anlagen. Dieser Tag sei dir ein Anfang zum Guten. Vergiß nie, daß Vater und Mutter mit dir rechnen."

Da stand er nun, ein Einbrecher in seinem Elternhaus! Alle guten Vorsätze, die er an jenem Tag gefaßt hatte, waren längst geschwunden. Und was kümmerte es ihn! Er schlug mit der Hand durch die Luft, als wolle er solche Gedanken wie lästige Fliegen verscheuchen. Er mußte jetzt anderes denken, jetzt war es Zeit zu handeln. Er hatte Hunger und er brauchte Geld.

In der gleichen Nacht geschah es, daß Siegberte Sorger plötzlich mit starkem Herzklopfen erwachte. Eine unerklärliche Angst überfiel sie. Sie tastete nach der Hand ihres Mannes, der an ihrer Seite fest schlief. Er erwachte sofort und sagte: „Was ist dir, Siegberte, deine Hand ist ja eiskalt. Fühlst du dich nicht wohl?" Schon hatte er Licht gemacht und blickte besorgt zu ihr herüber. Sie richtete sich auf. „Ich weiß nicht, ob ich geträumt habe oder was es ist, daß mir plötzlich so unheimlich zumute ist. Du lachst gewiß, wenn ich dir sage, daß ich Angst habe, regelrechte Angst." Er legte den Arm um sie und antwortete beruhigend: „Das ist dein Zustand, liebes Kind. Aber glaube mir, es ist keinerlei Grund zur Beunruhigung. Lege dich getrost wieder und schlafe weiter. Es ist ja kaum vier Uhr." Seine regelmäßigen Atemzüge verrieten, daß er selbst in wenigen Augenblicken wieder fest eingeschlafen war.

Siegberte aber vermochte keine Ruhe zu finden. Hatte sie nicht vorhin draußen ganz deutlich Schritte vernommen? Sie war gewiß keine ängstliche Natur. Warum war ihr nur so unheimlich zumute? Es war ihr, als nähere sich dem Eichenhof ein Unheil. Sie konnte es sich nicht erklären, aber irgendwie legte es sich auf sie wie ein unheimlicher Druck. Sollte ihr Mann recht haben? War es nur ihr Zustand, der solche Angstgefühle in ihr auslöste? Zärtlich gedachte sie des Kindes, das sie unter ihrem Herzen trug: „Du Kleines, wärest du erst da!"

Hätte Siegberte geahnt, daß es Holzbann war, der in dieser Stunde wie ein Verbrecher ums Haus schlich, sie hätte sich die plötzliche Unruhe ihres Herzens leicht erklären können. Er war es gewesen, der vor Jahren so viel Not auf den Eichenhof gebracht hatte, der zwischen ihr und ihrer verstorbenen Mutter Unfrieden stiftete, der über beide großes Herzeleid brachte. Erst als Holzbanns Niederträchtigkeit offenbar wurde durch das Mädchen aus Ostpreußen, erkannte die Eichenhofbäuerin, daß sie einem Unwürdigen ihr Vertrauen geschenkt hatte. Damals hatte Holzbann bei Nacht und Nebel das Haus verlassen und war seitdem nicht wieder in seiner Heimat gewesen. Es war gut, daß Siegberte nicht wußte, wie nahe dieser Mensch jetzt war. Sie zwang sich zur Ruhe, obgleich die unerklärliche Angst nicht weichen wollte. Aber Heiner war ja bei ihr; was brauchte sie sich zu fürchten! Und so schlief sie schließlich wieder ein. Inzwischen stand Holzbann mit in den Taschen geballten Fäusten am Scheunentor und gedachte der Zeit, in der er hier Verwalter gewesen war. Er knirschte mit den Zähnen und stieß einen halb unterdrückten Fluch aus, als er daran dachte, wie all seine so klug eingefädelten Pläne zerronnen waren. Was hätte er einst darum gegeben, Siegberte als seine Frau zu besitzen! Aber wie kalt und abweisend war sie ihm begegnet! Ihre Unnahbarkeit hatte ihn damals gerade gereizt, sie gewinnen zu wollen. Es war vergeblich gewesen. Und heute! Er sah mit bitterem Lächeln an sich herab. Was war aus ihm geworden! Ein Bettler, ein Landstreicher, ein Dieb, ein heruntergekommener Mensch.

Aber Holzbann besaß doch noch die Kraft, einen Racheplan zu ersinnen. Siegberte sollte dafür büßen, daß sie ihn so schmählich behandelt hatte. Er gönnte ihr das Glück ihrer Ehe nicht. Noch wußte er nicht, wie er seinen Plan ausführen könne, aber das stand bei ihm unumstößlich fest, daß beide Häuser, der Steinhalden- und der Eichenhof, daran glauben mußten. Ihre Besitzer sollten verspüren, daß auch die Faust eines Landstreichers noch zuschlagen könne. Für jetzt schlich er davon. Sein Ohr hatte ein Geräusch vernommen, das ihm das Erwachen der Hausbewohner und damit die beginnende Arbeit verkündete. Nun war es Zeit für ihn zu gehen.

Als Holzbann sich dem heimatlichen Dorf genähert hatte, war es keineswegs in seiner Absicht gelegen, dieses heimlich zu tun. Es war ihm allerdings nicht angenehm, daß seine Bekannten ihn nun in einem derartigen Aufzug sehen würden, aber er hatte sich schon eine Anzahl Lügen zurechtgelegt, mit denen er seine Verkommenheit begründen wollte. Man konnte ja monatelang in einem Krankenhaus gelegen haben oder man konnte in die Hände von schlechten Menschen gefallen und von ihnen beraubt worden sein. Es gab auch Feuersbrünste, bei denen man sein Hab und Gut verlieren konnte. Er würde sich einen Spaß daraus machen, den gutgläubigen Bauern einen Bären aufzubinden.

Nun aber befand er sich in einer vollkommen veränderten Lage. Wollte er seine Racheпläne durchführen, war es gewiß besser für ihn, sich nicht öffentlich zu zeigen. Der einzige, der ihn erkannt hatte, der Krugwirt, mußte schweigen. Mit dem wollte er schon einig werden. Erklärte er sich dazu nicht bereit, würde er ihn nur leise an ein gemeinsames Erlebnis erinnern, das der Dorfpolizei vor Jahren ziemlich Kopfzerbrechen bereitet hatte, aber ohne auf die richtige Spur zu kommen. Wer hätte in dieser etwas dunklen Angelegenheit auch den zweiten Sohn des wohlhabenden Steinhaldenhofbauern und den Krugwirt als Täter vermutet! Noch heute lächelte Holzbann schadenfroh darüber. Nun sollte ihm der Krugwirt etwas Geld vorstrecken und über die erste schlimme Zeit hinweghelfen. Er würde sich zuerst weigern, darüber war er sich klar, aber es würde ihm nicht viel nützen. Eine Erinnerung an jene dunkle Sache würde genügen, ihn willfährig zu machen. Noch heute wollte er mit ihm sprechen.

Es war wenige Tage später. Rudi kam aus der Schule nach Hause, steuerte, ohne ins Wohnhaus zu gehen, auf den Stall zu. Tatsächlich, da stand das neue Pferd. Ein prächtiges Tier, stolz, feurig. Als der Knabe sich dem Tier näherte, schlug dieses sofort aus und warf den Kopf zurück. „Oho", sagte Rudi, „es wird nicht lange dauern und du wirst gehen, wie ich will. Glaube nur nicht, daß ich Angst vor dir habe." Vom Stall eilte er ins Wohnhaus, warf seine Schulmappe in eine Ecke und rief laut nach der Tante. Diese trat nach einer Weile aus dem Behandlungszimmer ihres Mannes, wo sie gerade dabei gewesen war, die Blumen vor seinem Fenster sorgfältig zu gießen.

„Nun, Rudi, bist du von der Schule zurück?" fragte sie freundlich.

„Ich war bereits im Stall", erwiderte er lebhaft, „ich konnte es kaum erwarten, das neue Pferd zu sehen. Sag, Tante, wie heißt es?"

„Fanny", erwiderte Siegberte. „Aber bitte, Rudi, nimm zuerst einmal deine Schulmappe vom Boden auf und hänge sie an ihren Platz. Dann wasche dir die Hände, der Gong zum Mittagessen wird gleich ertönen."

Der Junge schmiegte sich bettelnd an sie. „Nicht wahr, du erlaubst mir, daß ich heute nachmittag Fanny einmal ausprobiere? Ich kann mir vorstellen, daß es sich herrlich auf ihr reitet."

„Unter keinen Umständen", erwiderte Siegberte. „Zuerst muß der Onkel oder Franz das Tier kennengelernt haben. Es könnte heimtückisch sein und das größte Unglück würde geschehen. Ich erwarte von dir, daß du vernünftig bist und dich meinem Wunsche willig fügst."

Der Junge versuchte noch eine Weile, sie umzustimmen, aber sie blieb fest und beharrte auf ihrer Forderung.

Gleich darauf saß man um den großen eichenen Tisch in der holzgetäfelten Wohnstube. Am oberen Ende des Tisches saß Siegberte, die in Abwesenheit ihres Mannes seinen Platz einnahm. Die Mahlzeiten auf dem Eichenhof waren stets eine Erholungspause für alle Tischgenossen. Lebhafte Unterhaltung würzte das Mahl, und Siegberte verstand es, alle zum Reden zu bringen. Sie sorgte auch dafür, daß die Gespräche sich nicht in oberflächlichen Bahnen bewegten. Die Abscheu davor hatte sie von ihrem Vater übernommen. Man kannte auf dem Eichenhof auch keinen großen Dienstbotenwechsel. Die Hausangestellten wurden zur Familie gerechnet und fühlten sich heimisch. Sie wußten, daß sie mit ihren Anliegen zu Siegberte kommen durften, die in ihrer Mütterlichkeit es als selbstverständlich ansah, für jeden da zu sein. Doktor Sorger stand ebenfalls in einem guten Verhältnis zum Gesinde des Hauses, jedoch beanspruchte seine Praxis ihn derart, daß er die Fürsorge für die Leute mehr seiner Frau überlassen mußte.

Franz, der Verwalter, wandte sich während der Mahlzeit an Rudi: „Daß du dich aber nicht etwa unterstehst, die ‚Fanny' aus dem Stall zu holen oder gar Reitversuche zu machen. Sie ist noch ein junges Tier, dazu sehr feurig. Du weißt, daß auch der Herr Doktor das nicht erlauben würde."

Der Junge brummte unlustig vor sich hin. Es paßte ihm nicht, daß nun auch Franz seine geheimen Wünsche zu durchschauen schien. Er nahm sich vor, den Weggang des Verwalters abzuwarten, um dann sein Vorhaben doch auszuführen. Nun wandte sich auch Siegberte ihm wieder zu. „Du hast doch gewiß Schularbeiten auf. Setze dich zu mir in die Laube, dort kannst du sie unter meiner Aufsicht machen."

So geschah es dann auch. Rudi begrüßte es jedoch sehr, als nach einer kurzen Stunde eine Frau aus dem Dorfe kam, die Siegberte zu sprechen wünschte. So konnte er unbemerkt verschwinden. Nachdem die Bäuerin ihr Anliegen in umständlicher Weise vor der Arztfrau ausgebreitet hatte, fühlte sie sich veranlaßt, ihr noch eine Reihe von guten Ratschlägen für die Zukunft zu geben.

So verging reichlich Zeit. Plötzlich aber schreckte Siegberte auf. Angst durchfuhr sie. War das nicht Rudi, der drüben auf der Weide mit lautem Zuruf auf das neue Pferd einschlug, um es in Trab zu bringen. Das Tier sträubte sich jedoch, stemmte die Hufe widerspenstig in den Boden und schlug mit dem Schweif erregt um sich. Siegberte sprang auf. „Rudi", rief sie angsterfüllt, „steig sofort ab! Absteigen, Rudi!"

Was dann folgte, war das Werk kurzer Augenblicke.

Die aufgeregte Bäuerin sorgte dafür, daß in kurzer Zeit

das ganze Dorf erfüllt war von der Schreckensbotschaft Streitmanns Siegberte – die Leute nannten sie immer noch mit ihrem Mädchennamen – sei von einem wilden Pferd umgerissen und blutüberströmt ins Haus getragen worden. Die Schreckensnachricht erreichte auch Doktor Sorger kurze Zeit später, als er eben das Haus eines Patienten verließ. Er warf sich rasch in den Wagen und war wenige Minuten später auf dem Eichenhof. Bleich vor Erregung und mit verweinten Augen kamen ihm einige der Mägde entgegen: „Wie gut, daß Sie kommen, Herr Doktor! Wir haben schon etliche Boten ausgesandt, Sie zu suchen."

„Lebt meine Frau?" fragte er; sonst nichts. Die Mädchen nickten und eine brach aufs neue in lautes Weinen aus. Er eilte ins Haus und an das Bett Siegbertes.

Und dann neigte sich ein milder Abend über das Land. Müde und doch froh der Arbeit zogen die Menschen vom Felde heim. Aus allen Schornsteinen stiegen verheißungsvoll Rauchfahnen empor; Dämmerung begann sich über das Dorf zu senken. Das Korn war geschnitten und zum Teil schon eingefahren. Anstrengend und ermüdend waren diese Tage, aber auch beglückend im Bewußtsein, daß alle Mühe vorausgegangener Monate nicht umsonst gewesen war. Nun konnte geerntet werden.

Auf der Straße spielten noch einige Kinder, bis die Abendglocke läutete. Das war für sie das unwiderrufliche Zeichen zum Nachhausegehen.

Den beiden Menschen auf dem Eichenhof aber schnitt der Ton der Glocke ins Herz. – War es nicht eine Totenklage? Siegberte hatte ihr Kind zu früh und tot zur Welt gebracht. Sie lag sterbensbleich in den Kissen. Ihr Mann saß neben ihr, hatte ihre Hand gefaßt, und beide schwiegen. In Heiner stritten Zorn und Kummer miteinander. War nicht Rudolf, dieser unglückselige Junge, die Ursache des Unglücks? Es war gut, daß er nach dem gräßlichen Geschehen vom Hof verschwunden war. Doktor Sorger wäre in seinem Zorn vielleicht zu weit gegangen. Soviel stand bei ihm fest: Rudi mußte aus dem Haus. Wie hatte aber Siegberte auch so töricht sein können, sich in ihrem Zustand dem wild gewordenen Pferde entgegenzuwerfen! Aber sie hatte natürlich wie immer nicht in erster Linie an sich gedacht. So war es gekommen, daß das Tier sie zu Boden riß und eine ganze Strecke mitschleifte. Hätte sie doch den ungehorsamen Bengel in sein Unglück reiten lassen. Man hatte ihn ja zur Genüge gewarnt. Wenn er den Hals gebrochen hätte, wäre es nur die gerechte Strafe für sein Tun gewesen. – Heiner Sorger biß die Zähne aufeinander, daß sie knirschten. Während die eine Hand die kalten Finger seiner Frau umschloß, ballte sich die andere zur Faust. Er haßte diesen Jungen, diesen Eindringling in sein stilles Glück und empfand die Neigung seiner Frau, völlig aufzugehen in der Fürsorge für die Schwachen, Armen und Hilfsbedürftigen, in diesem Augenblick als etwas Unerträgliches. Warum lag der Junge nicht hier mit zerschmetterten Gliedern an Stelle Siegbertes? Wie hatten sie sich beide auf das Kind gefreut! Es wäre die Krönung ihrer so unsagbar glücklichen Ehe gewesen. Nun hatten sie einige Jahre gemeinsamen Wanderns hinter sich und waren beide aufgegangen im Dienst an den Menschen. Dabei war ihnen eigentlich nie zum Bewußtsein gekommen, daß ihnen noch etwas zur Vollkommenheit ihres Glückes fehle, weil ihr Dasein so ausgefüllt war im Sorgen für andere. Als sie dann wußten, daß ihnen ein Kind geschenkt werden sollte, war diese Gewißheit beiden eine unaussprechliche Freude. Es war, als seien sie durch das kommende Ereignis angeregt und ermutigt, ihre Lebensaufgabe noch ernster und freudiger anzufassen.

Und nun war das alles mit einem Schlag aus, alles vorbei, was ihnen Glück und Inhalt gewesen war. Heiner Sorger stöhnte qualvoll auf. Siegberte, die bis dahin mit geschlossenen Augen wortlos dagelegen hatte, blickte auf. „Liebster", flüsterte sie, „laß uns jetzt erst recht zusammenstehen!" Sie streichelte seine Hand. „Nicht bitter werden." — Nein, sie durfte jetzt nicht von dem sprechen, was in ihr vorging. Sie mußte stark sein um seinetwillen. In ihr war eine große Leere — ein Licht war erloschen, etwas Kostbares zerbrochen. Ihr Kind, ihr sehnsüchtig erwartetes kleines Kind, das unzählige Male bereits mit zartem Finger an ihr Herz gepocht hatte, war nicht mehr. — Alles was bisher strahlend, hell und froh gewesen war, versank in Finsternis. War es nicht zum Verzweifeln? — Und plötzlich stieg ihr die Erinnerung auf an die Nacht, in der sie deutlich die rätselhaften Schritte vor dem Haus gehört hatte. Woher war damals die unerklärliche Angst gekommen, woher der Gedanke, daß sich dem Eichenhof mit diesen Schritten Unheil nahe? — Nie war sie abergläubisch gewesen, aber diese eigentümliche Unruhe jener Nacht war nie ganz von ihr gewichen und quälte sie auch jetzt wieder.

Gedämpft drangen die Töne des verklingenden Tages in ihr stilles Gemach. Das Leben ging weiter, trotzdem ihr und ihres Mannes schönstes Hoffen zerbrochen war. — Siegberte schloß die Augen. Denken und Sehen taten weh. — Wo war der eigentliche Sinn des Lebens?

Der schwachsinnige Jakob, die Zugabe zu dem Schimmel, den Doktor Sorger im Mai beim Eulenmüller unter so trostlosen Verhältnissen im Stall liegend gefunden hatte, war wirklich auf den Eichenhof gekommen. Siegberte hatte ihn gesund gepflegt, und er hing an ihr in vollkommener Treue.

Von dem heutigen Geschehnis hatte er nur begriffen, daß das Kind zur Welt gekommen sei. — Plötzlich öffnete sich die Schlafzimmertüre. Jakob schob sich mit verlegenem Lächeln herein, in der ausgestreckten Hand ein aus Holz geschnitztes Häslein tragend. Dieses setzte er grinsend auf die Bettdecke vor Siegberte. „Für das Kind", stotterte er, „Jakob hat es selbst geschnitzt." – Und wie er gekommen war, so verschwand er auch wieder.

Die beiden Menschen aber sahen das grobgeschnitzte Tierchen und meinten es noch einmal zu hören: „Für das Kind!" Und nun brach in Siegberte der mühsam zurückgehaltene Schmerz plötzlich durch; sie brach in bitterliches Weinen aus. Ihr tränennasses Gesicht lag in Heiners offener Hand, während er unendlich zart ihr Haar streichelte. Auch über sein Gesicht liefen Tränen, und das war gut so. Sie schwemmten doch einen Teil Härte und Bitterkeit aus seinem Herzen weg.

Nachdem man Siegberte ins Haus getragen hatte, war Rudolf, erfüllt von unbeschreiblicher Angst, fluchtartig davongelaufen. Er war der festen Überzeugung, daß Siegberte tot sei, und wußte in seiner Verzweiflung keinen andern Rat als fort, nur fort! Wohin er seine Schritte lenken sollte, war ihm nicht klar. Verfolgt von seinem bösen Gewissen hetzte er durchs Dorf, keinem Anruf Gehör schenkend. „Ist es wahr, daß Frau Doktor tot ist?" rief ihm jemand zu. Er keuchte weiter und machte völlig erschöpft erst im Birkenwäldchen hinter dem Dorfe halt. Dort warf er sich laut weinend zu Boden, verkrampfte die Hände im Moos und wußte in seiner Not keinen Ausweg. Tante Siegberte war tot. Sie, der einzige Mensch, der wirklich zu ihm gehalten hatte und an dem er trotz seines Ungehorsams und seiner Eigenwilligkeit hing. Tante Siegberte, die ihm Heimat geboten hatte und die immer wieder gut zu ihm gewesen war, wenn er ihr auch noch so Ärger bereitet hatte, sie war tot, und er war schuld daran. Verzweifelt weinte er auf. Hätte er doch auf sie gehört, als sie ihn warnte, das neue Pferd zu besteigen. Warum fiel es ihm nur so schwer, aufs Wort zu gehorchen!? Nun war das Unglück da, und niemand kam jetzt zu ihm, ihn zu trösten, wie sie so oft getan hatte. „Komm, es kann alles noch gut werden", so sagte sie dann. Wo sollte er hin mit dem Bewußtsein seiner Schuld? Zurück auf den Eichenhof konnte er auf keinen Fall mehr. Und zu seiner Mutter? Nein, dorthin zog es ihn ganz und gar nicht. Was hatte er dort verloren? Sie würde ihn mit ein paar Süßigkeiten zu trösten versuchen und ihm dann eine andere Pflegestelle besorgen. Einen Augenblick malte er sich dieses alles in Gedanken aus, um dann wieder in lautes, verzweifeltes Weinen auszubrechen. „Ich bin schuld an ihrem Tod", schluchzte er, „und ich darf dem Onkel nie mehr unter die Augen kommen; er ist imstande mich totzuschlagen."

Während der Junge, fast verzweifelnd, keinen Ausweg vor sich sah, näherte sich ihm ein heruntergekommener Mensch. Die Hände in den Hosentaschen vergraben, schlenderte er einher, als habe er kein bestimmtes Ziel vor sich. Und doch wußte er genau, was er wollte. Dieser Augenblick konnte den Anfang der Ausführung des Planes bedeuten, der ihm seit einiger Zeit unablässig vor Augen stand. „Wer weint denn hier so jammervoll?" fragte er, sich dem auf der Erde liegenden Jungen nähernd. Rudolf schrak empor, als er sich angeredet fühlte und wollte sofort die Flucht ergreifen. Der Mann aber legte ihm die Hand auf die Schulter und sprach ihm begütigend zu: „Was erschrickst du so? Vor mir brauchst du dich nicht zu fürchten; ich tue dir nichts. Aber sage mir, weshalb du solche Angst hast?" Rudolf blickte den wenig vertrauenerweckenden Fremden von der Seite an. Er hatte den Mann noch nie gesehen. Dieser sah auch so verkommen aus, daß Rudolf wenig Lust empfand, sich mit ihm in ein Gespräch einzulassen. Aber er war in solch verzweifelter Lage, daß ihm der Gedanke tröstlich war, einen Menschen in der Nähe zu haben, der sich um ihn kümmerte.

„Bist du nicht der Junge vom Eichenhof?" fragte der Fremde. „Ich habe dich dort schon einmal gesehen." Rudolf nickte, und das Nennen des Hofes ließ seine Tränen aufs neue strömen. „Ich war bis jetzt dort", erwiderte er, „aber ich kann nie mehr dahin zurück. Es ist ein furchtbares Unglück geschehen, ich bin schuld daran, und der Onkel würde mich totschlagen, wenn ich es wagen sollte, den Hof wieder zu betreten. Das neue Pferd ist wild geworden, ich ritt darauf, obgleich es mir verboten war. Die Tante warf sich dem Pferd entgegen, um es zum Stehen zu bringen; sie konnte wohl die Zügel ergreifen, wurde aber zu Boden gerissen und geschleift. Dann trug man sie tot ins Haus, und ich bin davongelaufen und kann nun nie mehr zurück." Der Junge warf sich aufs neue in Verzweiflung zu Boden, barg den Kopf in den Armen und brach wieder in hemmungsloses Weinen aus. Der Mann ließ sich neben ihm nieder, zündete sich lässig eine Zigarette an und sagte: „Du regst dich vergeblich auf! Ich komme soeben aus dem Dorf und weiß genau, daß die Arztfrau nicht tot ist. Im ganzen Dorf spricht man von nichts anderem als von dem Unglück auf dem Eichenhof. Beruhige dich also! Deine Tante ist nicht gestorben, nur das Kind ist tot." Rudi fuhr auf, krallte seine Hände in den Arm des Fremden und fragte, am ganzen Körper zitternd: „Ist es wahr, was Sie sagen, darf ich es bestimmt glauben, daß die Tante lebt?"

„Du kannst sicher sein, daß ich die Wahrheit sage", erwiderte dieser, „im übrigen brauchst du nicht ‚Sie' zu mir zu sagen, denn in dieser Stunde, wo du so verzweifelt bist, brauchst du einen Freund, der zu dir steht. Ich will dein Freund sein; sage Emil zu mir. Und nun wollen wir miteinander beraten, was du weiter tun kannst. Sei überzeugt, daß ich dich nicht im Stich lasse." Rudolf sah voller Dankbarkeit zu Holzbann auf. Wie gut taten ihm dessen verstehende Worte. Er fing in diesem Augenblick an, sich selbst zu bedauern. Nach kurzem Besinnen jedoch wiederholte er betroffen: „Das Kind ist tot?" Und leise, wie zu sich selbst redend, fuhr er fort: „Und sie hatten sich beide so darauf gefreut." Im gleichen Augenblick kam auch wieder die Verzweiflung über ihn: „Und ich bin schuld, ich ganz allein." Der sonnenhelle Maiennachmittag kam ihm in den Sinn, jener Sonntag, an dem Tante Siegberte mit ihm durch den Wiesengrund hinaufgestiegen war zur Villa „Heimkehr." Damals hatte sie ihm das Geheimnis anvertraut. Mit welcher Wärme hatte sie von dem Kindlein gesprochen, auf das sie und der Onkel sich so unsagbar freuten. Aus ihrem großen Glück heraus hatte sie ihm das alles, was er von lüsternen Schulkameraden in so häßlicher Weise erfahren hatte, auf wunderfeine Art erklärt, so daß er in Scheu und Ehrfurcht zu ihr aufgeblickt hatte. Wie ein Heiligtum war ihm das gewesen. Und nun war diese ganze große Freude zerstört, vernichtet durch seinen Ungehorsam. Er begriff, welch unsagbares Leid auf dem Eichenhof dadurch eingekehrt war. Nein, nun konnte er erst recht nicht zurück. Wie hätte er der Tante wieder begegnen können! All dieses in wirren Worten unter Schluchzen und Selbstanklage hervorstammelnd, unterbrach ihn Emil Holzbann ärgerlich: „Jetzt höre bloß mit deinem Gewinsel auf! Als wenn das das größte Unglück wäre! Du wirst es noch erleben, daß auf dem Eichenhof mehr wie genug kleine Kinder herumspringen, und schließlich bist du ja nicht schuld, daß das Pferd mit dir durchging; das hätte jedem anderen auch passieren können. Außerdem hätte deine Tante wissen müssen, daß sie sich solcher Gefahr nicht aussetzen dürfe. Die Schuld trifft sie ganz alleine. Das wäre gelacht, wenn du dir ein Leben lang Vorwürfe machen wolltest." Er bot ihm sein Zigarettenetui: „Hier greif zu, sei ein Mann und laß das Geflenne."

In Rudolf kämpften Bewunderung und Verachtung miteinander; in seinem Innern regte sich ein Warnungssignal: Hüte dich vor diesem Menschen! Jedoch zog irgend etwas in Holzbanns Art den unerfahrenen und zu Abenteuern geneigten Jungen an. Und daß er ihn wie einen Mann behandelte, das schmeichelte seiner Eitelkeit. Noch nie hatte ein Erwachsener ihm etwas zu rauchen angeboten. Wenn auch zögernd, so griff Rudolf doch zu.

„Na also", sagte Holzbann, „so gefällst du mir schon besser, und nun wollen wir beraten, was zu machen ist. Bevor wir jedoch weiterverhandeln, mußt du mir versprechen, keinem Menschen zu verraten, daß du mich hier getroffen hast. Ich muß aus bestimmten Gründen noch eine Weile hier verborgen und unerkannt bleiben. Da du mein Freund bist, werde ich dir später alles erklären, und ich verspreche dir, daß es dein Schaden nicht sein soll, wenn du schweigen wirst. Mißbrauchst du aber mein Vertrauen, dann passiert ein entsetzliches Unglück. Du sollst es aber nicht bereuen, mein Freund und Vertrauter geworden zu sein." Er streckte ihm die Hand hin: „Hier, Junge, schlag ein, auf eine gute Freundschaft." Rudi fühlte sich abgestoßen und zugleich angezogen; solche Erlebnisse kamen eigentlich nur in Kriminalgeschichten vor, die er zu Dutzenden schon verschlungen hatte. Wer war dieser Emil, und was hatte er im Sinn? Aber einen erwachsenen Freund wie diesen hatte keiner seiner Schulkameraden. Das Vertrauen dieses Mannes ehrte ihn schließlich, und so schlug er in dessen dargebotene Rechte ein.

„Komm mit mir", fuhr Holzbann fort, „ich will dir zeigen, wo ich wohne; aber auch das darfst du niemand verraten. Kennst du die Jagdhütte des Krugwirts am oberen Ausgang des Waldes, nicht weit von der bekannten Rehwiese? Dort hause ich allein. Zwar bin ich nicht ein Freund der Einsamkeit, aber dieser verschwiegene Ort ist das Ge-

gebene für die Ausführung meiner Pläne. Komme zu mir, so oft du magst, und sollte ich einmal nicht da sein, so zeige ich dir den Platz, wo ich den Schlüssel extra für dich lege." Dabei schlug er Rudolf auf die Schulter. Dieser aber begann diesen Mann zu verehren. Welch ein unsagbares Glück, daß er ihn in diesem Augenblick der Not und Angst getroffen hatte.

„Kann ich nicht bei dir bleiben?" fragte er, „du mußt doch einsehen, daß ich nicht mehr auf den Eichenhof zurück kann, nach dem, was geschehen ist."

„Das geht auf keinen Fall", erwiderte Holzbann kurz und bündig. „Du wirst allerdings mit einer gehörigen Tracht Prügel rechnen müssen; ich könnte mir auch vorstellen, daß der Doktor versucht, dich vor die Türe zu setzen; aber so wie ich Siegberte kenne — ich meine, was ich von der Frau Doktor im Dorf gehört habe, wird sie es nicht fertigbringen, ein heimatloses Kind auf die Straße zu setzen. Ja, wenn es noch ein Verwalter wäre, den sie nicht leiden kann" — er stieß ein haßerfülltes Lachen aus, „dann ... aber was weißt du davon! Sieh dort oben steht die Jagdhütte. Ich kenne den Krugwirt von früher her, er hat mir den Schlüssel gegeben und mir erlaubt, hier oben zu wohnen. Studienhalber, weißt du, studienhalber halte ich mich hier auf. Ja, staune mich nur an. Ich will es dir verraten, ich bin nämlich ein Gelehrter. Die sind alle ein bißchen verrückt, daher auch mein heruntergekommenes Äußere. Wenn meine Studien hier oben beendigt sind, reise ich wieder zurück in die Großstadt, wo ich ein elegantes Haus und wertvolle Besitztümer habe, dann mußt du mich dort einmal besuchen."

Rudolfs Bewunderung für den neuen Freund stieg zusehends. Welch ein Vorrecht, einen Gelehrten zum Freund zu haben! Es kam ihm keineswegs verdächtig vor, als dieser jetzt zu ihm sagte: „Übrigens ist es mir lieber, wenn du mich mit meinem zweiten Vornamen anredest, sage Gerhard zu mir. Das ist mir eine liebe Erinnerung an meine Kindertage, wo man mich auch so nannte.“ Lange saß Rudolf bei seinem neuen Freund. Es war schon dunkel geworden, als dieser ihn schließlich überredet hatte, sich wieder auf den Eichenhof zu begeben, dort Reue zu heucheln und seine Wiederaufnahme zu erwirken.

„Solltest du wider Erwarten nicht aufgenommen werden, so kehrst du natürlich zu mir zurück; ich lasse dich nicht im Stich. Sieh aber zu, daß du nicht mit ganz leeren Händen kommst, ich habe mich ja nicht darauf eingerichtet, den Unterhalt für zwei Menschen zu beschaffen. Den Weg zu eurer Vorratskammer wirst du ja wohl wissen.“ Holzbann begleitete Rudi bis zum Eingang des Dorfes, dann hielt er es für besser umzukehren, während der Junge – nicht ohne Angst und Zagen – sich dem Eichenhof näherte.

Nein, Doktor Sorger war keineswegs gewillt, Rudolf wieder aufzunehmen. Franz, der Verwalter, war spät in der Nacht an die Schlafzimmertüre gekommen: „Herr Doktor, da draußen weint was!“ Leise, damit seine Frau, die endlich in einen leichten Schlummer gefallen war, nicht aufwache, stand er auf in der Annahme, daß man ihn zu einem Kranken rufen wolle. Aber Siegberte hatte Franz bereits gehört und verstanden.

„Es ist bestimmt Rudolf“, und es war ihren Worten anzumerken, daß sie sich um den Jungen sorgte. Bittend fuhr sie fort: „Heiner, laß ihn ein. Er ist gewiß todunglücklich.“

Der Arzt aber fuhr auf: „Ich will ihn nicht mehr sehen. Er verdient es nach dem heutigen Tag nicht, noch länger in unserem Hause zu sein.“ Der Doktor war bleich vor Erregung und ernstlich entschlossen, den Jungen aus dem Haus, ja sogar aus der Gegend zu entfernen. Nein, er wollte jetzt nicht in die bittend auf ihn gerichteten Augen seiner Frau sehen, er mußte ihrer Gutmütigkeit und Hilfsbereitschaft, die in diesem Fall seiner Ansicht nach wirklich unangebracht war, Grenzen setzen. Da bat sie: „Heiner, komm noch einmal her zu mir.“ Und als er sich über ihr bleiches Gesicht beugte, aus dem ihre Augen ihn leiderfüllt ansahen, fuhr sie fort: „Ich weiß, ich verlange viel von dir, aber ich bitte dich, laß mir dieses Kind, nachdem ich mein eigenes hergeben mußte.“ – Die letzten Worte waren von Tränen erstickt. „Rudi braucht mich. Wohin soll er denn sonst gehen?“

Heiner setzte sich auf den Bettrand: „Siegberte, verlange doch nichts Unmögliches von mir. Ich kann nicht vergessen, was er uns durch seinen Leichtsinn angetan hat.“ Siegberte antwortete nicht. Sie hatte die Augen geschlossen, aber über ihre Wangen rannen unaufhaltsam Tränen.

Franz regte sich draußen vor der Türe: „Herr Doktor, was soll nun geschehen? Ich habe nachgesehen, es ist Rudolf, der vor dem Tor steht und weint.“ Heiner Sorger stellte sich mit auf dem Rücken verschränkten Armen vor das Fenster und sah in die Nacht. Was er jetzt tat, geschah gegen seine Überzeugung. Aber seiner Frau mußte in ihrem körperlichen Zustand jede Erregung fernbleiben. Dann hatte er sie auch viel zu lieb, als daß er es fertiggebracht hätte, ihr Kummer zu bereiten. Ob sie ahnte, was es für ihn bedeutete, den Jungen im Haus zu dulden? –

Er ging und öffnete die Tür. „Geh, Franz, laß den Bengel herein, aber in sein Zimmer hier neben uns kommt er nicht mehr. Leg ihn in das zweite Bett in der Knechtekammer, zum Hütejungen. Sein Kindesrecht in unserem Hause hat er verscherzt. Ich will ihn vorerst nicht sehen, ich fürchte, ich könnte mich vergessen.“

Siegberte hätte Rudi am liebsten wieder in sein hübsches Zimmerchen gelegt; aber sie wußte, das durfte sie jetzt von ihrem Mann nicht verlangen; es war viel, daß er ihr soweit nachgab.

Für Rudolf war es hart, daß es ihm in den nächsten Tagen nicht gestattet wurde, Siegberte zu sehen. Die Tante war der einzige Mensch auf dem Eichenhof, an dem er wirklich hing, und es tat ihm aufrichtig leid, das Unglück verschuldet zu haben. Aber er fand es schmachvoll, daß er in der Knechtekammer schlafen mußte, und darob grollte er dem Onkel. Wohl hatte er sich genau zurechtgelegt, wie er ihn um Verzeihung bitten wolle, und gewiß entsprach dieses Vorhaben einem ehrlichen Gefühl der Reue. Das Bewußtsein der Schuld hatten auch Holzbanns lose Redensarten nicht auszulöschen vermocht. Nachdem der Onkel ihn jedoch so hart, ja, wie er meinte, zu hart strafte, stellte der Groll sich wieder ein, und die Bitte um Verzeihung blieb unausgesprochen. Als Doktor Sorger einige Tage nach dem Unglück dazukam, wie der Junge in Selbstverständlichkeit im großen Wohnzimmer Platz genommen hatte, um dort wie sonst seine Schularbeiten zu machen, übermannte ihn aufs neue der Zorn: „Geh hinauf in deine Kammer, da steht ein Tisch am Fenster, an dem du deine Aufgaben machen kannst."

Mit innerer Wut warf Rudolf Bücher und Hefte in die Schulmappe und verließ das Zimmer. Er nahm sich vor, überhaupt nicht zu arbeiten; mochte der Lehrer sagen, was er wollte.

Aber zu seinem Freund würde er jetzt gehen und ihm alles klagen; diese Behandlung war einfach niederträchtig. Gerhard sollte ihm sagen, ob er sich solches bieten lassen müsse. Er steigerte sich immer mehr in heftigen Groll, als er die Waldhöhe hinaufstieg, um in der Jagdhütte mit Holzbann zusammenzutreffen.

Dieser war gerade dabei, sich einen Pfannenbrei aus Milch, Eiern und Mehl zu schmoren, als der Junge die Hütte betrat, in der es verheißungsvoll duftete. „Ach, da kommt ja mein Freund", rief er ihm in heuchlerischer

Freundlichkeit entgegen. „Du kommst gerade recht, kannst mit mir essen. Heute will ich dich versorgen, das nächste Mal, wenn du kommst, bist du an der Reihe.“ Rudolf errötete und stotterte eine Entschuldigung. Er hatte die Forderung seines Freundes von unlängst ganz vergessen. Er sei auch nicht etwa gekommen, um hier zu essen, sondern benötige dringend Gerhards Rat. Dann griff er aber doch nach rechter Jungenart tüchtig zu und ließ sich den Brei, den er mit Holzbann aus einer Pfanne löffelte, wohl schmecken. Als beide satt waren, mußte Rudolf erzählen. Während seiner Schilderung unterbrach ihn der saubere Freund wiederholt mit Ausrufen der Empörung. „Unerhört! Einfach niederträchtig! – Wie einen Verbrecher behandeln sie dich!“

Er redete so, daß Rudolf sich in kurzer Frist als der bemitleidenswerteste Junge vorkam. Er war von der Ungerechtigkeit der Handlungsweise Doktor Sorgers so überzeugt, daß er es als ganz richtig fand, als Holzbann ihm sagte, er werde sich etwas ausdenken, um diese Schmach zu rächen. „Nur nichts überstürzen“, sagte der saubere Freund. „Nicht eher handeln, als bis man gewiß ist, daß der Plan gelingt.“

Als Rudolf an diesem Abend nach Hause kam, war der letzte Rest von Schuldbewußtsein verschwunden. Dafür hatte Holzbann gesorgt. Dieser schlechte Mensch freute sich, daß er in dem leicht beeinflußbaren Jungen ein Werkzeug hatte, das ihm helfen würde, seine teuflischen Pläne auszuführen.

Zu aller Freude erholte Siegberte sich rascher als selbst ihr Mann vermutet hatte. Aber er befahl ihr strenge Schonung und erlaubte ihr nicht aufzustehen, auch nicht als sie längst meinte, wieder wohl genug zu sein. Rührend war die Teilnahme des ganzen Dorfes. Es war, als hätten sich alle mit dem Arztehepaar auf das erwartete Ereignis gefreut, und nun trauerten alle mit den beiden. Jetzt, da es seiner Frau wieder langsam besser ging, erlaubte Doktor Sorger auch, daß sie Besuche empfing, aber bald reute ihn die erteilte Erlaubnis, denn einer löste den andern ab, so daß er schließlich mehrmals die Besucher wieder fortschicken mußte, weil sie zu zahlreich kamen. Doktor Nölle, sein Amtsvorgänger, kam gerade einmal dazu, als Sorger einigen alten Frauen ziemlich energisch auseinandersetzte, daß ihr Besuch im Augenblick nicht erwünscht sei, und sich nicht erweichen ließ, als diese mit vielen Bitten sich durchzusetzen versuchten. Der alte Arzt klopfte seinem jungen Kollegen wohlwollend auf die Schultern. „So ist's recht, mein Lieber, so gefallen Sie mir besser. Das sanfte Säuseln in unserm Fach kann ich nämlich beileibe nicht ausstehen. Aber ich sehe schon, Sie machen sich. Mit der Zeit wird es schon werden."

Als Heiner Sorger auf diese Anrede lächelnd erwidern wollte, schob der Alte ihn einfach beiseite. „Und nun stehen Sie mir nicht im Wege, sondern lassen Sie mich zu Siegberte. Bilden Sie sich nicht etwa ein, daß Sie auch mir den Eingang verwehren könnten. Ich habe Ihre Frau gekannt, lange bevor dieser Stern an Ihrem Himmel aufgegangen ist und habe sie bei all ihren Kinderkrankheiten behandelt in einer Zeit, als Sie, mein Lieber, noch keinen blassen Dunst von derlei Dingen hatten." Und dann polterte er, ohne anzuklopfen, in Siegbertes Schlafzimmer hinein: „Sag mal, Mädchen, was machst du für Sachen? Weißt du auch, daß du deinem alten Onkel Doktor einen ordentlichen Schrecken eingejagt hast?" Er zog sich einen Stuhl nahe zu ihrem Bett heran und nahm ihre schmal gewordene Hand in seine breite Rechte und streichelte sie in väterlicher Zärtlichkeit wie einem Kinde: „Mädchen, Mädchen, was machst du für Sachen! Und so bleich bist du geworden." Und drohend wandte er sich an Doktor Sorger, der ihm nachgekommen war: „Mein Lieber, ich sage Ihnen, daß Sie mir das Mädchen schonen, sonst kriegen Sie's mit mir zu tun." Das Ehepaar wechselte einen warmen Blick frohen Einverständnisses. Sie wußten ja, wie gut es der alte Polterer, der zu ihren besten Freunden gehörte, mit ihnen meinte.

Als eine der Mägde einige Augenblicke später den Nachmittagskaffee auf einem Tablett herbeibrachte und auf Doktor Sorgers Geheiß ein Glas Wein für den alten Arzt, wurde sie beinahe von dem Jagdhund Doktor Nölles umgerissen, der in das Zimmer sprang und nur durch rasches Zugreifen seines Herrn davon abgehalten werden konnte, sich mit lautem Freudengeheul auf Siegbertes Bett zu stürzen, die er seit Jahren verehrte. Winselnd legte er dann die Schnauze auf ihren Bettrand, als verstehe auch er etwas von dem Leid, das über dieses Haus gekommen war. Siegberte streichelte ihm den schönen Kopf: „Guter Kerl, es ist recht, daß du auch einmal wieder nach mir schaust. Ich wundere mich zwar, daß mein gestrenger Mann dich eingelassen hat, sind doch verschiedene Besucher heute bereits abgewiesen worden." Doktor Nölle aber begehrte auf: „Du wirst doch meinen guten Harras nicht in einem Atemzug mit den ollen Quatschweibern nennen wollen. Der wird dich nicht mit endlosen Ratschlägen belästigen, wie diese, von denen eine gescheiter sein will als die andere."

Als nach einer halben Stunde der alte Arzt mit seinem jungen Kollegen, der noch einige Krankenbesuche zu machen hatte, das Haus verließ, schickte Siegberte in die Küche und bat Minchen, eine Verwandte, die schon seit Jahren der Küche vorstand, zu sich.

„Setz dich ein wenig zu mir, Minchen", bat sie, „ich habe einiges mit dir zu besprechen." Nachdem die hauswirtschaftlichen Fragen erledigt waren, kam Siegberte auf Rudolf zu sprechen: „Sage mir, was treibt er eigentlich die ganze Zeit? Mein Mann erlaubt mir ja vorerst nicht, ihn zu sehen, aber ich bin seinetwegen oft so voller Unruhe. Macht er eigentlich seine Schulaufgaben richtig? Und wie verbringt er seine Freizeit?"

Minchen zuckte die Achseln. Sie hatte wie alle übrigen Angestellten nicht viel übrig für den Jungen, dessen Ton ihnen gegenüber oft respektlos und frech war. „Ich weiß es nicht, was er treibt, Siegberte. Und ehrlich gesagt: Mir ist es am liebsten, wenn ich ihn möglichst wenig zu sehen bekomme. Es genügt mir, wenn ich ihn bei Tisch sehe, und seit dem Unglück, an dem er ganz allein schuld ist, können wir alle ihn nicht mehr ausstehen." Sie fing an zu weinen: „Du weißt, wie wir uns alle mit dir gefreut haben. Hättest du doch auf deinen Mann gehört, als er den Jungen wegschicken wollte! Ich habe immer so eine Ahnung, daß der Junge noch einmal ein Unglück über den Eichenhof bringt. Ihr habt wahrhaftig an ihm mehr getan, als eure Pflicht war. Du solltest nur einmal sehen, wie frech er sich jetzt nach dem Unglück immer noch gebärdet; er empfindet keine Reue über seine böse Tat."

Siegberte seufzte: „Und doch tut er mir leid! Wenn niemand da ist, der ihm zurechthilft, wird es nur schlimmer mit ihm. Ich wünschte, mein Mann würde mir erlauben, ihn zu mir kommen zu lassen; aber davon will er nichts wissen."

„Das kann ich gut verstehen", erwiderte Minchen, „ich würde noch viel strenger mit ihm verfahren. Aber nun muß ich noch etwas anderes mit dir besprechen. Ich tue es zwar nicht gern, weil dir jede Sorge und Unruhe ferngehalten werden soll. Aber die Sache läßt mir keine Ruhe. Seit einigen Tagen fehlt allerlei in der Vorratskammer. Es ist jetzt schon das zweite Mal, daß ich solche Entdeckungen mache. Letzte Woche war es eine Anzahl Eier, die ich vermißte, und heute fehlt ein Stück Rauchfleisch. Ich kann mir das nicht erklären. Außer mir hat doch niemand den Schlüssel zur Kammer, und in all den Jahren meines Hierseins ist so etwas nie vorgekommen."

Siegberte schüttelte verwundert den Kopf und sagte: „Das ist mir auch völlig unverständlich. Von unseren eigenen Leuten kommt niemand als Täter in Frage, für sie alle würde ich mich verbürgen. Am wenigsten kenne ich den Hütejungen, denn der ist noch nicht lange im Hause. Aber er kommt aus einer so ordentlichen Familie, daß ich ihm so etwas nicht zutrauen möchte. Wer aber könnte es dann sein?"

Sie rieten noch eine Weile hin und her, dann mußte Minchen wieder zurück in die Küche, um das Abendessen vorzubereiten. Siegberte überlegte, ob sie ihrem Mann von diesen Vorkommnissen etwas sagen solle. Sie war gewöhnt, alles mit ihm zu besprechen. Seit dem Unglück fand sie ihn jedoch ziemlich nervös und abgespannt. Vielleicht kam das daher, daß sie ihm in den letzten Wochen die Praxis und Sprechstunde ganz überlassen mußte. Gewiß waren die täglichen Anforderungen zuviel für ihn. Sie nahm sich daher vor, über diese Vorkommnisse nichts zu sagen. Vielleicht klärte sich die Sache bald. Sie wußte, seit Monaten arbeitete Heiner weit über seine Kräfte. Die Praxis wurde immer größer. Was konnte sie nur tun, um ihm zu helfen? Lange Zeit lag sie sinnend und überlegend, und plötzlich huschte ein Strahl der Freude über ihr Gesicht. Sie glaubte einen Weg gefunden zu haben, aber sie mußte diplomatisch vorgehen, sonst ging er nicht auf ihren Plan ein. Gleich heute abend bei seiner Rückkehr von den Kranken wollte sie versuchen, die Sache einzufädeln. Zum erstenmal seit dem Tage, da ihr Kind tot zur Welt gekommen war, empfand sie wieder ein klein wenig Freude. Wie liebte sie Heiner, und der Gedanke, ihm zu einem besonderen Erlebnis zu verhelfen, regte sie so an, daß sie am liebsten aufgestanden und ihm entgegengegangen wäre, um ihre Pläne mit ihm zu besprechen. Aber sie mußte sich noch einige Stunden bis zu seinem Heimkommen gedulden. Dann schien es ihr unendlich lang zu währen, bis er aus dem Badezimmer kam, um sie zu begrüßen. Er beugte sich liebevoll über sie: „Wie ist es dir gegangen in meiner Abwesenheit?"

„Ich möchte so gerne aufstehen", erwiderte sie und legte die Arme um seinen Hals. „Erlaube es mir doch!"

Er schüttelte verneinend den Kopf. „Du siehst noch sehr angegriffen aus, und da du dich, wie ich dich kenne, doch gleich in die Arbeit stürzen und dich nicht schonen würdest, muß ich sehr behutsam mit der Erlaubnis zum Aufstehen sein."

Nun war ihr Augenblick gekommen. „Ich verspreche dir, Heiner, mich nicht gleich in die Arbeit zu stürzen, im Gegenteil, mir ist heute nachmittag, als ich so allein dalag, ein ausgezeichneter Gedanke gekommen. Was würdest du dazu sagen, wenn ich für einige Wochen verreisen wollte?"

„Herrlich wäre das", erwiderte der Doktor in freudigem Einverständnis, „aber das ist mir doch ein Zeichen dafür, daß du dich elend fühlst. Wie käme sonst meine Siegberte dazu, einen solchen Wunsch zu äußern, sie, die bis jetzt jeden Gedanken an Urlaub abgelehnt hat, solange wir verheiratet sind."

„Doch, ich möchte verreisen", sagte Siegberte, „aber ich stelle eine Bedingung."

„Und die wäre?"

Siegberte blickte ihren Mann bittend an und in ihren Augen leuchtete der warme Schein auf, den er von jeher so geliebt hatte: „Ich will, daß du mitkommst."

„Aber Liebes", entgegnete er, „du weißt doch, daß das ganz unmöglich ist. Wie sollte ich hier abkommen?"

Sie aber beharrte auf ihrem Willen wie ein eigensinniges

Kind, so daß er schließlich lächeln mußte; denn das war sonst nicht ihre Art.

Und nun begann sie ihre Pläne in leuchtenden Farben auszumalen, ohne zu verraten, daß die Sorge um ihn und seinen Gesundheitszustand sie dazu trieb. Sie wußte, das hätte er nicht gelten lassen. „Wir fahren beide in die Schweiz", sagte sie, „und zwar dachte ich ins Berner Oberland nach Adelboden. Glaube mir, Heiner, ich würde mich auf den Schweizer Höhen ganz gewiß wieder erholen, und denke, wie herrlich, wenn du mich begleiten und all die Plätze mit mir aufsuchen würdest, an denen du mit deinen Eltern schon in deiner Kindheit solch unvergeßliche, schöne Zeiten erlebtest. Du hast mir oft genug davon erzählt." Sie blickte ihn erwartungsvoll an. Er schien zu überlegen, dann aber wehrte er ganz entschieden ab: „Nein, Siegberte, das geht nicht. Ich sehe keine Möglichkeit, so gerne ich möchte, von hier fortzukommen. Aber laß uns überlegen, wer dich begleiten könnte. Meinst du nicht, daß Heidi sich frei machen könnte?"

„Wo denkst du hin, Heiner, was sollte aus den drei Kindern während der Zeit werden? Und übrigens steht es bei mir fest: Wenn du nicht mitkommst, bleibe ich auch hier."

Er versuchte es noch einmal: „Aber Kind, diese Hartnäckigkeit ist mir an dir ja ganz fremd. Wie wäre es, wenn Sabine dich begleiten würde?"

„Und wer übernimmt die Zwillinge indessen?" fragte sie.

„Dann fährt vielleicht Rolf Kabel mit dir, er kann in der Schweiz Studien für ein neues Buch machen."

Siegberte aber wurde ganz lebendig: „Bemühe dich nicht, Heiner, entweder du fährst mit mir, oder ich bleibe hier, und das ist mein letztes Wort in dieser Angelegenheit."

Nun mußte er lachen. „Und was wird aus meiner Praxis?"

„Unnötige Frage! Wozu ist Doktor Nölle noch in unserer Gegend? Der ist glücklich, wieder einmal in allen Häusern herumstrolchen und seine Bauern nach Herzenslust anfauchen zu können. Laß ihm die Freude!" Sie faßte seine beiden Hände, ihre bleichen Wangen röteten sich vor Erregung: „Heiner, sag ja, erfülle mir diesen Wunsch! Laß uns für einige Wochen in die Schweiz fahren!"

Noch einmal wagte er eine Entgegnung: „Und der Hof, die Arbeit hier?"

Aber das war für sie kein Problem: „All unsere Leute sind seit Jahren im Hause, wir können uns auf sie verlassen."

Noch eine Weile besann er sich, dann hatte sie ihn besiegt. „Gut, wir fahren", sagte er, „ich tue es um deinetwillen, damit du wieder zu Kräften kommst."

Da schmiegte sie sich in seinen Arm. „Ich danke dir, Heiner. Wie bin ich glücklich, daß wir zusammengehören!"

Wenige Tage später durfte Siegberte zum ersten Male wieder aufstehen. Ihre lebensbejahende Art lehnte ein Verharren in der Schwäche bewußt ab. Es lag ihr auch nicht, jammernd am Wege zu sitzen und Verlorenem nachzutrauern. Dazu wußte sie viel zu genau, wie nötig sie überall gebraucht wurde. Und ein Sichgehenlassen hatte sie noch nie gekannt. Gewiß, der Gedanke an die zerstörte Hoffnung tat auch jetzt oft noch weh – die beste Medizin war aber bestimmt die Arbeit – und jetzt, da sie die entschwundenen Kräfte wieder zurückkehren fühlte, drängte sie es, sich wieder zu betätigen. Noch einige Tage, und sie würde ihrem Mann wie sonst im Sprechzimmer wieder zur Hand gehen. Außerdem gab es in Haus und Garten so mancherlei zu tun. Wahrhaftig, an Arbeit fehlte es nicht. – Vor allem war es ihr jetzt darum zu tun, sich um Rudolf zu kümmern. Ihr Mann hatte ihm nicht gestattet, an ihr

Krankenbett zu kommen. Es war ihr manchmal in diesen Tagen gewesen, als schleiche er an ihrer Zimmertür vorbei und warte, daß sie ihn hereinrufe. Aber sie wollte ihrem Heiner nicht zuwiderhandeln. –

Jetzt, wo sie wieder aufstehen konnte, war ein Zusammentreffen unvermeidlich; das mußte auch Heiner einsehen. Es war ein wundervoller Herbstnachmittag. Siegberte saß in Decken gehüllt im Lehnstuhl hinter dem Haus unter den alten Obstbäumen. Da schlenderte Rudolf über den Hof. „Er sieht schlecht aus", konstatierte Siegberte. Ganz besonders fiel ihr der unruhige Ausdruck seines Gesichtes auf. Jetzt sah der Junge sie. „Tante Siegberte!" rief er freudig und eilte auf sie zu. Ein heller Schein hatte sich über sein Gesicht gebreitet, als er sie entdeckte. Aber dieser Schein erlosch sofort wieder. Rudolf blieb stehen, ließ die Arme hängen und wandte sich ab. – Ob er sich der weichen Regung und der Freude, sie zu sehen, schämte?

Da streckte Siegberte ihm die Hand entgegen: „Komm, Rudi, weshalb zögerst du?" –

Er besann sich noch einen Augenblick, dann kam er langsam mit halbabgewandtem Gesicht, auf dem keine Spur von Freude zu sehen war, näher. Wahrscheinlich fürchtete er, daß sie ihm jetzt Vorwürfe machen werde, und er wappnete sich, diesen in Trotz zu begegnen. Siegberte aber berührte die traurigen Geschehnisse mit keinem Wort und tat, als läge nichts zwischen ihnen.

„Wo kommst du her?" fragte sie. „Hast du dich mit deinen Kameraden getroffen?" – Rudolf sah Siegberte sprachlos an. Er hatte etwas anderes zu hören erwartet. – Na also, dann sah sie die ganze Angelegenheit gar nicht als so schlimm an, und nur der Onkel machte eine solche Geschichte daraus. Demnach würde sie auch Verständnis dafür haben, wenn er sich beschwerte. Er ging daher gar nicht auf die ihm gestellten Fragen, sondern fing an in einer

Mischung von Trotz und Bemitleidetseinwollen zu klagen: „Der Onkel hat mich in die Knechtekammer gelegt. Da bleibe ich nicht. Ich will wieder in mein Zimmer."

Siegberte betrachtete ihn stumm und ihr Blick wurde immer trauriger. Wie war es möglich, daß ein Kind so verstockt sein konnte. Als sie nicht gleich antwortete, drängte er ungeduldig: „Du sollst es ihm sagen, hörst du, ich will nicht mehr oben in der Kammer schlafen." Da erwiderte Siegberte: „Die Folgen deines Ungehorsams sind dieses Mal so groß und haben solch namenloses Leid über unser Haus gebracht, daß die Anordnungen des Onkels ganz berechtigt sind. Du darfst zufrieden sein, daß er dich überhaupt noch im Hause duldet."

Da warf der Junge im Trotz den Kopf zurück; auch der letzte Rest von Einsehen und Reue war dahin. „Gut", sagte er, „dann soll meine Mutter einen anderen Platz für mich suchen. Wenn ihr mich nicht gerne bei euch habt, will ich auch gar nicht mehr hier bleiben."

Einen kurzen Augenblick lang war es Siegberte, als müsse sie dem Jungen, der nach all dem Gewesenen einen solchen Ton anschlug, antworten: „Ja, es wird das beste sein, wenn deine Mutter dich anderswo unterbringt." – Sie fragte sich ernstlich, ob es nicht tatsächlich verkehrt sei, der Mutter Rudolfs die Verantwortung für ihr Kind abzunehmen und ihr damit noch weitere Gelegenheit zu geben, ein leichtfertiges Leben zu führen. – Wie sie aber den trotzigen Jungen vor sich stehen sah, war es ihr, als brauche dieser nichts so nötig wie verstehende Mutterliebe. Seine Mutter war nicht imstande, ihm diese zu geben. Durfte man ihn darben lassen? Ging er bei seiner Veranlagung nicht größten Verirrungen entgegen, wenn da keine Hand war, die ihn führte? – Sie wußte, Heiner wünschte es sehr, daß der Junge das Haus verlasse; nur ihretwegen sah er jetzt davon ab, ihn wegzuschicken.

Ihr Mann hatte gewiß auch in der Beurteilung des Jungen recht, aber trotzdem brachte sie es nicht fertig, ihn jetzt fortzuschicken. Es war ihrer Ansicht nach gerade jetzt von großer Wichtigkeit, daß er von den rechten Händen geführt wurde. In ihrer gründlichen Art fragte sie sich aber im gleichen Augenblick, ob sie die Fähigkeit besitze, den Jungen zu führen, und ob sie seiner immer mehr zutage tretenden Selbstsucht und den allerlei anderen unguten Eigenschaften auf die Dauer gewachsen sei. Aber sie konnte und wollte ihm Liebe entgegenbringen.

So zog sie ihn zu sich heran: „Rudi, du törichtes Kind! Wäre es nicht besser, du würdest einsehen, welch großes Unrecht du durch deinen Ungehorsam begangen hast? – Gib dir Mühe, das Vertrauen des Onkels wieder zurückzugewinnen durch Gehorsam und gutes Betragen, dann wird er dir auch wieder gestatten, in dein Zimmer zurückzukehren."

Von der Einfahrt her ertönte ein scharfer Pfiff. Einige von Rudolfs Schulkameraden machten sich bemerkbar. Mit großen Sprüngen fegte er davon, ohne auf Siegbertes Worte weiter einzugehen. Sorgenvoll blickte sie ihm nach. Was mußte dieser Junge wohl erleben, um beeindruckt zu werden!

Es war einige Wochen später. Sorgers hatten ihre Vorbereitungen zur Reise getroffen. Siegberte war glücklich. Ihr Plan war gelungen. Auch Heiner freute sich auf den Aufenthalt in der Schweiz. Nur schade, daß die Jahreszeit schon so weit vorgeschritten war. Alpenrosen und Enzian waren längst verblüht – ja, in Adelboden würde um diese Zeit wahrscheinlich schon Schnee liegen. Aber auch dann war es schön dort oben. Wie wollte sie die Zeit mit ihrem Mann genießen! Niemand würde sie stören. Keine Sprechstunde, keine Krankenbesuche – es war gar nicht auszudenken. Sie empfand, daß ein solches Zurruhekommen und Füreinanderdasein ihnen beiden jetzt dringend nötig war. – Während sie die letzten Wäschestücke in den Koffer legte, war Doktor Nölle bei ihrem Mann.

„Ich bin Ihnen wirklich dankbar, daß Sie die Vertretung übernehmen", sagte Heiner Sorger. „Ohne Ihr Einspringen wäre meine Reise ja gar nicht möglich. Mir ist's ohnehin nicht ganz wohl bei der Sache und es verursacht mir Gewissensbisse, daß ich meine Arbeit einfach im Stich lasse."

„Ach was, Arbeit im Stich lasse", fuhr Nölle auf. „Ihr Jungen bildet euch immer ein, unentbehrlich zu sein. Es geht auch ohne euch. – Also fahren Sie getrost, ich werd' hier schon nach dem Rechten sehen, und achten Sie mir vor allem auf Siegberte. Die Geschichte hat sie doch sehr mitgenommen."

Lautes Geschrei im Hause ließ die beiden Männer aufhorchen. Poltern und Schelten, dazwischen zorniges Weinen war auf der Treppe vernehmbar, ein auf dem Eichenhof sonst ungewohntes Getöse. Siegberte hielt sehr darauf, daß die häusliche Arbeit möglichst ohne Lärm verrichtet wurde. Bei dem immer stärker werdenden Geschrei trat sie aus dem Wohnzimmer, im gleichen Augenblick, als ihr Mann, gefolgt von Doktor Nölle, nach dem Grund der Unruhe fragte. Hochrot vor Zorn schob Minchen Peter, den Hütejungen, vor sich her, die Treppe herunter. Mit derbem Griff hatte sie ihn im Genick gepackt, während sie sich mit der anderen Hand am Geländer hielt, um von dem sich wütend Wehrenden nicht die Stufen heruntergerissen zu werden.

„Aber Minchen", fragte Siegberte verwundert, „was bedeutet denn dieser Lärm? Was hast du mit dem Peter vor?" Statt jeder Antwort deutete das alte Mädchen mit der Hand hinter sich. Und jetzt erst gewahrte Siegberte eine der Mägde, die ebenfalls aus dem oberen Stockwerk kommend, unter einem Arm einen großen Brotlaib und in der Hand eine lange Rauchwurst trug.

„Jetzt haben wir ihn endlich", rief Minchen voller Empörung; „ein schöner Marder!"

Die merkwürdige Prozession war indessen im Hausflur unten angelangt. Peter brach beim Anblick Siegbertes in heftiges Schluchzen aus. Flehend, wie um Schutz bittend, erhob er die Hände: „Frau Doktor, glauben Sie mir's, ich hab's nicht getan, ich bin unschuldig." Und er wischte die Tränen mit seinen schmutzigen Händen aus dem Gesicht, so daß sie graue Spuren hinterließen.

Nun mischte sich Doktor Sorger in die Angelegenheit: „Du Peter, werde erst einmal ruhig und schäme dich, zu flennen wie ein altes Weib. Und du, Minchen, berichte was vorgefallen ist."

Indessen hatte Doktor Nölle Rudolf entdeckt, der neugierig im ersten Stock über dem Treppengeländer hing, damit ihm ja nichts von dem ganzen Vorgang entgehe. „Was tust du elender Lausebengel dort oben?" fuhr Doktor Nölle ihn an. „Laß dein schadenfrohes Grinsen und sieh dich nach einem nützlichen Broterwerb um."

Rudolfs Kopf verschwand blitzschnell. In einer Nische verborgen, verfolgte er jedoch gespannt den weiteren Vorgang.

Und nun berichtete Minchen. Eine der Mägde hatte beim Putzen der Knechtekammer in Peters Bett versteckt das Brot und die Hartwurst gefunden, und nun lag es ja klar auf der Hand, wer der Dieb war. Gewiß derselbe, der schon einigemal in den vergangenen Wochen in die Vorratskammer eingedrungen war. Allerdings, diese Tatsachen verdächtigten den Hütejungen stark. Wer hätte das von ihm gedacht! Noch immer hielt Minchen ihn krampfhaft am Rockkragen fest und schüttelte ihn trotz ihres lahmen Fußes wütend hin und her: „Du Erzlump, du elender, mußt du auf dem Eichenhof so Hunger leiden, daß du Brot und Speck und Eier stehlen mußt? Oder trägst du es heimlich nach Hause?" Das alte Mädchen war ganz außer sich vor Zorn. So viele Jahre verwaltete sie nun Küche und Keller und nie war etwas Derartiges vorgekommen. Dieses unerhörte Tun verlangte eine strenge Bestrafung. Sie begriff wieder einmal Siegberte nicht, die den verzweifelten Jungen jetzt bei der Hand nahm und in erstaunlicher Ruhe sagte: „Komm, Peter, wir beide sprechen jetzt einmal allein über die Sache." Und damit führte sie ihn ins Wohnzimmer, dessen Türe sie hinter sich zumachte. Minchen aber hinkte kopfschüttelnd in die Küche zurück.

Die beiden Herren aber waren wieder in das Sprechzimmer gegangen. „Solche Sachen lasse ich am besten meine Frau ordnen", sagte Doktor Sorger; „sie besitzt Erfahrung, und außerdem hat sie eine feine Art, mit den Menschen umzugehen."

„Ja, ja", bestätigte Doktor Nölle, während er sich behaglich in einen Sessel niederließ und dicke Wolken aus seiner Pfeife qualmte: „Die Siegberte ist eine prächtige Frau. Wenn ich noch jung wäre, würde ich Ihnen, verehrter Kollege, ganz gewiß zuvorgekommen sein und mir Siegberte genommen haben. Na, lassen wir das! Meine alte Schwester, die ebensowenig einen Mann gekriegt hat, wie ich eine Frau wollte, muß auch noch etwas zu tun haben. Sie sieht nun einmal ihren Lebensinhalt darin, ihren geliebten Bruder zu betreuen, wenn sie mich dabei auch oft behandelt, als sei ich noch ein Schuljunge."

Inzwischen hatte Siegberte sich auf die Eckbank im Wohnzimmer gesetzt und den noch immer weinenden Peter neben sich Platz nehmen lassen, ihm gütig zuredend: „Nun sage mir, Peter, was weißt du von der ganzen Sache? Vor allem bitte ich dich, ganz aufrichtig zu sein. Du brauchst keine Angst zu haben, ich tue dir nichts, und selbst wenn du gefehlt hast, will ich nichts anderes, als dir wieder zurechthelfen. Sage mir also die Wahrheit."

Der Junge vermochte zuerst gar nichts zu sagen. Seine größte, augenblickliche Not war, daß er kein Taschentuch besaß und sich bemühen mußte, diese unangenehme Tatsache zu verbergen. Er fuhr einmal mit dem linken und dann mit dem rechten Handrücken über sein Gesicht und unter der Nase herum. Siegberte tat das Nächstliegende und reichte ihm ihr Taschentuch: „So, nun trockne dir erst einmal die Tränen und putz dir die Nase. Und nun erzähle!"

Peter berichtete nun, wie er ahnungslos in sein Zimmer hinaufgeeilt war, als Minchen ihn gerufen hatte, und wie er nicht begriff, daß Brot und Wurst in seinem Bett gefunden sein sollten. Bei Gott, er selbst habe die Dinge nicht hineingetan und habe überhaupt keine Ahnung, wie sie dorthin gelangt seien. Der Junge brach aufs neue in verzweifeltes Weinen aus. „Mein Vater schlägt mich tot, wenn er erfährt, was man mir hier zutraut. Denn immer hat er gesagt: ‚Arm sein ist keine Schande, aber unehrlich sein.'"

Siegberte forschte hin und her, stellte allerlei Fragen, die ihr auf die richtige Spur helfen sollten. Als der Junge nach einer halben Stunde das Zimmer verließ, war sie fest von seiner Unschuld überzeugt. Sie ging zu Minchen in die Küche: „Der Peter ist unschuldig; du hast ihm unrecht getan. Um seinetwillen hoffe ich, daß die Sache ans Tageslicht kommt und der wirkliche Täter gefunden wird."

Minchen war voller Empörung: „Sind das nicht Beweise genug, daß man die Sachen in seinem Bett gefunden hat? Mir würde das reichen, und ich wüßte, was ich an deiner Stelle zu tun hätte. Nimm mir's nicht übel, Siegberte, aber du wirst mit deiner Gutmütigkeit und Menschenliebe noch zugrunde gehen."

Sie hantierte geräuschvoll am Herd und ließ ihren Groll an Schüsseln und Töpfen aus, die sie unsanft hin und her schob. Siegberte ging zurück in ihr Zimmer, um nun wirklich die letzten Vorbereitungen für die Reise zu treffen.

Nein, sie wollte sich unter keinen Umständen die Freude darauf rauben lassen. Aber sie wurde eine gewisse Unruhe nicht los. Immer meinte sie, Rudolf zu sehen, wie er erregt und doch schadenfroh über dem Geländer lehnte. Sollte etwa er mit dieser Sache zu tun haben? Aber nein, es wäre unrecht, ihm solches zuzutrauen. Hatte er ihr auch schon viel Kummer und Not bereitet, nie war es ihm in den Sinn gekommen, im Hause etwas zu entwenden. Aber sie wurde den Gedanken nicht los, daß Rudolf in irgendeinem Zusammenhang mit der Sache stünde. Sollte sie ihre Sorge nicht doch ihrem Manne anvertrauen? Aber sie wußte, was er antworten würde, und gewiß würde er darauf dringen, daß der Junge noch heute das Haus verlasse, damit sich nicht in ihrer Abwesenheit noch neue, ähnliche Dinge abspielen konnten. Wie schade, daß gerade vor der Abreise dieser Zwischenfall ihre große Freude trüben mußte. So schwieg sie Heiner gegenüber und war eigentlich froh, daß er noch einmal zu einem Kranken gerufen wurde. Bis er zurückkam, würde er den ganzen Vorfall vergessen haben.

Siegberte hatte inzwischen noch eine längere Unterredung mit Franz, dem Verwalter, in der sie ihm das ganze Hauswesen anvertraute und ihn auch bat, Peter in keiner anderen Art als bisher zu behandeln, da sie von seiner Unschuld fest überzeugt sei. Es scheine ihr im Augenblick auch nicht das Wichtigste, den Täter herauszufinden, die Sache würde sich eines Tages ganz von selbst klären. Sie bat den Verwalter, den Hof während ihrer Abwesenheit in ihrem Sinn zu verwalten, und wußte, daß sie ohne Sorge reisen konnte. Franz war seit Jahren ein zuverlässiger Angestellter ihres Hauses.

*

So reiste Doktor Sorger und seine Frau in die Schweiz; ein langgehegter Traum wurde Erfüllung. Siegbertes alter

Unternehmungsgeist schien neu erstanden. Heiner verwunderte sich nicht wenig, als sie ihm alle ihre Pläne offenbarte. Sie wollte in den Aargau, wollte Wanderungen im Schweizer Jura unternehmen, vor allem aber wünschte sie mit ihm die Schönheit des Berner Oberlandes zu genießen. Der Abschluß aber sollte ein Aufenthalt am Vierwaldstätter See sein.

„Du bist geradezu verschwenderisch", sagte Heiner, „eine mir bei dir bisher nie begegnete Schwäche. Aber gerne will ich dir all diese Wünsche erfüllen, wenn du dabei ganz gesund und wieder von Herzen froh wirst."

Dasselbe erhoffe ich auch für dich von dieser Reise, dachte Siegberte, hütete sich jedoch, die wirklichen Beweggründe, die die Reise veranlaßten, auszusprechen. Aber von Herzen freute sie sich, als sie sah, daß ihr Mann sich tatsächlich nach wenigen Tagen auch innerlich frei gemacht hatte von seinen täglichen Berufspflichten. Sie wußte, das war jetzt nötig für ihn. Heiner wiederum ward beglückt durch das Aufleuchten ihrer Augen und ihren innigen Händedruck oder durch ihr Aufjauchzen, wenn sich ihnen irgendwo eine neue Schönheit erschloß.

Es war ein strahlender Spätsommertag, als sie miteinander über den Thuner See fuhren. Vor den bewaldeten Hängen leuchteten die bunten Farben des Herbstes. Über den Hochalpen, deren Häupter mit ewigem Schnee bedeckt waren, wölbte sich ein unwahrscheinlich blauer Himmel. Heiner und Siegberte saßen auf dem Deck des Schiffes, das in majestätischer Ruhe das klare Wasser des Sees durchschnitt. Beide empfanden, daß Worte zu arm waren, um das auszudrücken, was sie hier erlebten. Es war einfach ein Geschenk, direkt aus der Hand Gottes. Und diesem unbeschreiblich schönen Tag folgte eine ganze Reihe ähnlicher Tage. Das Wetter war günstig. Etwas vom Schönsten, was sie in diesen Ferientagen erlebten, war die Fußtour von

Frutigen nach Adelboden. Am Tage vorher war man mit der Lötschbergbahn an den berühmten Blausee gefahren. Siegberte hatte einen Ruf der Bewunderung ausgestoßen, als sie vor dem kleinen See standen. Diese Farbensymphonie! Das Wasser des Sees war von einer Bläue, die unwirklich erschien. Der See selber war umrahmt von einem Wald verschiedenster Laubbäume, die in dieser Jahreszeit ihren farbenreichsten Schmuck angelegt hatten. In der Ferne erhoben sich die Doldenhörner, deren in Reinheit strahlende und im Sonnenschein glänzende Schneeflächen das Auge blendeten.

„Das ist doch gewiß der Höhepunkt dessen, was wir erleben in diesen Tagen“, sagte Siegberte. „Es übertrifft alles, was ich erwartet habe.“ Und dann folgte am nächsten Tag die Tour nach Adelboden. Von Frutigen an hatte man mit etwa vier Stunden Weges zu rechnen.

„Wird es dich nicht zu sehr anstrengen?“ fragte Heiner und sah seine Frau besorgt an. Mutete sie sich in ihrer Begeisterung nicht doch zuviel zu? Ihr Aussehen jedoch war so, daß er sich beruhigen konnte.

„Du als Arzt solltest doch wissen, daß Freude die beste Medizin ist“, beruhigte sie ihn. Dann blieb sie auf dem Wege stehen und deutete mit der Hand zurück ins Tal: „Sieh doch, Heiner, wie wunderschön! Ist es nicht gerade, als dürften wir in diesen Tagen in Gottes schönstem Bilderbuche blättern?“ Jetzt waren es die gewaltigen Bergriesen, die ihre Begeisterung entfachten, dann wieder eine lauschige Sennhütte, die auf einer Bergmatte, umgeben von alten Tannen, an eine Felswand geschmiegt lag. Ein anderes Mal konnte sie hell aufjauchzen, wenn zu ihren Füßen eine ihr unbekannte zierliche Bergblume oder Moosart wuchs. Auch jetzt noch waren auf den Höhen die zartesten Gebilde der Bergflora zu finden, Blumen und Gräser, die unten im Tal nie zu sehen waren. Andere fanden sich, die sie wohl kannte, deren Farbtöne in der Höhenluft jedoch viel kräftiger waren, als bei ihren Geschwistern unten im Tal. Gewaltig waren die Wasserfälle, die mit donnerndem Getöse von den Höhen herunterstürzten, alles mit sich reißend, was ihnen in den Weg kam. Siegberte konnte sich aber ebensosehr freuen an den frischen Gebirgsbächlein, die ihren Weg plätschernd durch die grünen Wiesen suchten, umrahmt von herbstlich bunten Blumen, den letzten Grüßen des Sommers. Der Sommer hatte sich in diesem Jahr recht in die Länge gezogen. So war das Vieh noch oben auf den Alpen. Das vielstimmige Klingen der Kuhglocken war die Musik dieser Gegend und vollendete das Bild der Harmonie in eigenartiger Weise. Heiner genoß all diese Schönheit schweigend. Siegbertes Freude aber stieg von Stunde zu Stunde, als sie gewahrte, wie trotz des langen Weges sein Gang elastischer, seine Haltung aufrechter und sein Blick freier und froher wurde. Und nun konnte sie es doch nicht länger verschweigen. Jubelnd umarmte sie ihn, als sie sich zu kurzer Rast im Schatten uralter Bäume auf einer Bergmatte niederließen. „Liebster, nun ist es mir doch geglückt, ich habe mein Ziel erreicht. Jetzt darfst du es wissen, daß ich nur um deinetwillen diese Reise geplant und unternommen habe. Du wärest mir sonst untergegangen in der Fülle aller Pflichten und Verantwortung. Aus diesen Tagen werden wir beide Kraft schöpfen für den Weg, der vor uns liegt."

Siegberte war doch sehr erschöpft, als sie endlich in Adelboden ankamen. Heiner hatte in einem der Hotels ein schönes Zimmer bestellt. Obgleich seine Frau sich kaum noch auf den Füßen halten konnte, ließ sie es sich nicht nehmen, zuerst auf den Balkon hinauszutreten und die herrliche Aussicht zu genießen. Unter ihnen breitete sich das weite Tal aus, an den Hängen klebten wie kleine Vogelnester die Sennhütten und im Hintergrund stürzte mit donnerndem

Getöse der Wasserfall in die Tiefe. Jetzt am Abend beleuchtete der Mond mit magischem Licht das wundervolle Bild, daß es ganz märchenhaft anmutete. In Adelboden verlebten Sorgers die schönsten Tage ihres Ferienenaufenthaltes. Fast täglich unternahmen sie ausgedehnte Wanderungen, dann auch wieder nur kleinere Spaziergänge und einige Male wagten sie sogar eine ordentliche Bergtour.

Wie überall freundete sich Siegberte auch hier mit den Kindern, die ihr begegneten, an. Es waren gewiß nicht nur die Süßigkeiten, die sie ihnen aus ihrer Handtasche reichte, welche eine Anziehungskraft hatten, sondern mindestens ebenso ihre warmherzige mütterliche Art, die Siegberte die Herzen der Buben und Mädchen im Sturme gewinnen ließ. Eines Nachmittags hatte Siegberte allein einen kleineren Spaziergang unternommen. Ihr Mann war in der Bibliothek des Hotels auf ein wissenschaftliches Werk gestoßen, das ihn sehr fesselte. Als sie gegen Abend von ihrem Gang zurückkehrte, war er noch ganz in dasselbe vertieft. So fiel es ihm nicht weiter auf, daß sie schweigsamer war als sonst, ja einen beinahe bedrückten Eindruck machte. Er legte zwar gleich in rücksichtsvoller Weise das Buch zur Seite, um sich ihr zu widmen. „Hast du einen schönen Spaziergang gemacht?" fragte er. „Erzähle mir, wo du warst."

Sie beschrieb ihm einen Weg, der in eines der Nebentäler führte, an dessen Ende ein kleines Dorf lag. „Es ist wunderschön", sagte sie, „du mußt einmal mit mir dorthin gehen."

Empfand er nun doch, daß ihrer Stimme der gewohnte helle Ton der Freude fehlte? Er sah sie besorgt an. „Hast du dir nicht doch zuviel zugemutet? Du siehst so müde aus."

Es war ihr recht, daß man sich heute frühe zur Ruhe begab. Jedoch lag sie lange wach und konnte keinen Schlaf finden.

Der nächste Tag war trübe. „Das ist mir gerade recht", sagte Heiner, „so kann ich weiterlesen." Siegberte saß wohl eine Stunde mit einer Handarbeit neben ihm, dann aber äußerte sie den Wunsch, doch ein wenig an die frische Luft zu gehen.

„Laß uns doch hierbleiben", bat ihr Mann, „wir sind in den letzten Tagen so viel gegangen, die Ruhe tut uns beiden gut. Außerdem kann ich mich fast nicht von meinem Buch trennen. Es ist ganz hervorragend geschrieben."

Sosehr sie beide aneinander hingen, hatten sie sich doch vom ersten Tage an die persönliche Freiheit gelassen. Doktor Sorger sah daher nichts Außergewöhnliches darin, daß Siegberte nun ohne ihn ging. „Bleib nicht zu lange", rief er ihr vom Balkon aus nach, „und komme gleich zurück, falls es zu regnen beginnen sollte." Dann vertiefte er sich wieder in seine Lektüre, während Siegberte den gleichen Weg einschlug wie am vorhergehenden Tage. Es zog sie mit unwiderstehlicher Gewalt zu der fast armseligen Hütte eines Holzfällers, an der sie gestern, vom weiten Wege rastend, um ein Glas Wasser gebeten und dabei erfahren hatte, daß die Frau des Hauses krank lag. Angezogen durch die herzigen Kinder, die sie, die Fremde, neugierig umstanden, war sie eingetreten und konnte Einblick nehmen in die dürftigen Verhältnisse der Bewohner. Die abgearbeitete, früh gealterte Frau lag im Bett, ihrem jüngsten, erst wenige Wochen alten Kinde die Brust reichend und umgeben von fünf noch kleinen, wenig gepflegten, aber trotzdem allerliebsten Buben und Mädchen. „Sie haben sechs Kinder?" hatte Siegberte gefragt, nachdem sie die Kranke begrüßt hatte. Die Frau schüttelte müde den Kopf. „Es sind neun, drei von ihnen müssen schon verdienen helfen, damit alle satt werden können. Es will nirgends hinreichen. Mein Mann verdient so wenig beim Holzfällen, und die Kinder haben ständig Hunger. Ich selbst aber bin so schwach, daß ich mein Kleinstes nicht mehr genügend ernähren kann. Ich habe in meinem Leben zu streng arbeiten und zu viel sparen müssen. Die Schulden mußten abgezahlt werden und man brauchte, um die vielen hungrigen Mäuler zu stopfen, auch ein Stücklein eigenes Land. Nun will die Kraft versagen, längst bevor die Kinder groß genug sind, um sich selbst versorgen zu können." Die menschenfreundliche, gewinnende Art Siegbertes hatte die Frau veranlaßt, der Fremden Einblick in ihre Not zu gewähren. Es berührte Siegberte schmerzlich, daß auch hier, inmitten all der harmonischen, landschaftlichen Schönheit der Berge Not herrschte. Not, und gewiß auch Schuld! Es war überall dasselbe. Sie hatte der Frau ein Geldstück in die Hand gedrückt und die Kinder mit einigen Süßigkeiten beglückt. Dann war sie sinnend ihren Weg zurückgegangen. Was sie aber seit diesem Besuch unablässig bewegte, war der Gedanke, daß hier in ärmlichsten, fast trostlosen Verhältnissen neun Kinder heranwuchsen, zu denen im Laufe der nächsten Jahre vielleicht noch einige hinzugeboren würden. Sie selbst aber hatte auf ihr Mutterglück verzichten müssen; ihre Hoffnung war auf so tragische Weise zerstört worden.

Siegberte war nun nicht der Mensch, der sich mit unnützen Fragen quälte. Ihre tatkräftige, regsame Art ließ das glücklicherweise gar nicht zu. Jetzt aber, wo sie nicht durch die mannigfachen Aufgaben des Alltags abgelenkt wurde, stand dieses brennende „Warum?" wieder fordernd vor ihrer Seele, und sie wurde, so sehr sie sich dagegen wehrte, diese quälende Frage nicht los. Warum hatte diese Frau neun Kinder, und ich keines? Warum muß ich verzichten, während sie ihre Kinder nicht einmal recht versorgen kann? Weshalb wurde uns das Glück, das wir glaubten schon zu besitzen, von roher Hand zerstört? Siegberte erschrak vor ihren eigenen Gedanken. Woher kam ihre solche Bitterkeit gerade jetzt, wo sie sich so ganz der großen Freude der Ferienerlebnisse hingegeben hatte? Sie versuchte sich selbst zu beruhigen: Du bist ja noch jung, kannst und wirst deinem Manne sicher Kinder schenken. Auch andere Mütter müssen solche Enttäuschungen erleben. Aber sie wurde trotzdem nicht ruhig. Wo sie auch ging, ja sogar während der Nacht an der Seite ihres Mannes, sah sie das Bild der elenden Mutter vor sich, wie sie voller Besorgnis auf das kleine Geschöpfchen in ihrem Arme blickte, dem sie nicht imstande war zu geben, was es zum Leben bedurfte. Sie aber war gesund, ihr Kind hätte bei ihr nicht Mangel leiden müssen. Sie wäre in der Lage gewesen, ihm ausreichende Pflege, ein sonniges Heim und eine glückliche Kindheit zu schenken. – Warum wurde sie nur heute nicht fertig mit diesen quälenden Fragen? Sie hatte so viel erhofft von dieser Schweizer-Reise, und nun brach diese Not aufs neue in ihr auf. Als sie zurückkehrte in ihr Hotel, stand Heiner wartend vor dem Hauptportal und sah voller Besorgnis nach ihr aus.

„Wo bleibst du so lange?" fragte er. „Du wolltest doch bald zurückkehren. Ich habe mir schon Vorwürfe gemacht, daß ich dich allein gehen ließ." Er sah sie prüfend an. „Aber was ist dir, du hast ja geweint?"

Sie konnte ihm nicht antworten, faßte nur seine Hand und beeilte sich, mit ihm in ihr Zimmer zu gelangen. Dort warf sie sich aufschluchzend in seine Arme. „Aber Liebste, was ist dir?" fragte er erschrocken.

Und nun schilderte sie ihm ihre Erlebnisse und Gedankengänge. „Eigentlich wollte ich es vor dir geheimhalten", sagte sie, während die Tränen noch über ihr Gesicht rannen.

„Aber Siegberte", schalt er, „seit wann haben wir voreinander Geheimnisse!" Er führte sie zum Sofa und setzte sich mit ihr. „Komm, laß uns einmal vernünftig über alles sprechen. Du bist doch sonst auch mein verständiges Weib.

Du weißt, wie sehr auch ich mir ein Kind wünsche. Der Schlag traf uns beide damals gleich hart. Wenn es nun aber anders bestimmt wäre ..."

Er suchte nach Worten, wurde aber von Siegberte angstvoll unterbrochen: „Anders bestimmt? . . . Heiner, wie meinst du das? Du willst doch nicht sagen ..."

Er sah, wie erregt sie war und legte beruhigend den Arm um sie: „Vor allem darfst du dich jetzt nicht aufregen. Aber einmal mußt du es doch wissen. Ich fürchte, daß wir nie mehr ein Kind haben können."

„Heiner!" Siegberte befreite sich jäh aus seinen Armen und starrte ihn entsetzt an. Dann faßte sie in bittender Gebärde sein Hände: „Heiner, du weißt nicht, was du sagst, du weißt nicht, was du mir zerstörst. Kein Kind haben?" Sie verbarg das Gesicht aufweinend in den Händen. „Wofür leben wir dann noch? Was für Aufgaben haben wir dann noch zu erwarten?"

Sie steigerte sich in eine Erregung, daß Heiner voller Besorgnis war. „Aber Kind, ich kann mich ja auch getäuscht haben. Wir werden auf unserer Rückreise einige Tage in Basel bleiben, wo ein berühmter Professor lebt. Den wirst du aufsuchen. Er wird dir sagen, ob das Ergebnis meiner Untersuchung das richtige ist. Wie sehr wünschte ich, mich getäuscht zu haben."

Siegberte lehnte den Kopf zurück und schloß die Augen. Wie bleich sie war. Wie ein Hauch kam es von ihrem Munde: „Heiner, du würdest mir nie dies Schreckliche gesagt haben, wenn du deiner Sache nicht sicher wärest. Doch einmal mußte es ja sein, daß ich es erfuhr. Aber es ist hart, und ich werde lange brauchen, bis ich es verwunden habe." Er saß still neben ihr und hielt ihre zuckende Hand fest umschlossen in der seinen. Nach einer Weile stöhnte sie schmerzlich auf: „Der Eichenhof ohne Erben. Das ist das erstemal, seitdem er besteht."

„Begreifst du jetzt meinen Groll gegen Rudolf", sagte er; „ich habe geglaubt ihn hassen zu müssen. Und nachdem wir jetzt schon einmal angefangen haben zu sprechen, will ich dir sagen, daß ich glaube, du wirst nicht umhin können, dich einer Operation zu unterziehen. Und es wäre mir sehr recht, wenn dieses in Basel geschehen könnte."

Lange noch saßen die beiden Eheleute zusammen. Es war, als habe eine rauhe Hand in den Freudengarten ihrer Ferientage gegriffen und eine wüste Zerstörung angerichtet. Plötzlich bat Siegberte: „Laß uns bald wieder heimreisen, Heiner. Der Eichenhof braucht uns, und ich will dir in der Praxis helfen, soviel ich nur kann."

Da schloß Heiner sie bewegt in seine Arme: „Mein guter, tapferer Lebenskamerad."

In Basel kam es dann auch zu der notwendigen Operation. Siegberte hatte sogleich Vertrauen gefaßt zu dem alten erfahrenen Professor und sich auf sein Anraten sofort dazu entschlossen. Nun war ihr auch der letzte heimliche Hoffnungsschimmer genommen, jemals ein Kind haben zu können. Tapfer bemühte sie sich, diese furchtbare Enttäuschung zu verwinden, aber es wollte ihr nicht gelingen. Als sie aus der Privatklinik des Professors entlassen wurde, schlug Heiner vor, die Urlaubstage um noch einige Wochen zu verlängern, damit sie sich gründlich erhole, bevor sie wieder in den unruhigen Betrieb des Eichenhofes zurückkehrten. Aber davon wollte Siegberte nichts hören. Sie wußte, daß sie jetzt Arbeit, und zwar viel Arbeit brauchte, um darin auch nur einigermaßen Vergessen zu finden. Heiner sorgte sich um den Gesundheitszustand seiner Frau. Jedoch erreichte sie am gleichen Tage eine telegrafische Nachricht, welche die sofortige Rückkehr auf den Eichenhof erforderte.

Fassungslos blickten die Eheleute auf das Telegramm, in welchem wenige Worte das tragische Unglück schilderten, das sich auf dem Eichenhof zugetragen hatte. „Durch Brandstiftung größter Feuerschaden. Hauptgebäude fast gänzlich niedergebrannt." Doktor Sorger mußte seine Frau stützen. Diese Nachricht war zu viel für die kaum Genesende. Aber auch er selbst war aufs tiefste erschüttert. War es nicht gerade, als seien sie vom Unglück verfolgt? Und jetzt hieß es für ihn natürlich sofort zurückkehren. Aber konnte er das Siegberte zumuten, die so bleich auf ihrem Bette lag? Besorgt faßte er ihre Hand. „Nimm es nicht so schwer, Liebste. Wir fangen eben wieder von vorne an. Wir sind ja beide noch jung. Wie aber um Gotteswillen mag dieses Schreckliche geschehen sein?"

Noch in derselben Nacht reisten sie ab. Am andern Abend standen sie vor den verkohlten Trümmern des Wohngebäudes vom Eichenhof. Verstört und ängstlich umstanden sie ihre Leute. Die Mägde weinten. Der Verwalter sah bleich und übernächtig aus. Er hatte den Kopf verbunden. Mit dem Einsatz seines Lebens hatte er sich in der Unglücksnacht dem Feuer entgegengeworfen und sich dabei schwere Brandwunden zugezogen. Mit geballten Fäusten stand er vor seinem Herrn und Siegberte. „Wir haben getan was wir konnten", sagte er, „aber das Feuer hatte bereits zu weit um sich gegriffen, als wir es entdeckten. Zum Glück ist kein Vieh verbrannt und einige von den kostbaren Möbeln konnten wir retten. Vor allem aber war es uns möglich, Herrn Doktors Behandlungszimmer mit allen Instrumenten und Apparaten rechtzeitig zu räumen."

„Gott sei Dank", sagte Siegberte, „das ist die Hauptsache. Aber sprich, Franz, wie konnte das Unglück geschehen?"

Der Verwalter zögerte mit seiner Antwort und warf Heiner Sorger einen fragenden Blick zu; schließlich antwortete er: „Ich möchte es lieber dem Herrn Doktor allein sagen."

Aber damit war Siegberte nicht einverstanden. Dicht trat sie an die Seite ihres Mannes und sagte: „Wir gehören zusammen in Freud und Leid, und ich denke es zu ertragen, was du zu sagen hast."

Da antwortete Franz, wenn auch zögernd: „Rudi hat das Haus in Brand gesteckt."

Alles hätte Siegberte erwartet, aber dieses nicht. Mit einem wehen Aufschrei barg sie das Angesicht in ihren Händen. Warum hatte sie damals nicht auf ihren Mann gehört, als dieser verlangte, daß der Junge vom Hause entfernt werde? Wahrscheinlich wäre es dann nie zu diesem Unglück gekommen. Sie fühlte sich von dem starken Arm ihres Mannes umfaßt: „Siegberte, mich wundert diese Nachricht nicht. Ich wußte schon längst, daß Rudi zu jeder Gemeinheit fähig ist."

Der Verwalter beeilte sich weiter zu erklären: „Rudolf wurde noch in derselben Nacht gefaßt und hat ein volles Geständnis abgelegt. Der Anstifter des Verbrechens ist aber Emil Holzbann, der sich schon seit Monaten in der Gegend aufhielt und in der oberen Waldhütte hauste. Er ließ sich vielfach durch Rudolf versorgen, indem dieser allerlei Eßwaren aus der Vorratskammer stahl und ihm brachte. Jetzt weiß man, wer der Marder ist. Der Holzbann ist natürlich geflüchtet, während Rudi in eine Erziehungsanstalt überführt wurde."

Siegberte schluchtze laut auf, und Franz konnte nicht unterlassen zu sagen: „Ich habe es ja gewußt, daß es zuviel für die Frau Doktor ist."

Siegberte und Heiner verbrachten die Nacht in der Wohnung des Verwalters, die im Nebenhause lag. Beide schliefen kaum eine Stunde. Bekümmert dachte Doktor Sorger an seine Frau. Wie nötig hätte sie die Ruhe gehabt! Aber er begriff, daß ihr genauso zumute war wie ihm. Ja, noch weit mehr mußte sie das Unglück empfinden, war es doch ihr Elternhaus, das zerstört war. Siegberte ließ in dieser Nacht die verflossenen Jahre an sich vorüberziehen. War nicht ein Unglück dem andern gefolgt, seitdem der Vater nach dem Weltkrieg von ihnen gegangen war? Die Krankheit und der Tod des Bruders, die qualvollen Monate des Zerwürfnisses mit der Mutter, die der Tochter so viel Not bereitet hatten. Allerdings, dann war Sorger in ihr Leben getreten und mit ihm eine Fülle sie befriedigender Aufgaben. Wie herrlich war es, daß ein gegenseitiges Verstehen sie beide bis zum heutigen Tage verband. Auch das Glück durfte sie erleben, daß die Mutter wieder den Weg zu ihr fand, und deren friedliches Sterben war ein schöner Ausklang ihres unruhigen Lebens gewesen. Nein, es wäre ein Unrecht, wollte sie sich nur an die Zeiten der Not und Sorge erinnern. Viel erhebendes und sie bereicherndes Erleben lag in der Vergangenheit, und sie mußte zugeben, daß selbst die Wege, die sie in die Tiefe führten – oder vielleicht gerade diese – für ihren inneren Menschen Reifen und Bereicherung bedeuteten. So stand auch in dieser Nacht das Wort in gänzlich neuer Bedeutung vor Siegberte: „Denen, die Gott lieben, müssen alle Dinge zum Besten dienen.“ Also auch die Zeiten der Not und Enttäuschung, also auch Verluste und Opfer. Als sie sich zu dieser Erkenntnis durchgerungen hatte, wurde sie innerlich ruhiger und ihre Ruhe übertrug sich auch auf den Mann an ihrer Seite, der gleich ihr den ungelösten Fragen des Lebens nachsann.

Das Wohnhaus des Eichenhofes blieb keine rauchgeschwärzte Trümmerstätte. Ein emsiges Schaffen begann. Die Sprechstunden des Arztes fielen deswegen auch nicht einen Tag aus. Im Wohnzimmer des Verwalters empfing Doktor Sorger seine Kranken. Seine Praxis vergrößerte sich von Tag zu Tag. Und Siegberte war glücklich im Bewußtsein, ihm Hilfe leisten zu können. –

Eines Abends gingen sie zusammen unter dem sternenklaren Himmel dem Eichenhof zu. Heiners Wagen war reparaturbedürftig, so mußten sie ihre Patienten zu Fuß besuchen. „Auch das hat sein Gutes", sagte Siegberte, „so finden wir wieder einmal Gelegenheit, einen schönen, stillen Weg miteinander zu gehen. Und heute ist es mir besonders wichtig, daß wir ein Stündchen Zeit füreinander finden. Ich möchte dir etwas sagen, worüber ich in den vergangenen Tagen und Nächten intensiv nachgedacht habe. Zuerst laß mich dich fragen, wie gedenkst du unser Haus wieder aufbauen zu lassen?"

Heiner antwortete nicht sofort.

„Du hast dir doch gewiß auch schon Gedanken darüber gemacht", fuhr Siegberte fort. „Ich habe einen herrlichen Plan, aber zuerst sollst du mir sagen, wie du dir alles Weitere denkst."

Doktor Sorger antwortete: „Gewiß habe ich schon darüber nachgedacht, vielleicht mehr als du ahnst, und ich bin gespannt, wie weit dein Plan meinen heimlichen Wünschen entgegenkommt." Er blieb stehen. „Siegberte, weißt du, was ich am liebsten möchte? Ein Sanatorium oder ein Erholungsheim bauen, eine Stätte für an Leib und Seele müde Menschen, denen wir in unserem Hause Gelegenheit geben würden, innerlich und äußerlich zur Ruhe zu kommen, damit sie dann nach einiger Zeit gekräftigt und neu ausgerüstet wieder hinaus ins Leben ziehen könnten."

In Siegbertes Augen leuchtete es auf. Ihre Stimme klang so froh, als sie antwortete: „Heiner, nun bin ich mir klar, daß dieses unser Weg ist; denn genau dasselbe habe ich mir ausgedacht. Es ist mir, es sei eine uns von Gott verliehene Eingebung, daß uns beiden dasselbe Ziel vor Augen schwebt. Heiner, ich glaube, wenn uns das gelingt, dann kommt die Zeit, wo ich mit der großen Enttäuschung meines Lebens doch noch fertig werde."

Er legte den Arm um sie: „Ich weiß, daß es dir immer wieder neue Not bereitet. Aber laß uns auch da an Gottes Führung glauben, so schwer es uns manchmal werden will. Und nun laß uns hineingehen und an die Ausführung unserer Pläne gehen."

*

Nicht nur in Rotenacker, sondern weit ins Land hinein und sogar über seine Grenzen hinaus bot das neue Sanatorium von Doktor Sorger Gesprächsstoff. Die Dorfleute bildeten zwei Parteien. Die größere war gegen das Unternehmen und behauptete, es werde den Frieden des Dorfes stören, städtische Sitten und Gebräuche hineintragen, die Jugend zur Oberflächlichkeit erziehen, vor allem aber das Andenken des verstorbenen Eichenhofbauern mißachten, der niemals geduldet hätte, daß anstelle des alten Gehöftes ein so neuzeitliches Unternehmen durchgeführt werde. Man werde schon sehen, was für Folgen solch neumodische Sache nach sich ziehen werde. Jedenfalls werde sie nie zum Segen des Dorfes gereichen. Der anderen Gruppe jedoch sagte Sorgers Plan zu. Erstens ist es ein gutes Werk, Kranken und Schwachen eine Erholungsstätte zu bieten, dann bringt es dem Dorf neue Anregung, vielleicht sogar Verdienstmöglichkeiten. Außerdem besteht Hoffnung, daß Rotenacker inmitten der waldigen Höhen schon seiner landschaftlichen Reize wegen ein gern besuchter Ausflugs- und Ferienort werden wird, wenn erst einmal die Fremden durch das Sanatorium darauf aufmerksam wurden. Zu der Partei derer, die die letztere Meinung vertraten, gehörte auch der noch ziemlich junge Bürgermeister, der für alle Fortschritte in der Gemeinde größtes Interesse hatte.

Und nun stand das Sanatorium da und seine Tore waren geöffnet für die ersten Gäste. Schon die Einfahrt zwischen den alten Eichenbäumen wirkte einladend. Ein breiter, gepflegter Aufgang, von Rosenbeeten umsäumt, führte zum Hauptportal in der Mitte des Sanatoriums. Fast alle Zimmer der Vorderfront hatten Balkone, die den Erholungsbedürftigen Liegekuren im Freien ermöglichten. Der Bau und die Einrichtung des Hauses waren in jeder Hinsicht zweckmäßig. Überall grüßten frohe Farben. Als die ersten Gäste einzogen, blühten vor allen Fenstern Geranien und Petunien, die wie ein freundlicher Willkommgruß wirkten. Das Arztehepaar hatte sich den Anfang ihres Unternehmens weit schwieriger vorgestellt, als es in Wirklichkeit war. Der Ruf Doktor Sorgers und seiner tüchtigen Frau war ihrem Werk vorausgeeilt. So kam es, daß am Tage der Eröffnung beinahe das ganze Haus belegt war.

Heiner und Siegberte waren nach ernsthaftem Erwägen und Überlegen zu dem Entschluß gekommen, ihr Haus solle in erster Linie nicht Schwerkranken, sondern Erholungsbedürftigen zugute kommen. Sorger wollte möglichst seine Sprechstunden für seine bisherigen und neu hinzukommenden Patienten offenhalten, während Siegberte sich mit geübten Hilfskräften der Betreuung und Pflege der Hausgäste widmen sollte. Sie freute sich unsagbar auf ihren neuen Wirkungskreis. Zur Unterstützung des Hauses behielt man die Landwirtschaft, die bei dem Verwalter Franz in besten Händen lag. Nun galt es noch einen Hausmeister für das Sanatorium zu finden. Auch hier sah Siegberte eines Tages ihren Weg klar vor sich. Waren nicht Klickmüllers die passendsten Leute für diesen Posten? Heidi Klickmüller war die Braut von Martin Streitmann, dem verstorbenen Bruder Siegbertes gewesen. Frau Sorger lächelte im Gedanken an jene Zeit, da sie die beiden kleinen Mädchen von Fritz Klickmüller in Heidis Hände gegeben hatte, gewissermaßen als eine Medizin — dachte Siegberte damals —, um dieser aus der Schwermut herauszuhelfen, in die sie nach dem Tode Martins gelangt war. Es war das Rechte gewesen. In der Pflege der beiden kleinen Mädchen hatte Heidi sich selbst und mit der Zeit auch ihren Kummer vergessen. Niemand ahnte damals, daß sie später die Mutter der Kinder werden würde. Und nun lebte sie schon etliche Jahre in glücklicher Ehe mit Fritz Klickmüller. Ihr einziger Kummer war, daß ihr Mann in der Fabrik eine Stellung innehatte, die ihn in keiner Weise befriedigte. Bisher hatte sich jedoch nichts Besseres gefunden. Siegberte war überglücklich im Gedanken, diesen beiden Menschen, die ihr lieb waren, ihren Vorschlag zu unterbreiten und Doktor Sorger war auch damit einverstanden.

So machte Siegberte sich eines Tages auf den Weg zu Klickmüllers. Sie fand Heidi am Bettchen ihres kleinen Jungen sitzen, der fieberte und ihr wieder einmal rechte Sorge bereitete. „Du kommst mir wie gerufen", sagte sie zu Siegberte. „Ich hatte vor, eines der beiden Mädchen zu dir zu schicken, um dich zu bitten, nach Hans-Peter zu sehen. Ich fürchte, du hast recht mit dem, was du kürzlich sagtest, unsere Wohnung ist zu feucht für das Kind. Er wird seine Bronchitis nicht los. Ich lege ihn zwar so oft als möglich in die Sonne, aber sobald er einige Tage das Zimmer nicht verlassen kann, ist es dieselbe Geschichte."

Bevor Siegberte von ihrem neuen Plan sprach, untersuchte sie den Kleinen. Dann sagte sie: „Ja, eine Veränderung würde dem Kind sicher gut tun. Was sagst du dazu, wenn ich dir eine andere Wohnung und gleichzeitig deinem Mann einen Stellungswechsel vorschlage?"

Heidi blickte Siegberte fragend an.

Die Ärztin zog die junge Frau neben sich auf das Sofa. „Komm, laß dir den Grund meines Hierseins erklären. Du kannst dir vorstellen, daß wir für das Sanatorium einen Hausmeister brauchen. Für diesen Posten genügt Heiner und mir nicht ein an sich tüchtiger Mensch, sondern wir brauchen jemand, der unsere innere Einstellung teilt und seine Pflichten mit einem Verantwortungsgefühl Gott gegenüber versieht. Und deine Aufgabe, Heidi, würde sein, soweit deine Kinder und dein Haushalt dir die Zeit dazu ließen, mit mir die weiblichen Angestellten unseres Hauses zu umsorgen, daß sie sich bei uns wohlfühlen und ihre Arbeit mit Freuden verrichten. Nun sprich, was hältst du von meinem Plan?"

Über Heidis zartes sonst recht bleiches Gesicht legte sich die Röte einer freudigen Erregung. Sie erwiderte: „Siegberte, es ist gerade, als ob du mir Hilfe brächtest in einer Not, die mir schon seit langem zu schaffen macht. Du weißt, es war mir schwer, mich nach dem jahrelangen Aufenthalt in unserem lieben sonnigen Schulhaus auf die Wohnung hier umzustellen. Fritz zuliebe habe ich es getan. Meine Sorge um die Gesundheit von Hans-Peter wird aber mit jedem Tag größer. Was mir jedoch besonderen Kummer bereitet, ist, daß Fritz jeden Morgen seufzend an seine Arbeit geht. Nun ist er schon jahrelang an einem Platz, der ihn je länger desto weniger befriedigt. Wie oft haben wir uns ausgemalt, um wieviel schöner es wäre, wenn er Aufgaben zu erfüllen hätte, die ihn innerlich ausfüllten. Wir haben uns immer wieder mit dem Gedanken getröstet, daß Gott eines Tages schon die richtige Türe auftun werde, aber ich habe wohl gemerkt, wie der gegenwärtige Zustand Fritz gerade in den letzten Wochen fast unerträglich wurde." Heidi umfaßte die Hände der Freundin. „Du ahnst es nicht, was deine Nachricht für uns bedeutet und wie glücklich sie Fritz machen wird. Ich weiß bestimmt, du und dein Mann, ihr werdet zufrieden sein mit ihm, und daß ich dir, Siegberte, persönlich zur Seite stehen darf, freut mich so sehr, daß ich gar nicht Worte finde, meine Freude auszudrücken." Sie hielt eine Weile inne, um dann leiser fortzufahren: „Wer hätte gedacht, Siegberte, daß ich doch noch in Martins Haus einziehen würde, wenn auch unter ganz anderen Verhältnissen."

So zogen Klickmüllers in das kleine Pförtnerhäuschen, welches Doktor Sorger hatte errichten lassen. In den neuen sonnigen Räumen hatte Heidi Gelegenheit, ein gemütliches Heim einzurichten. Ihr Mann wäre jedoch mit dem einfachsten Hüttchen zufrieden gewesen, da er nun die Möglichkeit hatte, eine befriedigende Arbeit zu tun.

Wenn Heiner Sorger eine freie Stunde hatte, saß er mit seiner Frau zusammen, um mit ihr über die künftige Hausordnung zu beraten. Beiden war klar, daß das Haus ein christliches Gepräge haben sollte, jedoch lehnte Heiner wie auch Siegberte jeden religiösen Zwang ab. Wie von alters her auf dem Eichenhof mit den Hausangestellten eine tägliche Andacht gehalten wurde, so sollte es auch fernerhin geschehen. Sie beschlossen auch, ihre Patienten zu dieser Hausandacht einzuladen, ohne jedoch deren Erscheinen zu erwarten oder gar zu verlangen.

„Sobald wir unseren Gästen in dieser Hinsicht nicht volle Freiheit lassen, werden wir nur Leute aus christlichen Kreisen bei uns sehen", sagte Heiner. „Ich glaube jedoch daß unsere Aufgabe über die christlichen Kreise hinausgreifen und gerade an solchen zu erfüllen sein wird, denen der innere Halt fehlt, den das Christentum vermittelt."

Siegberte plante Abende, an denen man mit den Gästen musizieren und in froher Geselligkeit zusammen sein würde. Man würde über wichtige Lebensfragen sprechen und ab und zu würde man auch einen Redner oder Künstler kommen lassen. Kurz, es sollte alles getan werden, den Erholungsuchenden innere und äußere Auffrischung zu vermitteln, aber so, daß sie von der Unruhe, aus der sie kamen, wirklich gelöst wurden. Das Arztehepaar war von seiner neuen Aufgabe so erfüllt, daß es eines Tages freudig feststellte, wie die eigenen Nöte und Enttäuschungen immer mehr zurücktraten und der Dienst für den Nächsten volle Befriedigung gewährte. Siegberte war sich auch darüber klar, daß es nötig sein würde, sich dem einzelnen Patienten zu widmen. Die innere Betreuung der Erholungsuchenden war vielleicht das, was vor allem zu ihrer Genesung beitragen würde.

Eines Tages erhielt Doktor Sorger den Brief eines reichen Fabrikanten aus dem Ruhrgebiet. „Ich habe von Ihrem Haus gehört und wende mich in einer großen Not an Sie. Meine Frau ist seit der Geburt unseres zweiten und jüngsten Kindes leidend. Sie sucht einen Arzt nach dem andern auf, besuchte schon verschiedene Kurorte und hofft jeweils Heilung zu finden, um nach etlichen Tagen enttäuscht festzustellen, daß ihre Hoffnung sie betrogen hat. Die Ärzte sind verschiedener Meinung über ihren Zustand. Das Verhalten meiner Frau ist jedoch so, daß es für die Familie fast unerträglich ist. Ich bitte Sie, meine Frau zu empfangen und mir zu raten, was zu tun ist, damit sie Genesung findet. Vielleicht ist Ihr Haus der Platz, an dem sie geheilt werden kann."

Doktor Sorger reichte den Brief seiner Frau etwas unwillig und bemerkte: „Solche Patienten wünsche ich mir gerade nicht für unser Haus. Es wird sich um einen hysterischen Menschen handeln, der zu wenig Arbeit hat."

Siegberte las den Brief ruhig durch, reichte ihn zurück und sagte: „Ich glaube, Heiner, daß wir gerade mit solchen Fällen des öfteren werden rechnen müssen. Laß sie kommen, vielleicht tut ihr die Atmosphäre unseres Hauses gut. Sie muß hier ‚sterben', um zu leben."

Einige Zeit später fuhr ein eleganter Wagen vor dem Sanatorium vor, dem eine vornehm gekleidete Dame entstieg. Der Chauffeur schleppte eine Menge von Koffern, Hutschachteln und Taschen aus dem Auto. Er flüsterte dem zur Hilfe herbeikommenden Hausmeister zu: „Eigentlich ist der ganze Umstand vergeblich. Nach ein paar Tagen müssen wir sie doch wieder samt ihrem vielen Gepäck abholen.“

Siegberte Sorger empfing Frau Meinhardt, die in Begleitung ihrer Zofe gekommen war, in der Vorhalle des Hauses.

„Ich hoffe, daß das Zimmer meiner Zofe neben dem meinen liegt“, sagte Frau Meinhardt in forderndem Ton.

Siegberte erklärte, daß die Angestellte nicht erwartet worden sei, und daß es den Patienten außerdem nicht gestattet würde, eigenes Personal mitzubringen, da im Sanatorium selber genügend Angestellte für die Pflege der Gäste vorhanden seien. Frau Meinhardt brauste empört auf. Ohne ihre Zofe gedenke sie nicht im Hause zu bleiben, und es sei ihr unverständlich, wie ihr Mann vergessen haben könne, das Kommen derselben zu melden. Siegberte aber blieb fest. Es gelang ihrer freundlichen Art, Frau Meinhardt zu bestimmen, ohne das junge Mädchen dazubleiben. Letzterer wurde gestattet, der Dame beim Auspacken ihrer Sachen behilflich zu sein, dann aber sollte sie das Haus verlassen, damit die Patientin bald zur Ruhe komme.

Frau Meinhardt entpuppte sich als ein äußerst schwieriger Mensch. Sie kehrte sich in keiner Weise an die Hausordnung und war mit allem unzufrieden. Bereits am zweiten Abend ließ sie sich bei Frau Doktor Sorger melden, um ihr mitzuteilen, daß das Sanatorium ihren Ansprüchen und Vorstellungen nicht genüge, weshalb sie am nächsten Tag wieder abzureisen gedenke. Das Gebaren der Dame kam Siegberte, die so gerader und praktischer Natur war, im ersten Augenblick beinahe belustigend vor. Als sie aber in die unruhig flackernden Augen der Patientin blickte, wurde ihr Herz mit tiefem Mitleid erfüllt. War diese Frau nicht eine von den Reichen, die die Bibel arm und darbend nennt? Sie machte keinen Hehl aus ihren Gedanken und wiederholte auf den erregten Wortschwall der vor ihr Sitzenden:

„Frau Meinhardt, erlauben Sie mir, Ihnen zu sagen, was mir eben durch den Sinn ging. In meiner Bibel steht ein Wort, das vielleicht für Ihren Fall paßt. Es heißt: ‚Mancher ist arm bei großem Gut und mancher ist reich bei seiner Armut.' Zu diesen armen Reichen scheinen Sie zu gehören."

Frau Meinhardt sprang erregt und sichtlich beleidigt vom Sessel empor und sagte: „Ich finde Ihren Vergleich ziemlich anmaßend, und was geht mich Ihre Bibel an? Verschonen Sie mich mit frommen Redensarten, dafür bin ich nicht zugänglich. Hätte ich dafür Bedürfnis gehabt, wäre ich ins Kloster gegangen."

Siegberte erwiderte in Ruhe: „Frau Meinhardt, niemand wird Sie zwingen, gegen Ihren Willen hierzubleiben. Wenn Sie wünschen, rufen wir noch heute Ihren Mann an und bitten ihn, Sie morgen abzuholen. Jedoch glaube ich kaum, daß dies das Richtige für Sie wäre. Sie kommen so von einer Unruhe in die andere und finden keine Erholung, die Sie doch so nötig haben."

In den Worten der Ärztin klang eine solch überzeugende Güte, daß Frau Meinhardt stutzte, sich dann aber spontan in den Sessel zurückfallen ließ und, das Gesicht in den Händen bergend, fassungslos zu weinen begann.

„Ja, ich bin krank. Sie haben ganz recht, ich bin herzkrank. Aber weil kein Arzt ein organisches Leiden feststellen kann, nimmt man meine Krankheit nie ernst genug. Kein Mensch weiß, was ich leide und aushalte. Aber wenn es zu spät sein wird, dann gehen meinem Mann die Augen auf. Wenn meine Kinder mutterlos geworden sind, wird er bereuen, was er an mir verschuldet hat. Aber seine Reue wird dann vergeblich sein."

Siegberte ließ die Kranke sich ruhig aussprechen und ertrug deren aufgeregten Wortschwall mit bewundernswürdiger Geduld. Schließlich fragte sie: „Wollen Sie nicht wenigstens den Versuch machen, bei uns drei bis vier Wochen auszuhalten? Wenn Ihnen der Aufenthalt in unserem Hause dann nicht zusagen sollte, können Sie uns immer noch verlassen."

Auf diese Weise gelang es ihr, Frau Meinhardt wenigstens einigermaßen zu beruhigen und sie von ihrem Vorhaben, schon am nächsten Tag wieder abzureisen, abzubringen.

Am Abend dieses Tages berichtete sie Heiner von diesem Erlebnis. Er hatte einen schweren Tag hinter sich, war ziemlich ermattet und nicht gerade beglückt von dem, was Siegberte ihm mitteilte.

„Ich will dir gewiß nicht die Freude an deinen neuen Aufgaben veringern", sagte er, „nur meine ich, daß wir unsere Plätze freihalten sollten für solche, die wirklich Erholung brauchen und wünschen. Versprich mir wenigstens, daß du Patienten solcher Art abweisen wirst, sobald du merkst, daß deine Zeit und Kraft nutzlos in Anspruch genommen wird."

Siegberte erwiderte ihm darauf: „Das will ich gerne tun. Jedoch muß ich dann von mir selber wissen, ob ich die Geduld aufgebracht habe, die die Pflege solch schwieriger Kranker erfordert. Zudem weißt du so gut wie ich, daß man nicht säen und zugleich auch ernten kann. Es wird nötig sein, daß wir uns Zeit lassen."

Frau Doktor Sorger war sich bewußt, daß sie für Frau Meinhardt mehr Zeit verwenden mußte als etwa für die pensionierte Lehrerin, die wegen vollkommener Überarbeitung für einige Wochen hier war, um zur Ruhe zu kommen. Dem anspruchslosen, bescheidenen kleinen Fräulein war ein freundlicher Händedruck, ein herzlicher Gruß oder eine mitfühlende Frage über ihr Ergehen schon ein Geschenk. Und als Siegberte ihr gar einige wertvolle Bücher aus der Hausbibliothek empfahl, war Fräulein Teichmann überglücklich und vollauf befriedigt. Für Frau Meinhardt jedoch opferte Siegberte bewußt manche Stunde und erkannte bei diesen Unterredungen deutlich, wie recht sie mit ihrem Vergleich gehabt hatte. Die Patientin war bei allem Reichtum, in dem sich ihr Leben abspielte, ein armer bedauernswerter Mensch. Es stellte sich heraus, daß sie Morphinistin war. Ihr sprunghaftes Wesen und ihre Launenhaftigkeit machten ihr selbst das Dasein oft zur Hölle.

Nach etwa zehn Tagen ließ sich ganz unverhofft ihr Mann, ein Spielwarenfabrikant, in der Sprechstunde Doktor Sorgers melden. Heiner sah in ihm sofort den erfahrenen Weltmann mit guten Umgangsformen, redegewandt und sehr sicher in seinem Auftreten. Nach der Begrüßung erklärte er dem Arzt, daß seine Frau keine Ahnung von seinem Hiersein habe, daß er jedoch unbedingt zuerst mit ihm zu sprechen wünsche, bevor er ihr einen Besuch abstatte. Heiner bat daraufhin, seine Frau zu dieser Unterredung rufen zu dürfen, die als Ärztin und Betreuerin der Patienten im Sanatorium in direkterer Verbindung mit seiner Gattin stehe als er.

Siegberte begrüßte Herrn Meinhardt in ihrer natürlichen Freundlichkeit: „Es ist mir sehr recht, Sie kennenzulernen; vielleicht können Sie mir helfen, den Schlüssel zum Wesen der Krankheit Ihrer Frau zu finden."

Der Fabrikant horchte erstaunt auf: „Also glauben Sie, daß meine Frau doch krank ist? Es haben einige Ärzte die Vermutung ausgesprochen, daß sie sich ihre Krankheit nur einbilde und dadurch schließlich wirklich krank werde."

„Die Seele Ihrer Frau ist krank", erwiderte Siegberte und blickte den Mann vor sich ruhig an. „Das aber ist meistens ebenso schlimm, nein, noch schlimmer als ein körperliches Leiden. Wir sind jedoch bemüht, ihr zu helfen. Vielleicht könnten Sie uns dabei unterstützen, wenn Sie uns einen Blick in das Leben ihrer Gattin tun lassen wollten."

Und nun wurde dem Arztehepaar ein erschütterndes Bild entrollt. „Ich habe Vertrauen zu Ihnen, Herr und Frau Doktor", begann Ferdinand Meinhardt. „Nachdem meine Frau fünf, sechs Tage bei Ihnen ausgehalten hatte, schöpfte ich Hoffnung, daß der Aufenthalt in Ihrem Hause vielleicht doch von etwas längerer Dauer und somit von gutem Einfluß für sie sein werde. Was mir die Zofe meiner Frau über Ihr Haus berichtete, als sie dieselbe hierhergebracht hatte, war mir sehr sympathisch. Über Marion zu reden, ist mir peinlich, aber ich glaube, Ihnen Offenheit schuldig zu sein. Meine Gattin leidet an krankhaften Wutanfällen. Wiederholt hat sie in Gegenwart meiner beiden Töchter ihre Zofe an den Haaren durch das Zimmer gezerrt und in blinder Wut auf sie eingeschlagen. Nachher überschüttet sie das Mädchen dann wieder mit kostbaren Geschenken, aus Angst, sie könnte kündigen und uns verlassen. Keine ihrer Vorgängerinnen hat es länger als wenige Monate bei meiner Frau ausgehalten. Elfriede ist Waise und hat auch sonst keine Angehörigen. So läßt sie sich immer wieder bewegen auszuhalten. Es kommt öfters vor, daß meine Töchter, die dreizehnjährige Gisela und die fünfjährige Brigitte zu mir ins Geschäft gelaufen kommen: ‚Vati, komm schnell nach Hause, die Mutti tobt wieder einmal.' Eine Kleinigkeit kann meine Frau so in Wut versetzen, daß sie vollkommen unbeherrscht und ohne jegliches Verantwortungsbewußtsein handelt. Ständig haben wir aus diesem Grunde Personalwechsel. Das Leben wird mir und uns allen auf die Dauer zur Qual. Kürzlich hat sie einen Auftritt herbeigeführt, daß unsere Kinderpflegerin, die gerade das jüngste der beiden Kinder baden wollte, derart in Aufregung geriet, daß sie um ein Haar die Kleine in kochendes Wasser gesetzt und das größte Unglück verursacht hätte. Das junge Mädchen kündigte noch am selben Abend, und wir verloren mit ihr eine tüchtige Kraft. So könnte ich Ihnen eine Menge Beispiele erzählen, die Ihnen beweisen, welch unbeschreibliche Last durch den Zustand meiner Frau auf mir liegt."

„War es immer so mit ihr, auch schon zu Beginn Ihrer Ehe?" wollte Doktor Sorger wissen.

Herr Meinhardt fuhr fort: „Marion ist die einzige Tochter eines reichen Spielwarenfabrikanten. Sie kannte es nicht anders, als daß jeder ihrer Wünsche, ob vernünftig oder unvernünftig, von ihren Eltern erfüllt wurde. Pflichterfüllung blieb ihr vollkommen fremd. Alles im Hause bewegte sich nach ihrem Willen. Ich komme aus einfachen Verhältnissen und fand in der Fabrik meines späteren Schwiegervaters Anstellung. Ich war strebsam und erkannte bald, daß mein Chef Interesse an mir hatte. Er förderte mich, wo er konnte, schenkte mir großes Vertrauen und zeichnete mich nach einigen Jahren offensichtlich vor andern aus. Ich bemühte mich, das mir entgegengebrachte Vertrauen nicht zu enttäuschen, und als mein Chef mich schließlich in seine Familie einführte, war ich darüber stolz und beglückt. Ich brauche Ihnen nicht mehr zu sagen. So lernte ich meine Frau kennen. Vielleicht war es mehr Ehrgeiz als Liebe, was mich zu ihr zog. Marion fehlte es nicht an Bewerbern. Ich bin mir heute nicht recht klar darüber, wie es kam, daß sie mich einfachen Menschen anderen vorzog. So heirateten wir. In den fünfzehn Jahren unserer Ehe ist es mir, rein äußerlich betrachtet, mehr wie gut gegangen. Nach dem Tode meines Schwiegervaters übernahm ich das Geschäft, welches sich seither merklich vergrößerte. Wer uns nur oberflächlich kennt, glaubt sicher, wir seien glückliche Menschen. Aber wir sind alles andere, nur nicht glücklich. Meine Frau nahm den geschäftlichen Erfolg als eine Selbstverständlichkeit hin. Unsere Kinder liebt sie auf ihre Art. Sie sind ihr heute Spielzeug und morgen Last. Dementsprechend war bisher auch die Erziehung der beiden Mädchen. In den letzten Jahren schien es mir, als sei Marion von einer großen inneren Leere und Enttäuschung erfüllt. Es ist mir, als habe sie mehr vom Leben erwartet, als es ihr bietet. Daher auch ihre ständige Unruhe und ihr Unbefriedigtsein. Sie ist heute fünfunddreißig und ich bin vierzig Jahre alt. Ich könnte wahnsinnig werden, wenn ich mir vorstelle, daß es immer so weitergehen soll, wie es jetzt ist."

Ferdinand Meinhardt hielt wie über sich selbst erschrokken inne. Er strich sich mit der Hand über die Stirn, als wolle er dort etwas Unangenehmes fortwischen, dann fuhr er, wie zu sich selbst sprechend, fort: „Wie komme ich dazu, Ihnen, die ich nicht kenne, solchen Einblick in mein Leben zu gewähren? Vielleicht ist es die Tat eines Verzweifelten, der nach einer Möglichkeit zur Rettung sucht. – Helfen Sie uns", fuhr er fort, „nicht nur meine Frau ist krank, sondern wir alle. Ich war in jener Zeit, als ich mühsam mein täglich Brot erarbeiten mußte, weit glücklicher als heute, wo ich ohne pekuniäre Sorgen bin und als reicher Mann gelte. Zu Anfang unserer Ehe war es nicht so schlimm mit Marion. Je älter sie wird, desto ruheloser kommt sie mir vor. Wenn nicht bald Hilfe kommt, werden wir alle zugrunde gehen, denn dieser Zustand ist unerträglich."

Doktor Sorger hatte ruhig, Siegberte sichtlich bewegt dem Bericht zugehört. Jetzt stand sie auf. „Meine Pflicht ruft mich", sagte sie, „Sie dürfen überzeugt sein, Herr Meinhardt, daß wir alles tun werden, Ihrer armen Frau zu helfen. Jedoch scheint mir Menschenmacht in diesem Fall nicht ausreichend. Wir wissen aber von einer Hilfe, die auch hier wirksam sein kann. An diese wollen wir uns wenden."

Ferdinand Meinhardt hatte sich auch erhoben. In seinen Augen schimmerte es feucht. Er reichte Siegberte die Hand: „Ich danke Ihnen, gnädige Frau, ich verstehe, was Sie meinen. Meine Mutter war eine Christin. Ich habe jedoch nicht gewagt, ihren Einfluß in meine neue Welt mit hinüber zu nehmen. Vielleicht bin ich gerade deswegen so arm geworden."

Was Herr Meinhardt nie zu hoffen gewagt hatte, geschah. Seine Frau blieb ein halbes Jahr lang im Sanatorium „Eichenhof". Begreiflich, daß sich in dieser Zeit mehrfach sehr kritische Situationen ergaben. Das unausgeglichene Wesen der Patientin versetzte vor allem die Dienstboten oft beinahe in Verzweiflung. An hundert kleinen Dingen hatte sie auszusetzen und wurde nicht fertig mit ihnen. Es empörte sie auch, daß Doktor Sorger ihrem Wunsche nicht nachkam, allmorgendlich die Friseuse ins Haus kommen zu lassen, wie sie es von zu Hause gewöhnt war. Sie konnte doch unmöglich jeden Tag anderthalb Stunden weit ins Nachbardorf gehen. Als sie an ihren Mann die Forderung stellte, ihr zu diesem Zweck den Chauffeur mit dem Wagen zur Verfügung zu stellen, lehnte dieser das rundweg ab mit der Begründung, das Auto dringend zu benötigen. Daraufhin wollte Frau Meinhardt allen Ernstes den Eichenhof verlassen. Aber es war merkwürdig, wie Siegberte Sorger einen so beruhigenden Einfluß auf diese Frau ausübte. „Sie werden doch nicht wegen Ihrer Frisur die Kur in unserem Hause unterbrechen", redete sie ihr zu. „Wenn Sie nicht allein fertig werden, kann Ihnen das Zimmermädchen gerne behilflich sein. Ich könnte mir allerdings vorstellen, Frau Meinhardt, daß es vielleicht gar nicht nachteilig wäre, wenn Sie es einmal mit einer schlichten Frisur probieren wollten. Ich glaube gar, daß Ihnen das besser stehen würde."

Frau Meinhardt lehnte dieses Ansinnen jedoch entrüstet

ab. Immerhin füllte sie die Stunden des Nachmittags damit aus, vor dem Spiegel zu sitzen und eine Frisur nach der andern auszuprobieren, um schließlich am Abend zu aller Erstaunen mit einem schlichten Haarknoten im Speisesaal zu erscheinen, was ihr vorzüglich stand. Als ihr Tischnachbar ihr dieserhalb Anerkennung zollte, war sie ganz getröstet und vermochte in der Folge ohne Friseuse fertig zu werden. Ganz ähnlich ging es mit andern Dingen. Auf dem Eichenhof galt es auf mancherlei Bequemlichkeiten zu verzichten, die man zu Hause für selbstverständlich ansah. Hier wurde nur wirklich Leidenden die ihrem körperlichen Zustand entsprechende Hilfeleistung gewährt, während sonst der Grundsatz herrschte, der Gesunde solle sich weitgehend selbst bedienen. Wem das nicht behagte, dem stand es frei, das Haus zu verlassen. Sorgers machten aber die Erfahrung, daß die Beachtung dieses Grundsatzes manchem eine Hilfe war, und daß der Aufenthalt in ihrem Haus für viele Patienten tatsächlich zur Lebenswende wurde. Marion Meinhardt allerdings gehörte zu denen, die in dem halben Jahre ihres Dortseins mehr als einmal begannen, ihre Koffer zu packen, weil sie glaubten, es bei der bestehenden Hausordnung einfach nicht aushalten zu können. Was war es nur, daß sie trotzdem blieb? Sie hätte es andern gegenüber kaum zugegeben, daß die gemütlichen Abende im Speisesaal oder Musikzimmer, wo man in familiärer Weise zusammensaß und über manchen anregenden, wertvollen Gegenstand sprach, es ihr angetan hatten. Auch wenn Siegberte am Flügel saß und ihren Gästen mit ihrer schönen, weichen Altstimme ein Abendlied sang oder mit ihrem Mann, der seine Violine gut beherrschte, gemeinsam musizierte, war Frau Marion gern dabei. Über die täglichen Hausandachten hatte sie zwar zunächst erhaben gelächelt. Aber einmal war es ihr sterbenslangweilig gewesen, und da hatte sie, nur um die Zeit totzuschlagen, an einer solchen

Andacht teilgenommen. Man hatte zuerst gemeinsam einen Choral gesungen. Großer Gott, wie lang war es her, daß man so etwas getan hatte! Man schämte sich fast, hier mitzumachen. Aber schließlich war es doch so gewesen, als ob irgendwie Vertrautes aus längst vergangenen Tagen sich im Inneren regte. Frau Marion dachte an die Zeit kurz vor ihrer Konfirmation. Damals war sie religiösen Fragen gegenüber nicht ganz verschlossen geblieben. Aber das war so lange her!

Nach dem Choral hatte Doktor Sorger, der an diesem Abend selbst anwesend war, aus einem Andachtsbuch gelesen und gab dann in wenigen Sätzen eine kurze Erläuterung zu dem Gelesenen. Und sie mußte sich gestehen, es lag etwas Kraftvolles in seinen Worten, alles Übertriebene oder Schwärmerische lag demselben fern. Ein kurzes Gebet beschloß die Andacht.

Eines Tages fragte Doktor Sorger seine Patientin, ob sie ihn in ein Nebendorf begleiten wolle, wo er Krankenbesuche zu machen habe. Sie war zuerst etwas erstaunt, sagte aber dann doch freudig zu, nicht ahnend, daß Siegberte die Fahrt vorgeschlagen hatte. Heiner Sorger ging lächelnd auf den Vorschlag ein: „Wenn du dir davon einen Erfolg versprichst, will ich gerne mein Teil dazu beitragen."

Doktor Sorger führte Frau Meinhardt in ein kleines Häuschen am Ende des Dorfes. Blitzblank waren die Fensterscheiben, vor denen duftende Nelken blühten. Ein altes, gebeugtes Mütterlein mit schneeweißem Haar öffnete die Tür und begrüßte die Ankommenden freundlich: „Wie gut, daß Sie kommen, Herr Doktor, Anne wird sich freuen. Sie fühlt sich seit Ihrem letzten Besuch viel besser."

Frau Marion fragte sich, weshalb Doktor Sorger sie eigentlich mitgeschleppt habe. Sie kam sich bei diesem Besuch vollkommen überflüssig vor. Ein Glück, daß ihr nicht zugemutet wurde, Armeleuteluft zu atmen. Die große Sauberkeit, die bis in den hintersten Winkel des kleinen Häuschens zu merken war, fiel sogar ihr auf. Und dann stand sie in dem kleinen Stübchen zu ebener Erde, in dem ein Mädchen von etwa siebenundzwanzig Jahren lag und Doktor Sorger mit einer Herzlichkeit begrüßte, daß Marion sich im ersten Augenblick auch darüber ärgern wollte. Und mit welcher Teilnahme er sich nach dem Ergehen der Kranken erkundigte. So hatte er vorhin nicht mit ihr gesprochen, als sie ihm von ihren Leiden sprach. Warum war sie nur mitgegangen? Es blieb ihr jedoch nicht Zeit, ihren eigensinnigen Gedanken weiter nachzuhängen, denn Doktor Sorger stellte sie der Patientin vor: „Ich habe Ihnen einen Besuch mitgebracht, Anne, Frau Marion Meinhardt, die sicher bereit ist, bei Ihnen zu bleiben, bis ich nach meinen andern Kranken im Dorf gesehen habe. – Frau Marion, ich hole Sie zur rechten Zeit wieder ab. Ihnen, Anne, bringe ich aus der Apotheke die Medizin mit. Erzählen Sie Frau Meinhardt ein wenig, bis ich zurückkomme."

Nun lächelte er auch dieser zu und verließ das Zimmer.

Am liebsten wäre Marion hinter ihm hergelaufen. Was fiel ihm ein, sie hier bei diesem Mädchen, das sie gar nicht kannte, zu lassen! Jetzt wandte die Kranke sich an sie: „Doktor Sorger wird Ihnen erzählt haben, daß ich blind bin seit meinem vierzehnten Jahr. Eine heimtückische Krankheit legte sich damals auf meine Augen. Es ist so lieb von ihm, daß er Sie gebeten hat, zu mir zu kommen. Er sorgt immer wieder für ein wenig Abwechslung in meinem grauen Alltag."

Unwillig stieß Frau Meinhardt hervor: „Nein, der Doktor hat mir gar nichts gesagt und ich begreife seine Handlungsweise keineswegs!"

Die Blinde schien Marions Unwilligkeit nicht zu merken.

Sie forderte sie freundlich auf, sich einen Stuhl ans Bett zu rücken. Zögernd und sichtlich verärgert ging Frau Meinhardt darauf ein. Was blieb ihr anderes übrig, wenn sie nicht zu Fuß ins Sanatorium zurückgehen wollte. Aber dem Doktor und seiner Frau wollte sie es schon sagen. Wie kamen die beiden dazu, derart über ihren Nachmittag zu verfügen!

Da sie schwieg, stellte Anne einige Fragen an sie. Woher sie käme, ob sie verheiratet sei, ob es ihr auf dem Eichenhof gefiele. Aber sie bekam nur spärliche Antworten. Das schien das Mädchen jedoch nicht weiter zu stören. So begann sie von ihrem schlichten Leben zu erzählen. „Ich liege nun schon länger als zehn Jahre hier in meinem Bett", sagte sie. „Zuerst erblindete ich und dann traten Lähmungserscheinungen ein, so daß ich heute meine Füße nicht mehr bewegen, geschweige darauf stehen kann."

„Zehn Jahre?" wiederholte Frau Marion, und das Grauen sprach aus ihrem Gesicht. „Das würde ich nicht aushalten. Ich glaube, ich hätte mir längst das Leben genommen."

„Aber Frau Meinhardt", erwiderte das Mädchen, „das wäre doch eine Sünde. Wir haben uns das Leben nicht selbst gegeben, und ich denke, wir dürfen es auch nicht von uns werfen."

„Aber ein solches Dasein, wie Sie es führen, kann man doch gar nicht mehr Leben nennen", erwiderte Marion.

Inzwischen war die alte Frau hereingekommen, hatte sich still in den Lehnstuhl ans Fenster gesetzt, nahm eine Strickarbeit zur Hand und hörte den beiden zu.

„Glauben Sie nicht, daß es Menschen gibt, denen es noch schlimmer geht als mir?" fragte die Kranke und fuhr fort: „Sehen Sie, ich habe meine gute Mutter, die für mich sorgt. Sie lebt nur für mich und pflegt mich in rührender Treue, wie niemand es besser tun könnte. Wir leiden keine Not, wenngleich unsere Lebensansprüche nur bescheiden sein dürfen. Aber hungern müssen wir bis jetzt nicht. Wir haben eine schöne, sonnige Wohnung, in der wir uns wohl fühlen können."

Marions Blicke eilten durch das Stübchen. Die Einrichtung war sehr einfach, aber irgendwie mutete es heimelig an. An den Wänden hingen etliche gute Bilder, beim Fenster war ein Blumenständer mit sorgfältig gepflegten Pflanzen, in der Ecke hing ein Vogelbauer, in dem ein Kanarienvogel munter trällerte. Ein Kätzchen schnurrte behaglich zu den Füßen der alten Frau. Die Decken auf dem Tisch und auf der Kommode waren sorgfältige Handarbeit.

„Doch, es ist gemütlich bei Ihnen", gab Frau Meinhardt zu, „aber Sie sehen ja nichts von allem. Für Sie wäre es doch einerlei, wenn rings um sie her Unordnung herrschte. Nein, ich hielte es einfach nicht aus."

Die Blinde lächelte, wie man über ein törichtes Kind lächelt. „Sie dürfen mir glauben", erwiderte sie, „daß ich Unordnung genau so empfinde wie Disharmonie. Wir Blinden bekommen mit der Zeit ein solches Empfinden, daß ich genau weiß, ob meine Umgebung geordnet ist oder nicht. Ich spüre die Sorgfalt und Liebe, mit der meine Mutter mein Stübchen pflegt, so als könne ich die Blumen am Fenster, die Bilder an den Wänden, die Kissen auf dem Sofa und alles andere sehen. Ich spüre es auch genau, wenn Menschen in meiner Umgebung unfroh und friedlos sind."

Frau Meinhardt konnte es nicht verhüten, daß sie in diesem Augenblick errötete.

„Sie sind wohl nie unfroh?" fragte sie beinahe herausfordernd. „Das kommt wahrscheinlich daher, daß Sie nie etwas anderes gewöhnt waren als Ihr einfaches Leben in Ihren vier Wänden."

„Ich erinnere mich sehr wohl an die Zeit, wo ich noch sehend war", erwiderte das Mädchen, „und ich bin so froh, daß ich nicht blind zur Welt gekommen bin. So bleibt mir doch die Erinnerung an alles, was ich damals mit meinen

Augen wahrnehmen konnte. Diese Bilder haben sich mir eingeprägt, und ich zehre täglich von ihnen. Ich sehe zum Beispiel genau die Birken vor unserem Haus, wie sie ihre zarten Zweige im Winde bewegen. Ich sehe noch die feuerfarbenen Tulpen im Gärtlein davor. Ich sehe unser Kirchlein im Dorf, den Friedhof daneben mit dem Grab meines Vaters, der ein Jahr vor meiner Erblindung starb."

Anne machte eine Pause und auch Frau Marion schwieg. Es schien, als ob das Gehörte sie mehr bewegte, als sie selbst es wahrhaben wollte.

„Aber Sie müssen nicht denken, daß ich unglücklich sei", fuhr das blinde Mädchen nach einer Weile fort. „Man kann gottlob blind und dabei doch sehend sein, und ich muß sagen, daß ich doch noch Grund zum Danken habe."

Marion Meinhardt schämte sich ihrer Rührung und erhob sich: „Ich glaube, ich gehe Doktor Sorger ein Stück entgegen, vielleicht" – sie stockte, ehe sie fortfuhr – „vielleicht komme ich wieder einmal zu Ihnen." Sie faßte die Hand der Kranken und sagte: „Verstehen kann ich Sie nicht, aber ich muß Sie bewundern."

„Kommen Sie bald wieder", erwiderte Anne schlicht, „jeder Besuch ist eine Freude für mich."

Und dann stand Frau Meinhardt schwer atmend vor dem kleinen Häuschen. Die alte freundliche Frau hatte sie hinausbegleitet und ihr noch einmal für ihren Besuch gedankt. Die sonst so redegewandte Frau aus der Stadt wußte nicht recht, was sie dieser alten Mutter antworten sollte. Aber da kam auch schon Doktor Sorgers Wagen.

„Haben Sie Lust, mich noch ein Stück weiterzubegleiten?" wandte er sich an Frau Meinhardt. „Ich muß noch nach einem kranken Kind sehen."

Aber sie wehrte ab: „Ich glaube, es greift mich zu sehr an. Ich gehe schon ein Stück voraus und bin Ihnen dankbar, wenn Sie mich nachher im Wagen mitnehmen."

Der Arzt blickte erstaunt auf, ehe er weiterfuhr. Irgendwie schien ihm seine Begleiterin verändert zu sein.

Am Abend desselben Tages ließ Frau Meinhardt Siegberte zu sich bitten.

„Ich werde den Gedanken an das blinde Mädchen nicht los", sagte sie. „Hatte Ihr Mann eine bestimmte Absicht, als er mich zu ihr führte?"

Siegberte erwiderte mit Offenheit: „Ja, Frau Meinhardt. Mir kam der Gedanke, daß der Besuch bei Anne Ihnen zeigen könnte, wie reich Sie in Wirklichkeit sind. Ich hoffte in erster Linie Ihnen dadurch zu helfen, wußte aber gleichzeitig, daß Ihr Besuch der Kranken große Freude machen würde."

Marion Meinhardt sah eine Weile schweigend vor sich hin. Dann erwiderte sie: „Merkwürdige Heilmethoden werden in diesem Hause angewandt. Aber mir ist's, als seien diese Methoden nicht schlecht."

Frau Marion blieb ein halbes Jahr auf dem Eichenhof. Es war nicht so, daß sie ihn dann als vollkommen geheilter Mensch verlassen hätte, aber sie kam doch so weit, daß Siegberte glaubte annehmen zu dürfen, die Patientin werde nach und nach ganz gesunden. Es ist nicht bei dem ersten Besuch im Stübchen der Blinden geblieben. Ohne dazu aufgefordert zu werden, hatte Frau Meinhardt sich einigemal auf den Weg zu Anne gemacht, und obgleich sie nie mit leeren Händen zu der Kranken kam, war Anne unbewußt jedesmal die Gebende gewesen. Das Leid hatte das junge Mädchen gereift und befähigt, anderen etwas zu sein. Das empfand auch diese Frau, deren Dasein von Vergnügungen und Zerstreuungen übersättigt war und die sich im tiefsten Grunde ihres Herzens nach einem anderen Leben sehnte. Anne hatte sie nach ihrem Zuhause gefragt und es verstanden, in schlichter Weise der reichen Fabrikantenfrau als schönste Aufgabe die Betreuung ihrer Kinder und die frohe Gestaltung des Familienlebens zu schildern. Das harmonische Leben im Sanatorium Eichenhof, die anregenden Unterhaltungs- und Musikabende, mancherlei gute Lektüre und nicht zuletzt der persönliche Umgang mit Siegberte Sorger hatten in Marion ein starkes Sehnen nach einem neuen Leben geweckt. Auf dem Eichenhof war ihr auch zum erstenmal im Leben zum Bewußtsein gekommen, daß der Sonntag eine besondere Bedeutung für den Menschen habe. Wer hätte je annehmen können, daß Frau Meinhardt, sonst jedem religiösen Einfluß verschlossen, nun schon etliche Sonntage den Gottesdienst in der Dorfkirche besuchte und als aufmerksame Zuhörerin unter der Kanzel des Pfarrers saß. Sie war zur Einsicht gekommen, daß ihr bisheriges Leben doch recht leer und wertlos gewesen war und eines neuen, besseren Inhaltes bedürfe.

Als ihr Mann sie vom Eichenhof abholte, fiel ihm sofort auf, daß der Kuraufenhalt für seine Frau erfolgreich gewesen war. Mit herzlichen Worten dankte er dem Arztehepaar und sprach die Hoffnung aus, diese Veränderung möchte von Dauer sein.

Bewegt reichte Siegberte ihm die Hand und erwiderte: „Herr Meinhardt, Sie sprachen bei unserer ersten Begegnung zu mir davon, daß Ihre Mutter eine Christin war. Tragen Sie die Atmosphäre Ihres Elternhauses in Ihre eigene Familie; das ist der Geist, der die sichtbare Veränderung bei Ihrer Frau zustande brachte. Werden Sie nicht mutlos, wenn es ihr nicht gelingen sollte, ihre guten Vorsätze immer zu verwirklichen. Wir alle sind Menschen, die täglich Gottes Hilfe benötigen, um nicht zu versagen. Sie kennen den Weg, gehen Sie denselben zusammen mit Ihrer Frau und Ihren Kindern." Damit verabschiedete sie sich.

Es war so, daß sich in kurzer Zeit eine ganz klare Linie in der Arbeit der beiden Doktorsleute zeigte. Oft empfand

Siegberte ein starkes Gefühl der Dankbarkeit über diese gemeinsame Arbeit. Dabei war es ihr immer, als sei der Eichenhof erst jetzt seiner wahren Bestimmung zugeführt worden. Wenn schon der Arztberuf sie mit Befriedigung erfüllte, so bedeutete dieses ganz persönliche Betreuen der Menschen, die alle irgendwie Hilfe suchten, für sie höchsten Lebensreichtum, und es kam ihr mit jedem Tag stärker zum Bewußtsein, daß ein rechter Arzt auch Seelsorger sein müsse. Bald reichte der Platz nicht mehr aus auf dem Eichenhof. Freunde, die das Wachsen der Arbeit beobachteten, rieten zur Erweiterung des Sanatoriums. Aber das lehnten Heiner sowie Siegberte ab.

„Wir wollen keinen Massenbetrieb, und die Anforderungen, die der Tag an uns stellt, sind schon jetzt so, daß unsere Zeit völlig ausgefüllt ist; eine Überforderung unserer Kraft würde unserer Arbeit schaden. Was wir erwarten ist nicht finanzieller Erfolg, sondern das Bewußtsein eines ausgefüllten Lebens, in welchem ewige Werte liegen." So sagten Sorgers.

Wenn das Arztehepaar sich oft erst am späten Abend eine Stunde der Besinnlichkeit und der Ruhe gönnen konnte und gemütlich im Wohnzimmer saß, unterhielt es sich vielfach über die verschiedenen Gäste, die in ihrem Hause weilten. Es war ihnen ein ernstes Anliegen, deren Bedürfnissen gerecht zu werden.

„Was denkst du von dem alten Blaut", fragte Siegberte ihren Mann. „Nun ist er siebzig Jahre alt und sein Zustand ist so, daß kaum damit zu rechnen ist, sein Weg werde sich noch lange hinziehen. Aber es scheint unmöglich, ihn auf andere als nur irdische Ziele zu bringen. Er tut, als ob das Leben endlos wäre. Stundenlang kann er über eine ausgesuchte Mahlzeit oder irgendwelche Nebensächlichkeiten sprechen. Dabei ist er ein Nörgler, der an allem im Hause Kritik übt. Als ich ihm kürzlich den Vorschlag machte, unser Haus, in dem ihm doch nichts zusage, zu verlassen, sah er mich aus seinen wässerigen, leeren Augen erstaunt an und fragte: ‚Weshalb soll ich vom Eichenhof fortgehen? Mir gefällt es hier sehr gut und ich bin mit allem zufrieden.‘ Dann lächelte er verschmitzt und fuhr fort: ‚Wissen Sie, das mache ich überall so. Wenn ich die Leute und die Versorgung lobe, dann ist zu erwarten, daß man sich verschlechtert. Wenn ich hingegen unzufrieden tue, wird man sich Mühe geben, meine Wünsche zu erfüllen.‘ ‚Das mag in einem Gasthof so sein‘, gab ich ihm zur Antwort, ‚aber Sie haben scheinbar den Sinn unseres Hauses nicht verstanden. Wir werden immer unser Bestes tun, um unsere Leute zu befriedigen. Aber eine Atmosphäre der Unzufriedenheit, wie Sie sie verbreiten, stört den Geist unseres Hauses.‘“

„Wie lange gedenkt der Alte wohl zu bleiben?“ fragte Doktor Sorger.

„Kaum länger als vier bis sechs Wochen“, antwortete Siegberte. „Er kommt mir so ruhelos vor und manches Mal ist es mir, als liege eine drückende Last auf ihm. Oft schimpft er in schrecklicher Weise auf seine Mutter, die doch längst tot ist. Nun steht er bereits mit einem Fuß im Grab, kennt nur materielle Wünsche und weiß nichts von einem lichtvollen Ziel, wie es das Alter doch haben sollte. Ob es uns gelingen wird, ihm in der kurzen Zeit seines Hierseins Eindrücke zu vermitteln, die ihm innerlich helfen könnten?“

„Und wie macht sich Frau von Wattwyl?“

Siegberte antwortete nicht gleich. Ihr Blick ruhte in inniger Liebe auf ihrem Gatten. Sie lehnte sich an ihn und faßte seine Hand.

„Was denkst du jetzt?“ fragte er. „Kommst du nicht zurecht mit ihr?“

„O doch“, erwiderte sie, „aber ich habe eben darüber nachgedacht, ob es mir nicht ähnlich ergehen würde wie ihr, wenn ich solch schweren Weg geführt würde." Ihre Augen füllten sich plötzlich mit Tränen.

„Heiner, ich wüßte nicht wie ich weiterleben sollte, wenn Gott dich mir so plötzlich von der Seite risse, wie Frau von Wattwyl es bei ihrem Mann erleben mußte. Und sie hat auch kein Kind. Was nützt sie jetzt ihr großer Reichtum, wo sie ihr Leben nun so einsam leben muß!"

Heiner Sorger war seltsam bewegt. Er küßte seine Frau und sagte: „Siegberte, wir wollen dankbar sein für jede Stunde, die uns miteinander geschenkt ist und wollen es von Gott erbitten, daß er solches Opfer nicht von uns fordere. Aber du hast sicher für die Arme das rechte Trostwort."

„Wenn du Zeit hast, will ich dir vorlesen, womit ich heute versuchte, ihr zu helfen", erwiderte Siegberte und griff nach einem Büchlein in ihrem Bücherschrank. „Vom Heimweg" stand darauf. Sie las ihm vor:

„Alles Große wird mit Herzblut und Tränen bezahlt, und jedes reiche Leben muß mit innerer Notwendigkeit ein schweres Leben sein. Wer seinem Gott vorwirft: ‚Du hast mir alles, alles geraubt!', der bekennt damit seine enge Menschenarmseligkeit: ‚Herr, du gabst mir viel; aber ich verstand dich nicht!' Alles Christenleben ist ein Hineinwachsen in den Willen Gottes. Der ewige Gott will nicht so kleine, erbärmliche Haderer haben, die sich um eine Handvoll Glück herumschlagen wie Bettler um Pfennige. Er braucht Menschen, die willig stillhalten, wenn er in ihr Leben die großen Linien einzeichnet – nicht wie wehrlose, verbitterte Sklaven, nicht wie der Wurm, der sich von einem Gewaltigen zertreten lassen muß – sondern in dem letzten und tiefsten Vertrauen, das da wurzelt in der heiligen Gewißheit der Liebe Gottes, ganz unmittelbar, ganz persönlich – mag unter seiner Schöpferarbeit auch zerbrechen, was da will. Alles Erleben, so man's nur recht anfaßt, wird uns unter den Händen zum goldenen Schlüsselein zu den Wohnungen des Höchsten, und die heimlichsten Türen des Himmelreichs schließt Gott doch mit dem Schlüssel Herzeleid auf. Davor wird alles brennende ‚Warum?' des Lebens still. — Das habe ich ihr heute vorgelesen", fuhr Siegberte fort.

„Und wie hat sie darauf reagiert?" fragte Heiner.

„Sie hat mir still und dankbar zugehört, aber in ihren Augen blieb die große Traurigkeit und der Schatten der Schwermut."

Doktor Sorger hatte das Büchlein aus den Händen seiner Frau genommen und blätterte darin.

„Sieh, hier ist etwas, was direkt für sie geschrieben scheint", sagte er und wies auf einen Abschnitt, über dem die Worte des 84. Psalms im 7. Vers geschrieben standen: „Die durch das Jammertal gehen und machen daselbst Brunnen."

„Wenn du wieder zu ihr gehst, mußt du ihr dieses vorlesen."

Sie beugten sich beide über das Büchlein und lasen gemeinsam:

„Die Welt wird karg, wenn man sein Liebstes begraben hat, und die alte Kinderfreude an den Dingen stirbt jäh dahin wie eine Blüte, die der Frost angehaucht. Allem Tun und Leiden, allem Sinnen und Sagen fehlt das süße Echo: Du, o du! Die große Einsamkeit durchschauert das ganze Menschsein bis in den innersten Grund. Gottes Schicksalsstürme haben alle lieben Lichter am Wege ausgelöscht. Was nun? Brennend reckt sich das Flehen auf: nicht weiter, Herr, nicht weiter! Aber wir dürfen uns allzumal die Wege nicht aussuchen, auf denen der Allweise und Allgütige uns der Vollendung entgegenführen will. Auch in die Nacht hinein müssen wir ihm folgen in dem unauslöschlichen Glauben und Vertrauen, daß Ziel und Sinn und Segen aller Fügungen und Führungen unverloren in seinen ewigen Händen ruhen. Wer sich je im Leben zu dem willigen und ganz bewußten Bekenntnis ‚Ja, Vater!' hindurchgerungen hat, der erfährt bald, daß er nicht allein geht; des Seele weitet sich von einer wunderbaren Kraft, die wegsicher und zielfroh macht mitten in Leidenskämpfen, die erst wie lauter grausame, grinsende Sinnlosigkeiten aussahen. Aus der Kraft aber, dunkles Schicksal zu zwingen, wächst still die dienende Liebe. Augen, die viel bittere Tränen geweint haben, macht Gott hellsichtig für alles Weh der andern. Hände, die sich oft in einsamer Nacht in Kampf und Krampf des Schmerzes auf wunde Herzen preßten, die lernen helfen und heilen. Herzen, die Gottes Schlag stille hielten, macht er dienstbereit. Er baut in jedes Leben, das er nach seinem heiligen Willen und seiner dunklen Güte in harten Schicksalswehen arm gemacht hat, Aufgabe um Aufgabe hinein. Sie wachsen mit jedem Tag, und mit ihnen – blüht still die Freude auf. Denn alles Leben, das mit Gott gelebt wird, mag es noch so unheilbar in seinem Herzpunkt verwundet sein, wird doch wieder reich. Anders als wir uns einst dachten, aber doch voller Gnaden. Und ‚die ihn liebhaben, müssen sein, wie die Sonne aufgeht in ihrer Macht'. – Durch den einsamen Wald schreitet das Herzeleid. Unter jedem Schritt quellen schluchzende Bronnen auf. Über die Heide wandert die Sehnsucht, umwallt von einem Schein, in dem Heimweh und Fernweh ringen. Liebe folgt denselben Pilgerstraßen. Lichtblumen erblühen unter ihren Füßen auf allen Dornenwegen."

Nun schwiegen beide eine ganze Weile. Als Heiner sich zu Siegberte herabbeugte, sah er, daß Tränen aus ihren Augen tropften.

„Was ist dir?" fragte er besorgt und legte den Arm um sie. Da barg sie das Gesicht in den Händen und schluchzte auf.

„Aber Gott soll von mir nicht mein Liebstes fordern. Wenn ich nun schon am Glück der Mütter vorbeigehen muß, so will ich wenigstens gemeinsam mit dir meinen Weg gehen bis zuletzt."

Er antwortete nicht, hielt sie nur still in seinen Armen. Da wurde sie schließlich ruhiger. Solche Gefühlsausbrüche waren bei ihr, der stets Beherrschten, so seltener Art, daß er wußte, es bedurfte nicht Worte, sie würde sich selbst wieder finden. Es dauerte auch nicht lange, bis sie sich aufrichtete und ihm, wenn auch unter Tränen, zulächelte: „Ich schäme mich, Heiner. Wie kann ich anderen geben, was ich selbst nicht besitze?"

Es war natürlich nicht so, als hätten alle Gäste auf dem Eichenhof nur große Ansprüche gestellt. Manche unter ihnen hatten dem Haus und seiner Leitung auch etwas zu geben. Da war zum Beispiel eine ältere gichtkranke Dame, Frau Brückner, und ihre Tochter, eine Geigerin, beides wertvolle, feine Menschen. Eine treue Dienerin, die zur Familie gezählt wurde, fuhr die alte Dame in ihrem Fahrstuhl oft durch den Park. Wiederholt machte sich Siegberte für ein Viertelstündchen frei, um sich zu Frau Brückner zu setzen. Sie empfand es immer als wertvolle Anregung, mit der weitgereisten, klugen Frau einen Gedankenaustausch zu pflegen. Es waren Siegberte im Leben nur wenige Menschen begegnet, die mit ihrem großen Wissen so viel Natürlichkeit und Demut verbanden und dabei bemüht waren, ihr Christentum in die Tat umzusetzen. Maria, Frau Brückners Tochter, musizierte viel und beglückte mit ihrem Spiel die Hausinsassen an manchem Abend.

Siegberte spürte deutlich, daß der vielfältige Dienst an den Menschen große Anforderungen an sie stellte. Sie wußte, daß sie dafür nicht nur ein reiches Maß körperlicher Kraft benötigte, sondern auch viel innere Kraft brauchte. Sie machte es sich daher zur Gewohnheit, am Morgen zeitig aufzustehen, um sich für den Tag zu sammeln. Leise begab sie sich dann in ihr kleines Arbeitszimmer, um sich bewußt für die Aufgaben des Tages vorzubereiten. Aus diesen stillen Morgenstunden floß ihr täglich zu, was sie nötig hatte, um ihren Weg gehen zu können.

In dem jetzigen Eichenhofbetrieb galt es allerdings auch manches zu lernen, was ihrer Wesensart, vor allem ihrem liebevollen, gütigen Herzen nicht leicht war. Das empfand sie wieder einmal deutlich, als es sich herausstellte, daß eine junge Patientin, die sich als Arztfrau vorgestellt hatte, eine Schwindlerin war. Trotz des Zustandes, in dem sie sich befand – sie erwartete nämlich ein Kind –, zog sie ihr Lügengewebe immer dichter um sich. Heiner schüttelte lächelnd den Kopf, als Siegberte ihm eines Abends ihr schreckhaftes Verwundern darüber aussprach, daß dieses Mädchen ihre Mutterschaft so gering achtete und sich ihrer erzieherischen Verantwortung dem zu erwartenden Kind gegenüber in keiner Weise bewußt wurde.

„Wie kann sie so lügen mit einem Kind unter dem Herzen? Wie wird sie einmal ihr Kind zur Wahrheit erziehen können?" Noch immer lächelte Heiner zu ihren Worten, dann sagte er:

„Siegberte, du bist ein seltsames Menschenkind. Auf der einen Seite stehst du als tüchtiger, gescheiter und erfahrener Lebenskamerad neben mir, ohne den ich mir auch meine Berufsarbeit nicht mehr denken könnte, dazu hast du doch im Laufe der Jahre so viele Menschen kennengelernt und auch so manche Enttäuschung erlebt, auf der andern Seite bist du wie ein harmloses Kind und hast trotz aller gegenteiligen Erlebnisse noch nicht verlernt, immer an das Gute im Menschen zu glauben."

Siegberte antwortete nicht gleich, dann erwiderte sie: „Sollte das Bewußtsein um ihr Mutterwerden die Frau nicht adeln und in Selbstverständlichkeit dahin bringen, an sich zu arbeiten und alles Böse und Unschöne bewußt zu bekämpfen?"

„Vergiß nicht, daß viele Mutter werden ohne ihren Willen. Noch längst nicht jede Mutter ist Idealistin und sich ihrer Frauenwürde bewußt. Aber was gedenkst du mit diesem Mädchen zu tun? Sie kann natürlich nicht in unserem Hause bleiben, nachdem sie sich gewissermaßen als Hochstaplerin entpuppt hat."

Siegberte ging eine Weile unruhig auf und ab, dann stand sie sinnend am Fenster und blickte hinaus in den nächtlichen Sternenhimmel.

„Ich verstehe, daß du meinst, sie kann nicht bei uns bleiben. Aber was können wir für sie tun? Legt das Wissen um ihre Not nicht eine innere Verpflichtung auf uns?"

„Glaubst du, daß sie sich notleidend fühlt? Ihre einzige Sorge wird sein, irgendwo unterzukommen, bis sie ihr Kind zur Welt gebracht hat, und wahrscheinlich möglichst schnell der Sorge um dasselbe enthoben zu werden. Wozu gibt es Säuglingsheime oder Pflegestellen, wo man so ein armes Wurm billig unterbringen kann? Der Mann, der sie im Stich gelassen hat, wird nicht dazu beitragen, ihr ihre Mutterpflichten ins Gedächtnis zu rufen."

„Auch Schuld ist Not", sagte Siegberte. „Ich will wenigstens versuchen, sie davon zu überzeugen. Und wenn ich mit ihr nicht Mitleid haben könnte, so wäre es mir doch nicht möglich, ohne solches an das Kind zu denken, das unerwünscht und ungewollt dem Leben entgegenschlummert. Wenigstens solange soll sie in unserem Hause bleiben, bis ich mir klar bin, welches meine Aufgabe in dieser Angelegenheit ist."

Im Laufe der Jahre gingen die verschiedensten Menschen durch den Eichenhof. Es konnten nicht alle als geheilt entlassen werden, aber es war doch kaum einer, der nicht irgendwie wertvolle oder bleibende Eindrücke von seinem Aufenthalt mitgenommen hätte. Siegberte und ihr Mann spürten deutlich, daß die Freude an der Arbeit nicht nachließ; sie wußten, wofür sie lebten, und ihr Dienst am Nächsten gab ihnen nicht nur viel Befriedigung, sondern half ihnen auch persönlich innerlich weiterzukommen. –

Lange Zeit hatte Siegberte nichts von Rudolf gehört. Wohl waren ihre Gedanken oft zu dem verirrten Kind geeilt, das in seinem Trotz und Ungehorsam über den Eichenhof und über sich selbst so großes Leid gebracht hatte. Sie wußte, daß ihr Mann nicht geduldet hätte, die Verbindung mit ihm wieder aufzunehmen. Was wäre wohl auch dabei erreicht worden? Und doch ließ ihr mütterliches Herz es nicht zu, sich von diesem Kind, dem einstmals ihr Herz und ihr Haus geöffnet hatte, ganz loszusagen. In den stillen Morgenstunden, da sie Kraft schöpfte für die Aufgaben des Tages, gedachte sie auch stets dieses Jungen, der nun schon seit zwei Jahren in einer Erziehungsanstalt lebte. Zu Weihnachten und an seinen Geburtstagen hatte sie ihm jedesmal einen kleinen Gruß gesandt, ohne jedoch einen regelmäßigen Briefwechsel mit ihm zu pflegen. Nun aber wurde sie durch einen Brief von ihm aufs neue vor Entscheidungen gestellt, die ihr nicht leichtfielen. Sie las den Brief wiederholt durch. Not und Angst sprachen aus demselben, und das Wissen darum nötigte sie, zu überlegen, ob sie dem jungen Menschen in seiner Not nicht beistehen müsse.
Rudi hatte geschrieben:

„Liebe Tante! Ich liege schon seit Wochen im Krankenzimmer, ganz allein. Der Arzt sagt, meine Lunge sei nicht in Ordnung, und weil es gar nicht besser werden will, habe ich Sorge. Niemand kommt und besucht mich. Glaubst Du nicht, daß Onkel Heiner Dir erlauben würde, mich einmal zu besuchen? Bitte, komme doch. Ich warte so sehr auf Dich. Viele Grüße sendet Dir Rudi."

Der Junge war in Not, Siegberte spürte es deutlich. Sie wußte, wie ihr Mann über die Bitte Rudolfs dachte. Zwar bezweifelte sie, daß er ihm heute noch grollte; daß er aber keinesfalls wünschte, Rudolf erneut mit dem Eichenhof in Verbindung zu sehen, war ihr klar. Durfte jedoch der Notschrei des Jungen ungehört verhallen?

Sie sah ein, daß sie zu ihm fahren mußte. Aber sie fürchtete ein wenig die Aussprache mit ihrem Mann, dem sie ihr Vorhaben nicht verheimlichen konnte. Es kam, wie sie es erwartet hatte. Heiner lehnte Siegbertes Reiseplan mit der Begründung ab: „Rudolfs Mutter lebt noch, sie soll sich um den Jungen kümmern. Du hast hier so viele Aufgaben, daß du nicht noch neue dazu übernehmen kannst. Vor allem aber kann ich die Wiederaufnahme der Beziehungen zu dem Jungen, der so großes Unglück über uns gebracht hat, nicht gutheißen. Ich bitte dich deshalb, Siegberte, setze dieses Mal deinen Willen nicht durch."

Es fiel ihr nicht schwer, die Stellungnahme ihres Mannes zu verstehen, aber froh wurde sie dabei nicht. In den nächsten Tagen verrichtete sie stiller als sonst ihre Pflichten. Es war aber kein Trotz in ihrem Schweigen, sondern die Not des Kranken und die Sorge um ihn bedrückte sie dauernd. Heiner verstand das wohl, glaubte aber, jetzt keinesfalls nachgeben zu dürfen.

Eines Tages fand er Siegberte in ihrem Zimmer, den Brief Rudis aufs neue lesend. Er sah, daß sie um ihn litt.

„Du wirst wieder einmal nicht fertig mit der Sorge um den Jungen?" fragte er und setzte sich zu ihr. „Glaub mir, er verdient deine Liebe und Fürsorge nicht. Kannst du wirklich vergessen, was er uns angetan hat?"

Siegberte blickte ruhig zu ihm auf. Die Traurigkeit in ihren Augen und ihrer Stimme machte ihn unsicher.

„Er ist krank und einsam", erwiderte sie, „und seine Mutter hat kein Verhältnis zu ihm, wenigstens kein solches, wie man es erwarten könnte."

„Aber du mußt doch einsehen, daß du weder Zeit noch Kraft hast, dich mit ihm zu befassen, wie sein Zustand es erfordert. Meinetwegen schreib ihm einen Brief, daß er sieht, du habest ihn nicht vergessen. Aber es wäre mir nicht lieb, wenn du zu ihm fahren und ihn besuchen wolltest. Ich traue dir zu, daß dir der Gedanke käme, ihn hierherzubringen, um ihn zu pflegen."

Siegberte schmiegte sich an ihren Mann: „Heiner, laß mich dem Zug meines Herzens folgen, sonst werde ich nicht froh. Du weißt, ich tue nichts gegen deinen Willen, aber ich bitte dich, verstehe mich."

Doktor Sorger sprang erregt auf: „So bist du nun, du legst die Verantwortung auf mich. Du willst nichts gegen meinen Willen tun, andererseits aber weißt du genau, daß ich es nicht ertrage, dich leiden zu sehen. Aber ich kann und will diesen Jungen nicht in meiner Nähe haben."

Er legte beide Hände auf ihre Schultern und sah ihr in die Augen: „Siegberte, glaubst du nicht, daß ich genau von den heimlichen Seufzern weiß, die aus deinem Herzen steigen, wenn du ein spielendes Kind siehst?"

Sie lehnte sich stumm an seine Brust, und er fuhr fort:

„Nun weinst du. Ich wollte dich nicht traurig machen. Aber begreife doch, daß es für mich eine große Überwindung bedeutete, den Jungen nicht zu hassen."

„Ich verstehe dich wohl", erwiderte Siegberte, „und doch glaube ich noch heute, daß Rudolf nicht der eigentliche Urheber des Unglücks ist, vielmehr als willenloses Werkzeug in der Hand dieses Holzbann handelte. Aber ich will nicht ungeduldig sein, Heiner, mir ist's, als müsse der Tag kommen, an dem du gleich mir nur von dem Wunsch beseelt bist, den Strauchelnden zu stützen und den Gefallenen aufzurichten."

So kam es, daß Siegberte eines Tages an der eisernen Pforte der Erziehungsanstalt „Klosterbau" in den rheinischen Bergen läutete. Durch lange, kühle Gänge wurde sie in das Empfangszimmer des Anstaltsleiters geführt. Als sie dem alten Mann im weißen Haar gegenübersaß, atmete sie befreit auf. Er blickte sie aus väterlichen Augen gütig an, nicht, wie sie sich vorgestellt hatte, in strenger Unnahbarkeit. Siegberte glaubte annehmen zu dürfen, daß die Zöglinge bei ihm in guten Händen waren. Sie nannte ihm den Grund ihres Besuches. Da zog über sein Gesicht ein frohes Leuchten.

„Ich bin Ihnen dankbar, daß Sie gekommen sind", sagte er. „Rudolfs Zustand macht uns Sorge. Nach Aussagen des Arztes besteht wenig Hoffnung, daß er gesund wird."

„Steht es so mit ihm?" fragte Siegberte erschrocken. „Aber was soll nun mit ihm geschehen?"

Der Anstaltsleiter sah bekümmert aus. „Das ist ja gerade das Schlimme. Die Mutter weigert sich, den Jungen aufzunehmen; sie gibt vor, keinen Platz zu haben. Das Jugendamt hat bisher die Überweisung in ein Sanatorium auch nicht genehmigt. Die Krankheit hat erst in der letzten Zeit eine so bedrohliche Wendung genommen. Wir selbst können den Kranken natürlich unter diesen Umständen auch nicht mehr lange in unserem Haus behalten."

Etwas später wurde Siegberte in die Krankenabteilung des Hauses geführt und in die kahle, freudlose Kammer des Kranken, in der außer dem Bett nur ein Tisch und ein Stuhl stand. Rudi lag mit geschlossenen Augen, den Kopf zur Wand gekehrt, auf seinem schmalen Lager und sah erschreckend elend aus. Er mußte in den zwei Jahren seines Hierseins sehr gewachsen sein. Als er die Tür sich öffnen hörte, wandte er den Kopf und schlug die Augen auf. Eine Weile starrte er Siegberte fassungslos an, dann richtete er sich im Bett auf, und nie würde sie vergessen, wie er — zwischen Furcht und Hoffnung schwankend — ihren Namen ausrief. Und dann brach der große Junge in bitterliches Weinen aus.

Drei Tage blieb Siegberte dort. Sie wohnte in einem

nahe gelegenen Gasthaus, fand jedoch in diesen Nächten nur wenig Schlaf. Äußerlich war Rudolf nicht schlecht versorgt. Die Anstalt war gewiß besser als manche ihrer Art und ihr Leiter machte keineswegs den Eindruck eines harten Zuchtmeisters. Aber Siegberte begriff, daß Rudolf nach der Zeit, die er auf dem Eichenhof zugebracht hatte, in diesem Hause nicht glücklich sein konnte. Zwar gab sie ihrem Manne vollkommen recht, wenn er behauptete, der Junge brauche straffe Zucht und eine starke Hand über sich. Durfte man aber vergessen, wieviel Unstetigkeit all die Jahre in seinem Leben gelegen hatte und wie er von einem Platz zum andern geschoben wurde, weil er überall im Wege war? Und nun lag der Junge hier. Siegberte saß stundenlang an seinem Bett, hielt seine schmal gewordene Hand und sah in das blasse Gesicht mit den fieberglänzenden, angstvollen Augen. Wirklich, der Junge war kränker, als er selbst ahnte.

„Wie lange muß ich noch hierbleiben?" fragte er. „Ich halte es einfach nicht mehr aus."

Siegberte sah ihn an. „Es wird darauf ankommen, wie das Jugendamt über dich bestimmt. Ist deine Mutter inzwischen bei dir gewesen?"

Das Gesicht des Jungen verhärtete sich. „Sie hat mich in den zwei Jahren meines Hierseins nie besucht."

Siegberte fuhr fort: „Ich werde versuchen, sie heute telefonisch zu erreichen. Schließlich muß sie sich äußern, was sie mit dir plant, wenn du hier entlassen wirst. Wahrscheinlich aber wird man dich zuerst in ein Krankenhaus oder in ein Sanatorium verlegen müssen. Du weißt, Rudi, daß du zu krank bist, um irgend etwas anderes zu unternehmen."

Der alte Trotz kam wieder zum Vorschein, als er antwortete: „Meine Mutter braucht auch jetzt nicht zu kommen, wo ich krank bin. Sie hat sich in all den vergangenen

Monaten nicht um mich gekümmert. In ein Krankenhaus aber mag ich nicht."

Plötzlich umklammerte er mit beiden Händen Siegbertes Rechte und sagte: „Tante, laß du mich nicht allein. Du ahnst ja nicht, wie furchtbar es ist, so verlassen zu sein." Er konnte vor Weinen nicht weitersprechen.

Siegberte wartete still, bis er sich einigermaßen beruhigt hatte, dann sagte sie: „Aber Rudi, ich kann doch nicht bei dir bleiben, und auf den Eichenhof mitnehmen kann ich dich auch nicht."

Da antwortete er gequält: „Ich weiß; das würde der Onkel schon nicht dulden; und er hat recht, nachdem ich — —." Er barg sein Gesicht in seinen Armen und sprach nicht weiter. Dann aber suchte er wieder Siegbertes Hand: „Aber du darfst mich nicht verlassen; ich habe doch niemand als dich."

So und ähnlich ging es Tag für Tag. Kein Wunder, daß Siegberte in den Nachtstunden ohne Ruhe war und beständig überlegte, was hier ihr Weg sei. Sie sprach mit dem Arzt. Er gab der Hoffnung Ausdruck, daß eine andere Umgebung und eine entsprechende Pflege dem Jungen wenigstens für eine Weile neue Kräfte zuführen könnten.

*

Es war an einem klaren Spätsommertag, als am Eichenhof ein Krankenauto vorfuhr, dem Siegberte entstieg, die den kranken Rudolf aus der Anstalt mitbrachte. Doktor Sorger hatte soeben seine Sprechstunde beendet, trat aber nicht aus dem Haus, um Siegberte zu begrüßen, wie er es sonst tat. Er stand in seinem Arbeitszimmer und sah, wie man den Jungen auf der Bahre ins Haus trug. Fritz Klickmüller wies den Trägern den Weg in das oberste Stockwerk, wo die sonnigsten Zimmer lagen und wo ein solches für den Kranken bereitgemacht worden war. Siegberte hatte am Vortage telefonisch mit ihrem Mann gesprochen. Nachdem sie nun tagelang am Krankenbett des Jungen zugebracht hatte, war es ihr klargeworden, welche Entscheidung sie treffen müsse.

„Verstehe mich, Heiner", hatte sie gebeten, „ich kann jetzt nicht anders handeln. Ich kann ihn nicht allein lassen in dieser furchtbaren Not. Wir müssen ihn wenigstens aufnehmen, bis eine endgültige Entscheidung über ihn getroffen ist. Er wird von uns aus gewiß in ein Sanatorium kommen, aber im Augenblick ist der Junge in einem solch seelischen Zustand, daß es unverantwortlich von uns wäre, wenn wir nicht versuchen würden, ihm zu helfen. Du weißt, ich will nicht gegen deinen Willen handeln, darum hilf mir durch dein Bejahen meiner Bitte."

Eine ganze Weile hatte sie am Telefon zu warten, bis die Antwort ihres Mannes kam. Sie glaubte zu wissen, was in ihm vorging. Endlich hörte sie seine Stimme: „Tue, was du meinst tun zu müssen."

Und nun war sie mit dem Kranken gekommen. Sie bat Heidi Klickmüller mit in Rudis Zimmer zu gehen und dort nach dem Rechten zu sehen. Dabei versuchte sie tapfer die Enttäuschung zu verbergen, die sie über das Nichterscheinen Heiners empfand. Sie wußte, daß er im Hause war. Aber die Ankunft des Jungen durfte unter keinen Umständen Ursache auch nur zu dem kleinsten Zerwürfnis zwischen ihnen sein. Sie betrat das Zimmer ihres Mannes und ging mit ausgestreckten Händen auf ihn zu:

„Heiner, ich danke dir, daß du mich verstanden hast."

Er begrüßte sie jetzt in alter Herzlichkeit, aber sie sah wohl den Schatten auf seinem Gesicht und suchte vergeblich nach dem Ausdruck der Freude, den sie sonst immer gewahrte, wenn sie nach nur kurzer Trennung heimkam.

„Ich weiß, du tust es um meinetwillen", fuhr sie fort,

„nicht um des Jungen willen. Das letztere von dir zu verlangen, wäre vielleicht auch zuviel, aber ich danke dir von Herzen, daß du mir nichts in den Weg gelegt hast."

Heiner hatte Mühe, seine Erregung zu verbergen. Er ging einigemal im Zimmer auf und ab. Schließlich blieb er vor Siegberte stehen und sagte:

„Um eines aber bitte ich dich: verlange nie von mir, daß ich zu ihm gehe, es wäre denn, daß meine Pflicht als Arzt mich zu ihm riefe. Dir will ich nichts in den Weg legen zu tun, was du für richtig hältst; aber laß mich aus dem Spiel."

Siegberte sah ihren Mann nicht ohne Traurigkeit an. „Heiner, es ist das erste Mal, daß du mich einen Weg allein gehen läßt. Aber ich füge mich. Doch bitte ich um das eine: laß diese Sache nicht die Ursache sein, daß unsere Herzen sich auch nur im geringsten voneinander entfernen."

Da nahm er sie stürmisch in seine Arme: „Liebste, das darf nie, nie geschehen."

Rudolf Steinhorn lag in dem sonnigen kleinen Zimmer im obersten Stockwerk des Sanatoriums. Die Fenster waren weit geöffnet, vor ihnen blühten in grünen Kästen rote Geranien. Etliche freundliche Bilder zierten die Wände, auf einem kleinen Bücherbord war eine Reihe guter Bücher. Heidi hatte einen Strauß spätsommerlicher Blumen auf den Tisch gestellt. Wohlig streckte Rudolf die Glieder in dem weichen, weißbezogenen Bett aus und sein Blick glitt hinaus über die Bäume des Parkes, hinüber zu den Bergketten. Er atmete tief auf. War dieses alles nicht ein schöner Traum? Zu schön, um Wirklichkeit zu sein. Er, der vor zwei Jahren so furchtbare Schuld auf sich geladen und diesem Haus so großes Leid zugefügt hatte, lag hier, liebevoll gebettet und umsorgt. Gewiß wußte Doktor Sorger nichts von seinem Hiersein. Es war unmöglich zu glauben, daß er sein Kommen gestattet hätte. Tante Siegberte hatte in ihrer großen Güte sicher ohne sein Wissen gehandelt, und er mußte damit rechnen, früher oder später aus dem Hause gewiesen zu werden. Rudolf konnte es sich nicht anders vorstellen. Und was würde dann aus ihm werden? Er schloß die Augen, und Siegberte, die gerade das Zimmer betrat, hörte sein gequältes Stöhnen. Liebevoll beugte sie sich über ihn und fragte: „Rudi, was ist dir? Hast du Schmerzen?"

Er schüttelte verneinend den Kopf. „Es ist mir so wohl, wie schon lange nicht. Aber ich fürchte mich vor dem Augenblick, in dem der Onkel erfährt, daß ich hier bin. Er wird mir Vorwürfe machen und bestimmt nicht erlauben, daß ich bleibe."

Siegberte setzte sich an sein Bett. „Du törichter Junge, glaubst du, ich hätte dich ohne sein Wissen hierhergebracht? Wir haben nie Geheimnisse voreinander."

Rudolfs Augen weiteten sich: „Der Onkel weiß, daß ich hier bin und hat es erlaubt?"

Siegberte nickte: „Ja, er hat es erlaubt."

Um weiteren Fragen vorzubeugen, bestimmte sie nun, daß er versuchen solle zu schlafen, um sich von den Anstrengungen der Reise zu erholen. Sie merkte, wie die letzte Mitteilung von dem Knaben eine Last nahm, die ihn bis dahin bedrückt hatte. Alles weitere wollte sie Gott überlassen.

Wenige Tage vor dem Eintreffen Rudolfs war ein Gast aus Solingen angekommen, ein etwa fünfundzwanzigjähriges Mädchen, die Tochter eines Bildhauers. Sterna Seemoos besaß die Fähigkeit, überall wo sie auftauchte, Sonne zu verbreiten. Nie sah man sie unzufrieden oder launisch. Es schien ihr Bedürfnis zu sein, anderen Freude zu bereiten. In dieser Hinsicht war sie Siegberte ähnlich, die sich auch rasch zu dem jungen Mädchen, das eine überzeugte Christin war, hingezogen fühlte. Es ging von Sterna so viel

Fröhlichkeit aus, die ansteckend wirkte. Dabei ließ sie sich immerzu hilfsbereit finden, wo sich dafür Gelegenheit bot.

Sterna hatte auf dem Balkon ihres Zimmers gestanden, als Rudi auf den Eichenhof gebracht wurde. Sie erfuhr von dem Zimmermädchen, daß der Kranke der ehemalige Pflegesohn des Arztehepaares sei. Sie erbat sich von Siegberte die Erlaubnis, Rudolf besuchen zu dürfen, was von dieser freudig begrüßt wurde, konnte sie sich ihrer vielen Arbeit wegen doch dem Jungen nicht ausschließlich widmen. Sie hielt Sterna unbedingt für den passenden Menschen, Rudi gut zu beeinflussen.

So kam es, daß das junge Mädchen jeden Tag einige Stunden im Krankenzimmer Rudolfs zubrachte. Mit viel Verständnis wußte sie sich anzupassen. Sie schwieg, wenn der Junge der Ruhe bedurfte und plauderte fröhlich mit ihm oder las ihm aus guten Büchern vor. Zuweilen sang sie ihm mit ihrer schönen Stimme ein Lied, das sie auf einer Laute selbst begleitete.

Sterna war ein seltener Mensch. Es war, als sehe sie manches, was andern verborgen blieb. So ging sie eines Tages zu der Ärztin und sagte ihr, daß sie den Eindruck habe, Rudi werde nur noch ganz kurze Zeit leben.

Siegberte hatte Rudolf verschiedentlich selbst untersucht, glaubte aber nicht, daß sein Zustand sich derartig verschlimmert habe, daß man mit einem baldigen Ende rechnen müßte. Gleichwohl teilte sie ihrem Mann die Beobachtungen Sternas mit.

„Am liebsten wäre es mir, du würdest die Betreuung des Jungen allein behalten und mich damit in Ruhe lassen", erwiderte er und hatte Mühe, seinen Unwillen zu verbergen. „Aber wenn du es für nötig findest, daß ich ihn selbst einmal untersuche, will ich mich dazu bereitfinden. Ich denke, daß du dir darüber klar bist, daß ich nur als Arzt zu ihm komme."

Siegberte nickte stumm. Das Herz war ihr schwer. Irgend etwas in ihr lehnte sich gegen die Haltung ihres Mannes auf. Wo bleibt nun die Kraft deines Christentums? Menschlich gedacht mag deine Stellungnahme berechtigt sein. Sollen wir Christen uns aber nicht von den andern unterscheiden, die von einer Überwindungskraft nichts wissen? Sie sprach diese Gedankengänge nicht aus. Aber sie glaubte fest, daß die Stunde kommen werde, in der Heiner selbst diese Erkenntnis aufging. Darauf wollte sie warten und nicht die Geduld verlieren. So antwortete sie ihm: „Ich wäre dankbar, wenn du nach dem Kaffeetrinken mit mir hinaufgehen und nach Rudolf sehen wolltest."

Doktor Sorger stand bald darauf am Bett des Jungen. Er begrüßte ihn kurz, ohne sich auf weiteres einzulassen. Rudolf, der des Arztes Einstellung deutlich spürte, hatte diesem die Hand entgegengestreckt: „Guten Tag, Herr Doktor." Ohne ein persönliches Wort an ihn zu richten, verließ Heiner Sorger nach der Untersuchung das Zimmer und wandte sich an Siegberte, die ihm gefolgt war.

„Ich habe den Eindruck, daß er ernstlich krank ist, glaube jedoch nicht, daß die Meinung von Fräulein Seemoos begründet wäre. Vor allem aber müssen wir seine Überführung in ein Sanatorium beschleunigen. Noch heute will ich mich mit dem Jugendamt in Verbindung setzen. Je eher der Junge das Haus verläßt, desto besser ist es."

Damit ging er die Treppe hinunter; seine Sprechstunde begann. Siegberte überlegte einen Augenblick, ob sie ihrem Mann folgen solle, ging aber dann zurück in das Krankenzimmer. Sie sah, daß der Besuch ihres Mannes Rudi erregt hatte. Still setzte sie sich an sein Bett. Er begann von selbst zu sprechen.

„Tante Siegberte, ich habe Angst vor dem Onkel. Ich weiß, er hat Grund, mir böse zu sein. Aber sieh, ich kann das Schlimme doch nicht mehr ungeschehen machen." Eine

Weile verharrte er nachdenklich in Schweigen, dann fuhr er fort: „Scheint es dir nicht auch, Tante, als ob ich mit jedem Tag schwächer würde?"

Seine Augen weiteten sich schreckhaft. „Glaubst du, daß ich sterben muß? Gestern war Sterna bei mir; weißt du, mit ihr kann ich alles besprechen. Sie ist so gut und man muß keine Angst vor ihr haben. Ihr habe ich gesagt, daß ich noch nicht sterben möchte. Einesteils wäre es das beste, du weißt ja selbst, Tante, daß niemand mich vermissen wird, wenn ich nicht mehr da bin. Am allerwenigsten meine Mutter. Und so lieb du zu mir bist, so spüre ich doch, daß ich dem Onkel im Wege bin. Nun bin ich krank und würde vielleicht mein Leben lang andern zur Last fallen müssen. Und wenn ich dann noch denke, daß ich von einem Krankenhaus ins andere geschoben würde oder daß sich nachher nur mit Mühe ein Unterkommen für mich finden ließe, dann sage ich mir selbst, es wäre schon das beste, ich würde sterben. Aber glaube mir, Tante, ich habe Angst davor." Er suchte sichtlich nach Worten, um sich die Last vom Herzen zu reden. „Es ist so viel Unrecht, so viel, was nicht gut ist, in meinem Leben. Ich habe nie so ernsthaft darüber nachgedacht wie jetzt. Aber wenn ich hier Tag um Tag stilliegen muß, dann steigt so mancher Wunsch in mir auf. Ich möchte so gerne wenigstens so lange leben, bis ich bewiesen habe, daß ich auch etwas Gutes leisten kann. Du glaubst es nicht, Tante, wie ich mich jetzt vor mir selber schäme, daß ich dir oft so ungehorsam war, und ich begreife nicht, daß ich mich von Holzbann zu dem Furchtbaren verleiten ließ. Und sieh, Tante Siegberte, wenn es wahr ist, was du mir früher sagtest, daß man nach dem Tode in einer anderen Welt weiterlebe und für alles, was man hier auf Erden getan hat, Rechenschaft ablegen müsse, dann überkommt mich ein Grauen und ich fürchte mich vor dem Tod. Deshalb möchte ich wenigstens so lange noch leben, bis ich all mein Unrecht einigermaßen gutgemacht habe. Ich bin ja nun beinahe siebzehn Jahre alt. Solange ich bei euch war, bin ich ein törichtes, eigenwilliges Kind gewesen, aber während der zwei Jahre in der Anstalt ist es mir klargeworden, wie undankbar ich euch gegenüber war. Ich hätte viel darum gegeben, hätte ich auf den Eichenhof zurückkehren dürfen, um noch einmal von vorne anzufangen. Nun muß ich so schwerkrank werden, um zu dir zu kommen."

Siegberte nahm sich Zeit, ihn ruhig anzuhören. Sie empfand deutlich, daß belehrende Reden ihrerseits gar nicht mehr nötig waren. Die rechte Einsicht war in dem Jungen wie von selbst gereift. Gottes Stunde war für ihn gekommen, und es war ihr klar, sie müsse auch für ihren Mann noch kommen.

Eines Tages saß Sterna Seemoos wieder bei dem Kranken. Am Vormittag war die Nachricht gekommen, daß Rudolf in der folgenden Woche in ein Sanatorium in den Bergen gebracht werden solle. Siegberte hatte ihm die Nachricht gebracht, die ihn jedoch sichtlich beunruhigte.

„Nicht wahr, ich muß fort von hier, weil der Onkel mich nicht länger auf dem Eichenhof duldet?"

Siegberte wich aus: „Du kommst in das Sanatorium, damit dir geholfen werde und du wieder gesund wirst."

Da fing der Junge an zu weinen: „Aber ich kann doch nicht fort von hier, wenigstens so nicht, wie es jetzt ist. Es ist gar nicht sicher, ob ich im Sanatorium wieder gesund werde, und ich kann diese Last nicht mit mir nehmen."

„Welche Last meinst du?" fragte Siegberte.

„Die Schuld, die auf mir liegt — dir und dem Onkel gegenüber. Daß du, Tante, mir nicht mehr zürnst, weiß ich; aber der Onkel wird nie vergessen können, was ich ihm angetan habe."

Siegberte war von seinem Krankenlager fortgerufen worden, und nun saß Sterna bei ihm. Rudi hatte ihr soeben erzählt, daß er in der folgenden Woche fortkommen würde. Sterna sah ihn eine Weile stumm an, dann sagte sie:

„Ich glaube nicht, daß du diese Reise noch machen wirst; ich glaube, daß etwas ganz anderes und viel schöneres auf dich wartet."

Der Junge begriff sofort, was sie meinte. „Sprichst du vom Sterben?" fragte er, und seine Stimme war vor Angst kaum vernehmbar.

Da nahm Sterna seine Hand und sagte: „Ich spreche vom Nachhausekommen. Sieh, Rudi, du hast mir in den Stunden unseres Beisammenseins so manches aus deinem Leben erzählt. Du hast nie eine wirkliche Heimat gehabt außer in der Zeit, die du hier auf dem Eichenhof zubrachtest. Eigentlich bist du ein armer Heimatloser, und nun soll sich dir wahrscheinlich schon bald die Türe zu dem Heimathause öffnen, in dem du schon lange erwartet wirst. Ich las kürzlich in meiner Bibel den neunzigsten Psalm. Da heißt es in einem Vers, daß Gott zu uns sagt: ‚Kommt wieder, Menschenkinder.' Merkst du auch, daß in diesem Ausspruch die Bestätigung dafür liegt, daß wir von ihm ausgegangen sind! Denn wiederkommen kann man nur dahin, wo man schon einmal gewesen ist. Und sieh, Rudolf, wir alle kennen in unserem Innern ein stilles, heimliches Sehnen, das oft ganz stark und zwingend wird. Und dieses Sehnen ist im Grunde nichts anderes als Heimweh nach dem Ort, von dem wir ausgegangen sind. Wir haben uns nur verlaufen, je mehr wir eigene Wege gehen. Aber Gott, zu dem wir ‚unser Vater' sagen dürfen, ruft uns immer wieder, weil er will, daß wir heimkommen sollen. Du kennst dieses Heimweh auch, und das Bewußtsein, daß das Letzte ein Nachhausekommen sein wird, hilft uns, getrost an das Sterben zu denken und keine Angst mehr davor zu empfinden. Du hast mir gesagt, daß Tante Siegberte dir in früheren Jahren manche biblische Geschichte und viel vom Herrn Christus erzählt hat. Durch ihn können wir die Todesfurcht überwinden, und er ist es, der uns den Zugang zum Vaterhaus bereitet hat, auch wenn wir uns verirrt haben und eigene Wege gegangen sind."

Mit weitgeöffneten Augen hatte der Kranke ihr zugehört. Der Ausdruck der Furcht war einem Staunen und dann einer merklichen inneren Bereitschaft gewichen.

„Aber die Schuld", flüsterte er, „das viele Unrecht. Ich habe es dir noch nie erzählt, aber ich muß es dir noch sagen. Weißt du, daß ich es war, der das Furchtbare getan hat? Ich war es, der den Eichenhof in Brand gesteckt hat, und deshalb ist der Onkel auch so böse auf mich und kann mir nicht verzeihen. Glaubst du, daß die Türe von dem Vaterhaus doch für mich offen sein wird, wenn ich komme?"

Woher nahm das junge Mädchen, das doch selbst noch suchend und tastend war, diese treffenden Worte und diese Glaubenszuversicht? Sie schlug die Bibel auf, die auf dem Nachttischchen neben dem Bett lag und aus der sie dem Jungen dann und wann vorgelesen hatte, und las den Vers: „Wenn eure Sünden gleich blutrot sind, sollen sie doch schneeweiß werden" und „das Blut Jesu Christi, des Sohnes Gottes, macht uns rein von allen Sünden." Sie merkte, daß sie jetzt nicht weiterreden durfte, es strengte den Jungen sichtlich an. Als sie sich verabschiedend über ihn beugte, hörte sie ihn leise sagen: „Wenn ich nur die Last nicht mitnehmen muß, wenn ich sie nur früh genug los werde."

Da stand es bei ihr fest, was sie zu tun hatte.

Als Doktor Sorger ziemlich erschöpft von seinen Krankenbesuchen zurückkam, bat sie ihn um eine kurze Unterredung. Er forderte sie auf, in sein Sprechzimmer zu kommen. Da saß sie vor ihm und sah ihn mit bittenden Augen an.

„Herr Doktor, sie werden doch gewiß oft in später Nachtstunde zu einem Kranken gerufen. Könnte es sein, daß Sie sich einmal weigern würden, zu ihm zu gehen?“

Der Arzt sah sie erstaunt an. „Dafür gibt es kaum eine Ursache“, erwiderte er. „Selbst wenn ich wüßte, daß ich ihm nicht mehr helfen könnte, würde es doch noch meine Pflicht sein, zu ihm zu gehen. Und wäre es nur, daß ich ihm durch mein Kommen zeigte, wie sehr ich wünschte, ihm helfen zu können.“

Sterna stand auf. „Herr Doktor, in Ihrem Hause liegt ein Kranker, der wünscht nichts sehnlicher, als daß Sie zu ihm kommen, und es ist niemand, der ihm so helfen könnte wie Sie. Und zwar nur durch ein Wort: Vergebung. Zürnen Sie mir nicht, daß ich es wage, in dieser Angelegenheit mit Ihnen zu sprechen, aber Rudolf steht vor der letzten Wegstrecke. Ich glaube nicht, daß man ihn noch ins Sanatorium überführen kann.“

Auch Dr. Sorger war aufgestanden. Er blieb zwar höflich, doch zeigte sein Gesicht deutliche Ablehnung: „Ich glaube, Sie wissen zuwenig von dem Vorgefallenen, Fräulein Seemoos, als daß Sie sich über die Tragweite Ihres Ansinnens klar wären. Zudem bin ich der Überzeugung, daß der Junge bei meiner Frau in guten Händen ist. Gute Nacht, Fräulein Sterna.“

Damit reichte er dem jungen Mädchen die Hand, um es zu verabschieden. Sterna wandte sich zur Türe, blieb aber nach ein paar Schritten stehen und sah den Arzt mit großen, ernsten Augen an: „Herr Doktor, ich war bisher der Meinung, daß Sie ein Christ seien.“

Damit verließ sie das Zimmer. Ob sie ahnte, daß sie einen Sturm im Innern dieses Mannes entfacht hatte?

Als Siegberte am Abend in Rudis Zimmer kam, sah sie sofort, daß man ihn während der Nacht nicht allein lassen durfte. Nun schien es auch ihr, daß er nicht mehr in das

Sanatorium gebracht werden könne. Nach dem Telefongespräch mit seiner Mutter hatte sie zweimal an sie geschrieben und ihr den Ernst des Zustandes ihres Sohnes klargemacht. Sie war nicht gekommen. Jetzt gab Siegberte den Auftrag, an die Mutter ein Telegramm zu schicken. Sie selbst aber verließ den Sterbenden nicht mehr.

Gegen Mitternacht öffnete sich die Türe und Doktor Sorger trat herein. Er sah sehr bleich aus. Erschüttert blieb er an der Türe stehen. Siegberte hatte Rudis Haupt an ihre Schulter gebettet und er vernahm, wie sie die Worte des „Vaterunsers" betete: „Und vergib uns unsere Schuld wie auch wir vergeben unseren Schuldigern!"

Da geschah es, daß Doktor Sorger, der aufrechte, starke Mann, am Bett des Jungen niederkniete, seine Hände umfaßte und nicht wartete bis dieser um Vergebung bat, sondern als erster sagte: „Rudi, verzeihe mir, daß ich nicht willig war, dir zu vergeben."

Über das Gesicht des todkranken Jungen strömten Tränen, als er flüsternd sprach: „Es tut mir leid, Onkel, all das Böse, das ich dir angetan habe, es tut mir leid, und ich bitte dich, zürne mir nicht mehr."

Es waren weihevolle Augenblicke, die das Arztehepaar jetzt durchlebte, Augenblicke, die ihm unvergeßlich waren. Sie spürten beide, daß sie sich in einem Heiligtum befanden. Als der Morgen dämmerte, war Rudi in den Armen Siegbertes sanft eingeschlafen.

Der Tod Rudis hatte das gegenseitige Verhältnis der Doktorsleute noch mehr gefestigt. Sie hatten in ihrem Beruf schon an manchem Sterbebett gestanden, aber die letzten Augenblicke im Leben des Jungen waren für Siegberte wie für Heiner bedeutungsvoll gewesen. Wohl wurde zwischen ihnen kein Wort mehr darüber gesprochen, sie hätten das Empfinden gehabt, durchs Reden das Erlebnis zu entweihen. Sie fühlten sich beide durch dasselbe bereichert und hätten es nicht missen mögen. Siegberte trauerte um den Jungen. Die zwei Jahre seiner Abwesenheit und alles Vorausgegangene, so schwer es auch war, hatten nicht vermocht ihre mütterlichen Empfindungen, die sie ihm entgegenbrachte, zu zerstören. Nun war wieder ein Grab an ihrem Lebensweg, und wenn sie aus Mangel an Zeit sich dem Jungen auch nicht so viel hatte widmen können, wie sie es gewünscht hätte, so empfand sie es doch jetzt wieder doppelt schmerzlich, daß sie keine eigenen Kinder hatte.

Einen kleinen Trost boten ihr die drei Kinder ihres Hausmeisters Klickmüller. Es war gekommen, wie sie es vorausgesehen hatte: Hans-Peter entwickelte sich in der neuen, gesunden Umgebung zu einem prächtigen kleinen Bürschlein. Wenn seine beiden älteren Schwestern schon immer mit großer Liebe an Siegberte hingen, so nahm er aber ihr gegenüber besondere Rechte in Anspruch. Oft sah man ihn an der Hand Siegbertes durch das Haus oder den Park gehen. Sein munteres Plaudern entzückte die Gäste. Manchmal brachte er Tante Siegberte in nicht geringe Verlegenheit. Aber niemand konnte Hans-Peter böse sein, wenn er mit kindlicher Offenheit seine Gedanken aussprach ohne zu bedenken, welche Wirkung sie ausübten. So begegnete er eines Tages mit der Arztfrau dem alten Blaut, der auf seinen Stock gestützt mit mürrischem Gesicht durch den Park schritt und vor sich hin schimpfte, weil die schönen Herbsttage nun bald ein Ende hätten. Es sei eben nichts beständig auf dieser jammervollen Erde. Als Hans-Peter ihn entdeckte, blieb er stehen, deutete mit dem Finger auf ihn und sagte: „Siehst du, Tante Doktor, das ist der Mann, der immer ein so böses Gesicht macht."

Siegberte versuchte den kleinen Plaudermund zum Schweigen zu bringen, jedoch ließ sich der Junge nicht beirren, stellte sich vielmehr mit auf dem Rücken verschränkten Händen vor den unzufriedenen alten Mann und fragte:

„Weshalb lachst du eigentlich nie? Ich mag dich nicht, weil du kein bißchen froh bist."

Siegberte wollte einlenken: „Vielleicht kann der Großvater nicht froh sein, weil er Trauriges erlebt hat."

Da blickte der Kleine ihn aus fragenden Augen an: „Ist das wahr, Großvater, bist du traurig? Warum bist du traurig, wer hat dir was getan? Oder warst du vielleicht nicht lieb? Wenn man nicht lieb ist, ist man auch traurig."

Der alte Mann staunte das Kind an, antwortete aber nicht, sondern ging kopfschüttelnd weiter. Ob er über die Fragen der kleinen Unschuld nachdachte?

Auf einer Bank beim Springbrunnen saß eine alte, freundliche Dame, die sich gewöhnlich in großer Bescheidenheit von den Menschen zurückzog. Da sie in ein Buch vertieft war, merkte sie nicht, daß Siegberte mit dem Jungen an der Hand näher kam. Errötend machte sie Platz, als diese fragte, ob sie sich ein wenig zu ihr setzen dürfe. Und dann war sie sehr glücklich, als sich Siegberte in ein Gespräch mit ihr einließ. Plötzlich rutschte Hans-Peter von der Bank, stellte sich vor das Fräulein und sagte: „Du, Tante, sag mal, warum bist du immer so allein? Bist du nicht verheiratet?"

Die freundliche Dame streichelte den blonden Lockenkopf und sagte: „Nein, mein Kind, verheiratet bin ich nicht."

„Warum nicht?" forschte Hans-Peter weiter.

Das Fräulein besann sich, was sie auf diese Frage antworten solle. Da fuhr der Kleine unbeirrt fort: „Hast du keinen Mann bekommen?"

Auf dem Gesicht des alten Fräuleins wechselte Verlegenheit und Trauer. Wer weiß, was für Erinnerungen das harmlose Kind in ihr wachrief. Es schien ihn nicht zu befremden, daß er keine Antwort bekam; er gab sie selbst.

„Ich weiß", sagte er, „er ist dir fortgelaufen."

Und nun geschah es, daß das alternde Fräulein so herzhaft lachte, wie Siegberte es noch nicht von ihr gehört hatte.

Ein anderes Mal saß Hans-Peter in Siegbertes Zimmer und betrachtete ein Bilderbuch, als ein Gast des Hauses, eine Schauspielerin, hereinkam, um mit Frau Sorger zu sprechen. Siegberte befürchtete bereits wieder eine Einmischung des Kleinen und schickte ihn mit einem Auftrag hinaus zum Gärtner. Bevor der Junge jedoch das Zimmer verließ, zupfte er Siegberte am Kleid, deutete mit dem Finger auf die Dame und sagte: „Tante Doktor, von dieser Frau muß ich dir nachher etwas sagen."

Die Schauspielerin nahm den Kleinen, der ihr außerordentlich gefiel, lachend auf den Arm: „Was willst du denn nachher von mir sagen?" fragte sie amüsiert.

Da schüttelte er ernsthaft den Kopf: „Nein, Mutti hat gesagt, man dürfe nicht über Leute sprechen, wenn sie dabei sind. Wenn ich der Tante etwas von dir sagen will, muß ich das später tun, wenn wir allein sind."

Aber die junge Dame war sehr neugierig und drang deshalb in den kleinen Mann. Der ließ sich jedoch erst zum Reden bewegen, als ihm eine Tafel Schokolade versprochen wurde.

„Was also wolltest du der Tante von mir sagen?"

„Daß du so arg doll rote Lippen hast", erwiderte das Kerlchen. Als sie ihm daraufhin lachend einen Kuß geben wollte, beugte er sich entrüstet zurück und wehrte sich: „Nein, ich will nicht. Du färbst ab." Daraufhin mußte er natürlich schleunigst verschwinden.

Es konnte aber auch vorkommen, daß er ganz allein das Zimmer eines Patienten aufsuchte, besonders gern dasjenige der Frau Brückner. Er kannte sich ja überall aus. Dann stand er mit seinem unter den Arm geklemmten Bilderbuch da und fragte mit seinem sonnigsten Lächeln: „Darf ich dir etwas vorlesen, weil du doch so krank bist?"

Und wenn ihm dazu die Erlaubnis erteilt war, setzte er sich ernsthaft neben den Krankenstuhl und las aus dem Bilderbuch die Verse, die er längst auswendig konnte, im Bewußtsein, den Erwachsenen damit eine große Freude zu bereiten.

Sein Lieblingsaufenthalt war die Küche des Eichenhofes. Mit der Köchin hatte er sich natürlich auch längst angefreundet und steckte von dieser manchen guten Bissen ein.

Siegberte liebte den Kleinen innig. Einmal im Monat veranstaltete sie einen Kindernachmittag auf dem Eichenhof. Wenn sie glaubte, die Mittagsruhe der Gäste nicht mehr zu stören, durften Klickmüllers Kinder, dazu die Zwillinge des Schriftstellers und ebenso der kleine Emil vom Steinhaldenhof zu ihr kommen. Letzterer hatte im Laufe der vergangenen Jahre noch zwei Geschwisterchen bekommen. Diese Kindernachmittage waren für Siegberte immer eine besondere Quelle der Freude. Wie verstand sie es doch, mit den Kleinen umzugehen und sie zu beglücken. Wenn sie am Klavier saß und mit ihnen die reizenden Kinderlieder sang, kam manch einer der Gäste leise herzu und setzte sich in einen Sessel, um sich an dem schönen Bild und dem lieblichen Gesang zu erfreuen.

Sie scheint um Jahre jünger, dachte Doktor Sorger, wenn er seine Frau bei solchen Gelegenheiten beobachtete, und immer wieder zog auch durch sein Herz ein Gefühl der Traurigkeit, wenn er daran dachte, welches Glück ihnen durch ihre Kinderlosigkeit zerstört war.

Als Siegberte nach einem solchen Nachmittag ihre kleinen Gäste verabschiedete, trat Alwine, die Mutter des kleinen Emil, ihr entgegen. Frau Sorger begrüßte sie herzlich.

„Du kommst so selten zu uns, Alwine", sagte sie, „und da ihr alle glücklicherweise recht gesunde Menschen seid, kommen mein Mann und ich auch nur selten auf euern Hof. Treibt dich heute etwas Besonderes zu mir?"

„Ich will nur Emil abholen", erwiderte die junge Frau. „Es wird jetzt doch schon früh dunkel, und obgleich er den Weg sehr gut kennt, fällt mich doch manchmal eine Angst an, es könnte ihm unterwegs etwas passieren."

„Was soll ihm geschehen?" fragte Siegberte verwundert. „Der Weg ist ganz ungefährlich."

„Es ist nicht das", sagte Alwine und wurde dabei verlegen. „Ich weiß nicht, ob Sie es begreifen. Manchmal überfällt mich eine Angst, der Vater des Jungen könnte plötzlich wieder auftauchen und irgend etwas Schreckliches tun, nur um sich an mir zu rächen. Es sind ja nun Jahre seitdem vergangen, aber ich werde die Erinnerung nicht los, als ich am Abend unseres Hochzeitstages das vor Wut und Haß entstellte Gesicht Emils an unserem Fenster zu sehen glaubte. Später haben manche ja behauptet, er sei in der Gegend aufgetaucht. Ich traue ihm das Schlimmste zu und habe oft Angst, es könnte dem Kind etwas geschehen."

Siegberte versuchte der jungen Frau ihre Sorge auszureden. „Aber denke doch, er wird doch gegen sein eigenes Kind nicht eine Gemeinheit im Schilde führen, wenngleich ich ihm auch zutraue, daß er in seinem Haß unberechenbar ist."

„Das meine ich gerade", erwiderte Alwine, „und da ich mich heute abend einmal frei machen konnte, wollte ich dem Kind entgegengehen."

„Wie geht es deinem Mann, Alwine?" fragte Siegberte, „und was machen die beiden Kleinen?"

„Es geht allen dreien gut", erwiderte die junge Frau und strahlte über das ganze Gesicht. „Oh, Frau Doktor, kein Tag vergeht, an dem ich nicht dankbar daran denke, wie mein Leben sich so wunderbar gestaltet hat. Mein Mann ist herzensgut, das ausgesprochene Gegenteil von seinem Bruder. Er ist rührend besorgt um mich, besonders nachdem er weiß, daß ich unser viertes Kindchen erwarte. Und wie er an den Kindern hängt! Sie müßten es nur einmal miterleben, wenn er am Abend vom Feld heimkommt. Die Kinder springen ihm entgegen und dann nimmt er auf jedes Knie eines der beiden Kleinen und lacht und scherzt mit ihnen. Aber genau so herzlich geht er auch mit Emil um. Oft denke ich besorgt, unser Glück ist viel zu groß, als daß es von Bestand sein könnte.

„Aber Alwine", wehrte Siegberte. „Denke doch nicht so. Gerade weil du in deinen jungen Jahren so Schweres durchgemacht hast, schenkt Gott dir nun ein solch reiches Glück. Freue dich nur von Herzen daran!"

Alwine verabschiedete sich an der Einfahrt voller Dankbarkeit. Die gütige Art Siegbertes tat ihr stets wohl. Darauf trat die Doktorsfrau in Klickmüllers Wohnung, die wirklich das reinste Schmuckkästchen war. Heidi hatte die besondere Gabe, mit wenig Mitteln, aber gutem Geschmack ihr Heim so anziehend und lieblich zu gestalten, daß jeder sich darin wohl fühlen mußte. Sie war gerade dabei, den Abendbrottisch zu decken, als Siegberte mit den Kindern erschien.

„Wie nett ist es bei dir", sagte letztere und blickte wohlgefällig um sich. Auf dem weißgedeckten Tisch stand zwischen Tellern und Tassen ein Sträußchen Herbstastern. Die Teemaschine summte gemütlich. Die Türe zum Kinderschlafzimmer stand offen. Drei Bettchen mit geblümten Bezügen standen nebeneinander. Im Stubenwagen lag das jüngste Kind, ein halbjähriges Bübchen, die große Freude der Eltern und Geschwister. Liebevoll beugte Siegberte sich über den Kleinen, dessen Patentante sie geworden war. Dann legte sie der Freundin die Hand auf die Schulter: „Heidi, wie bist du glücklich!"

„Ich weiß", erwiderte diese, „und dir habe ich den größten Teil meines Glückes zu verdanken. „Wenn du nicht gewesen wärest, wäre ich nach Martins Tod wohl in Schwermut versunken und hätte meine beiden Mädchen nicht ins Haus bekommen und auch Fritz nicht kennengelernt. Und dir habe ich es nun wieder zu verdanken, daß wir in dieser schönen Wohnung sind und mein Mann eine befriedigende Arbeit hat. Was mich manchmal bedrücken will, ist, daß ich selbst dir so wenig in deiner Arbeit helfen kann. Siegberte, es ist mir manches Mal, als gehest du weit über deine Kräfte. Ich fürchte, eines Tages könnte der Zusammenbruch kommen. Schone dich doch ein wenig!"

Siegberte lachte. „Du glaubst nicht, welche Kräfte ich in mir spüre und Arbeit ist mir Lebensbedürfnis. Daß ich aber solch schöne Arbeit tun und im Dienst am Menschen stehen darf, das macht mich unsagbar glücklich." Über ihr Gesicht glitt dabei freilich ein leichter Schatten. „Es ist wahr, Heidi, wenn ich dich mit deinen Kindern sehe, oder wenn ich an Alwine Holzbann denke, die eben hier war, dann spüre ich immer wieder das nagende Weh in meinem Innern, und nie werde ich wohl ganz damit fertig werden, daß ich kein eigenes Kind haben soll. Aber ihr räumt mir ja alle so gütig große Rechte an euren Kindern ein. Ein wenig gehören sie ja auch mir und haben einen warmen Platz in meinem Herzen. Das wißt ihr."

Siegberte blieb an diesem Abend zum Essen bei Klickmüllers. Sie telefonierte hinüber ins Hauptgebäude, um ihren Mann davon in Kenntnis zu setzen. Er versprach, sie gegen zehn Uhr abzuholen. Eine fröhliche Tischrunde war es. Man konnte sich wirklich wohl fühlen bei diesen bescheidenen, freundlichen Menschen, deren Herzensgüte wohltuend auf alle wirkte, die mit ihnen umzugehen hatten. Die Kinder waren gut erzogen, die beiden Mädchen hingen rührend an ihrer Stiefmutter, ihr liebliches Plaudern war herzerquickend. Und als sich Heidi, bevor die Kinder zu Bett gebracht wurden, ans Harmonium setzte, um mit ihnen ein Abendlied zu singen, konnte Siegberte es nicht verhindern, daß Tränen ihre Augen füllten. Sie half die Kinder zu Bett zu bringen, und als Heidi sich über die einzelnen Bettchen beugte und mit den Kindern das Abendgebet sprach, war ihr feierlich zumute. Ihr Mann holte sie zur festgesetzten Zeit ab. Stiller als sonst ging sie an seinem Arm unter dem klaren Sternenhimmel dahin. Schweigend drückte er ihre Hand. Er wußte genau, was in ihr vorging.

Das Leben auf dem Eichenhof ging seinen gewohnten Gang. Der Ruf des Hauses breitete sich immer mehr aus, so daß längst nicht alle aufgenommen werden konnten, die sich zur Erholungskur anmeldeten. Immer wieder versuchten Freunde des Hauses das Arztehepaar zu überreden, sein Haus zu vergrößern, aber Doktor Sorger lehnte sehr bestimmt ab. Ein Grund dafür lag für ihn in der Befürchtung, es steige am Völkerhimmel dunkles Gewölk auf. Er sagte: „Ich fürchte, daß bald ein Krieg kommen wird. Man scheint geradezu darauf hinzuarbeiten. Und dieser Krieg wird das Schrecklichste sein, was die Welt je erlebt hat."

Siegberte sah ihn bei solchen Reden voller Sorge an. „Siehst du nicht zu schwarz, Heiner?" fragte sie. „Die Völker haben die Nachwehen des letzten Weltkrieges ja kaum überwunden. Freilich, es scheint oft, als sei der Friede von der Erde genommen. Aber welch Elend brächte ein neuer Krieg! Wir wollen hoffen, daß das Gespenst eines neuen Krieges vorübergehe."

Heiner Sorger sah seine Frau an: „Siegberte, ist es nicht so, daß der Abfall der Menschen von Gott das Gericht Gottes über die Völker bringt? Wohl ist es Gott selbst, der Geschichte macht, aber er muß die Menschen oft ihre eigenen Wege gehen lassen, daß sie erkennen, wie verkehrt ihre Wege sind. Ich wünschte, Liebste, meine Ahnungen möchten mich trügen, aber ich sehe die Zukunft dunkel vor mir.

Und es kam, wie er prophezeit hatte. 1939 brach die Katastrophe herein. In nie gekanntes Leid, in Abgründe von Not wurde die Menschheit gestoßen. Es war, als ob alle Mächte der Hölle losgelassen seien. Ströme von Tränen flossen, unzählige Menschen wurden heimatlos. Was in mühevoller Lebensarbeit unter den größten Opfern und Anstrengungen geschaffen und erworben worden war, zerbrach oft in wenigen Augenblicken. Stolze Städte wurden in Trümmer gelegt, unersetzliche Werte zerstört. Der Menschheit Jammer schrie gen Himmel. Die Not machte auch nicht Halt an den Pforten des Eichenhofes. An jenem Tag, als Siegberte ihren Mann in den Kriegsdienst ziehen lassen mußte, gedachte sie jener Abendstunde, in der sie in aufwallender Angst und Leidenschaft ausgerufen hatte: „Heiner, ich wüßte nicht, wie ich weiterleben sollte, wenn dich Gott mir plötzlich von der Seite risse." Sie wußte, das, was sie bisher durchgemacht hatte, war nichts im Vergleich zu dem, was nun von ihr gefordert werden würde. Es war ihr, als wolle sich ihr Herz in Verzweiflung und Abwehr dem Geforderten gegenüber auflehnen. Was für einen Zweck hat alles, wenn dieser sinnlose Krieg mir alles aus den Händen, vor allem aber den liebsten Menschen vom Herzen reißt!

Aber warteten nicht bereits wieder eine große Anzahl von Menschen auf sie mit ausgestreckten Händen? Wir sind in der gleichen Not wie du! Und wir sehen noch viel weniger einen Ausweg! Hilf uns und gehe nicht an unserer Not vorüber.

Siegberte Sorger erinnerte sich auch jetzt wieder der Worte ihres verstorbenen Vaters: „Heb auf, was Gott dir vor die Tür gelegt." So schwer es sie auch ankam, die Last des großen Hauses zu tragen, sie richtete sich auf und trat unter die Gäste des Eichenhofes. Sie wußte, sie hatte Aufgaben zu erfüllen.

Auch Fritz Klickmüller wurde im ersten Kriegsjahr zum Heer eingezogen. Franz, der Verwalter, konnte die Landwirtschaft weiterführen. So blieb wenigstens eine männliche Kraft auf dem Eichenhof. Die Arbeit wurde in gleicher Weise wie bisher getan. Wer Siegberte aufrecht und gleichmäßig ihre Pflicht erfüllen sah, ahnte kaum, wie unsagbar sie unter der Trennung von ihrem Manne litt. Sie trug aber ihre Gefühle nie zur Schau. Immer zeigte sie sich beherrscht, um ihre Gäste besorgt und bemüht, dem Hause das Gepräge zu erhalten, das ihr Mann ihm durch seine Art gegeben hatte. Mehr Sorge als das Haus machte ihr die Praxis. Es schien ihr unmöglich, beide Aufgaben durchzuführen. Mit Doktor Nölle konnte seines geschwächten Gesundheitszustandes wegen nicht mehr als einer vollen Kraft gerechnet werden. Vielleicht ging es, daß sie beide zusammenarbeiteten. So kam es, daß Siegberte täglich die Sprechstunden hielt und daneben noch eine gewisse Zeit für Krankenbesuche außerhalb des Hauses verwandte. Manchmal schien es ihr aber beinahe unmöglich, allen Anforderungen gerecht zu werden, und sie fragte sich selbst voller Sorge, wie lange dieses Übermaß von Arbeit für sie tragbar wäre. Sie mußte sich nach einem tüchtigen, gewissenhaften Menschen umsehen, der sie entlastete, und sie glaubte zuversichtlich, daß ihr dieser Mensch zur rechten Zeit in den Weg geführt würde. Heidi Klickmüller tat, was sie konnte, aber ihr Haushalt mit vier Kindern mußte schließlich auch besorgt werden. Außerdem war sie körperlich nie sehr stark gewesen. Aber schon das Bewußtsein ihres Mittragens und ihres starken, warmherzigen Interesses war für Siegberte eine große Hilfe. Allabendlich saßen die beiden Frauen zusammen, besprachen die Ereignisse des Tages, tauschten die Nachrichten aus, die von ihren Männern kamen und trugen gemeinsam das Leid dieser schweren Zeit. Wie sie es gewohnt war, so begann Siegberte ihr Tagwerk mit der stillen Stunde, in der sie sich sammelte und Kraft schöpfte für ihre vielen Aufgaben. Allmorgendlich schrieb sie an ihren Mann. Es wäre ihr undenkbar gewesen, den Tag ohne diesen Gedankenaustausch mit ihm zu beginnen, er mußte an allem teilnehmen, was sie erlebte. Nie aber klagte sie. Ihr reger Briefwechsel mit ihm bedeutete für Siegberte eine Quelle der Kraft, und es war ihr, als kämen sie sich durch diese Verbindung noch näher, als es bisher schon der Fall war.

Heiner Sorger war in einem Frontlazarett als Stabsarzt tätig. Dort bot sich ihm reichlich Gelegenheit, in tiefe Abgründe von Not zu blicken. Siegberte war sich bewußt, daß ihre Briefe ihn aufrichten und ihm Kraft spenden mußten.

Auch nach Rotenacker drangen je länger desto mehr die Schreckensnachrichten des Krieges. Schon im ersten Kriegsjahr waren sieben Männer des Dorfes gefallen, vier nach schwerer Verwundung gestorben und acht harrten in Lazaretten auf Genesung. Wie eine dunkle Wolke lag es über dem Dorf, und manch einer trug sein Sorgenpäckchen auf den Eichenhof zu Siegberte, die für jeden ein offenes Ohr und ein hilfewilliges Herz hatte.

Eines Nachts wurde an der Eingangspforte stürmisch geläutet. Der Verwalter brachte Siegberte die Nachricht, daß einige junge Leute aus dem Dorf von einem furchtbaren Unglück berichtet hätten. Margret Schubert, eine jungverheiratete Frau von knapp zwanzig Jahren, hatte am vorhergehenden Tag die Nachricht erhalten, daß ihr Mann, der vierundzwanzig Stunden nach der Hochzeit hatte einrücken müssen, gefallen sei. Die junge Frau war über dieser Nachricht derartig in Verzweiflung geraten, daß sie sich die Pulsadern geöffnet hatte. Wenige Minuten später fuhr Siegberte dem Hause zu, in dem Margret mit ihren Eltern wohnte. Der starke Blutverlust hatte der jungen Frau bereits die Besinnung geraubt. Siegberte aber glaubte, sie retten zu können. Als die Verzweifelte nach einigen Stunden zum Bewußtsein erwachte, beugte sich die Ärztin über sie und versuchte, ihr wie einem Kind zuzureden. Frau Schubert aber wehrte sich gegen das ihr aufgezwungene Leben.

„Weshalb habt ihr mich nicht sterben lassen! Was soll ich hier noch; ich will nicht leben ohne Karl! Ich will nicht — und ich kann nicht." Beim Versuch, sich den Verband von den Armen zu reißen, hinderte Siegberte sie mit fester Hand und bemühte sich, sie zu beruhigen: „Du darfst dich nicht versündigen. Bedenke, daß du nicht allein dieses Leid zu tragen hast. Es geht Tausenden Frauen wie dir, und du hast gewiß noch Aufgaben zu erfüllen." Die junge Frau weinte laut auf.

„Wenn ich wenigstens ein Kind hätte! Was soll ich allein hier, wofür lebe ich noch?"

Siegberte wies auf die alten Eltern, die weinend am Bett der Tochter standen. „Glaubst du nicht, daß du Aufgaben an ihnen zu erfüllen hast?" Dann sagte die Ärztin, während sie auf den Konfirmationsspruch deutete, der über dem Bett der jungen Frau hing: „Sieh, Margret, dein Einsegnungsspruch gibt dir Antwort auf das ‚Warum?', das sich in deinem Innern jetzt gegen den Willen Gottes auflehnen will." Und sie las die Worte: „Meine Gedanken sind höher als eure Gedanken."

Siegberte blieb bei der jungen Frau, bis sie sich beruhigt hatte, und versprach, am nächsten Morgen wieder zu kommen. Als sie nach Hause fuhr, legte es sich schwer auf ihr Gemüt. Und wenn Gott nun das gleiche Opfer von ihr fordern sollte? Ihr Inneres wehrte sich gegen diesen Gedanken. Nein, nein, nur das nicht! Alles andere — aber das nicht! Ich will den Eichenhof aufgeben, meine ganze schöne Arbeit — aber nur das nicht!

*

Es war am Heiligen Abend des zweiten Kriegsjahres. In den Kirchen wurde die Weihnachtsbotschaft verkündet: Friede auf Erden und den Menschen ein Wohlgefallen. Aber der Friede war von der Welt genommen und nirgends wollte die rechte Weihnachtsstimmung aufkommen, selbst die Freude der Kinder klang irgendwie gedämpft. Sie empfanden das Fehlen der Väter, sie spürten das Leid der Mütter; angstvoll blickte man in die Zukunft. Was würde sie bringen?

Durch das nächtliche Dorf wankte ein heruntergekommener Mann. Er war nur notdürftig bekleidet, seine Hände hatte er tief in den Taschen vergraben. Unter den Arm geklemmt trug er eine Pappschachtel, die nur zum Teil verschnürt war. Seine Augen irrten an den dunklen Häusern entlang. Ziellos schien er seine Straße zu ziehen. Um die Ecke fuhr ein Auto. Im letzten Augenblick konnte die Frau am Steuer das Fahrzeug zum Stehen bringen. Siegberte beugte sich aus dem Wagen und sagte: „Weshalb stehen Sie denn hier mitten auf der Straße; das größte Unglück hätte passieren können."

Über das verwahrloste Gesicht des Mannes zog es wie Erschrecken. Auch Siegberte erbleichte. Sie erkannte Emil Holzbann, der in unsagbar verkommenem Zustand vor ihr stand. Einen kurzen Augenblick sahen sich beide schweigend an, dann aber senkte der Mann den Blick. Es war ihm nicht möglich, in Siegbertes Augen zu blicken, die eine Sekunde lang überlegte, ob sie weiterfahren solle, ohne mehr Notiz von ihm zu nehmen. Wäre das nicht das Richtige gewesen, nachdem er ihr und ihrem Manne namenloses Leid verursacht hatte. Aber als sie den verkommenen, heimatlosen Menschen vor sich stehen sah, erfüllte ein unaussprechliches Mitleid ihr Herz. Irgend etwas zwang sie, diesem Haltlosen ein gutes Wort zu sagen. Vielleicht war es auch die große Mütterlichkeit, die sich in ihrem Wesen immer wieder Bahn brach, so daß sie auch jetzt nicht anders konnte, als dem Hilfsbedürftigen die Hand zu reichen. So fragte sie: „Wie kommst du hierher, Emil, und was hast du vor?"

Er zuckte zusammen. Das hätte er nie erwartet, daß sie ihn noch mit seinem Vornamen angeredet hätte. Er antwortete, während er scheu zu ihr aufblickte: „Ich habe meinen Stellungsbefehl erhalten und muß morgen einrücken. Da ist es über mich gekommen, daß ich mein Kind noch einmal sehen möchte."

„Und was gedenkst du zu tun?" fragte Siegberte. „Überlege dir, welchen Schrecken du Alwine einjagst, wenn du ihr so begegnest."

Was war es nur, das den Landstreicher bewegte, sich errötend von der Frau abzuwenden und schamvoll seine Hände auf die zerrissenen Stellen seiner schäbigen Jackenärmel zu legen? Von seiner früheren Selbstsicherheit war in diesem Augenblick nichts mehr zu spüren. Armer Mensch, dachte Siegberte, und in demselben Augenblick war es ihr klar, daß sie ihm helfen müsse.

„Steig ein!" forderte sie ihn auf. „Ich nehme dich mit bis auf den Eichenhof, und wir wollen miteinander überlegen, was zu tun ist. In dem Aufzug darfst du auch deiner alten schwerkranken Mutter nicht unter die Augen kommen."

Holzbann zögerte einen Augenblick, dann nahm er wortlos das Anerbieten an und setzte sich an ihre Seite. Als der Wagen vor dem Portal hielt, kam eine merkwürdige Unruhe über ihn. Er rückte von Siegberte fort, drückte sich an die Seitenwand des Wagens und seine Worte waren wie ein Keuchen: „Laß mich, ich kann nicht mit dir kommen! So schlecht bin ich nun doch nicht, daß ich dir das antue. Und wenn auch der Eichenhof nun viel schöner erstanden ist als er vorher war, so weiß ich schließlich doch, was ich an dir gefehlt habe. Darum laß mich gehen."

Sie aber legte die Hand mit ruhiger Bestimmtheit auf seinen Arm und sagte: „Bleib!"

Eine Stunde später saß Emil Holzbann in Siegbertes Arbeitszimmer. Sie hatte ihm wortlos ein Bad bereitet und ihm anstelle seiner zerlumpten Kleider einen Anzug ihres Mannes hingelegt. An der kleinen Weißtanne, die sie geschmückt hatte, brannten die Lichter. Es war ihm wie ein unfaßlicher Traum. Wie lange war es her, daß er wie jetzt an einem sorgfältig gedeckten Tisch gesessen hatte, daß wohlige Wärme ihn umgeben und Frauenhände ihn bedient hatten! Es war ihm plötzlich, als müsse er den ganzen Jammer seines verfehlten Lebens hinausschreien. Er mußte sich Gewalt antun, um nicht zu weinen wie ein Kind. Siegberte mit ihrem feinen Verständnis mochte verspüren, wie ihm zumute war. Sie sprach nicht weiter auf ihn ein, sondern führte ihn, nachdem er gesättigt war, in eines der unbewohnten Zimmer, wo er ein weißbezogenes, durchwärmtes Bett vorfand. Sie reichte ihm die Hand: „Gute Nacht, Emil, schlafe gut und vergiß nicht, daß es immer ein Heimkommen gibt für denjenigen, der sich nach Hause sehnt."

Als sich die Tür hinter ihr geschlossen hatte, konnte Holzbann nicht länger an sich halten. Er saß auf dem Bettrand, hatte das Gesicht in den Händen vergraben und stöhnte laut auf. Zwischen seinen zusammengepreßten Händen quollen die Tränen hervor: „Ein Engel ist sie — und ich ein Satan, ein Verworfener. Das beste wäre, ich machte Schluß mit meinem unseligen Leben."

Am nächsten Morgen in aller Frühe war Siegberte bereits auf dem Steinhaldenhof. In einer langen Unterredung bat sie die Bauersleute ihr den kleinen Emil mitzugeben. Zuerst stieß sie auf Widerstand. Alwine klammerte sich zitternd an den Arm ihres Mannes: „Ich fürchte mich, er darf nicht kommen und unser Glück zerstören und er hat kein Anrecht an das Kind, das er immer verleugnet hat."

Auch Wilhelm Holzbann lehnte zuerst eine Begegnung zwischen seinem Bruder und dem Kinde ganz entschieden ab. Schließlich brachte es Siegberte aber doch fertig, ihn umzustimmen, indem sie sagte: „Ihr wißt nicht, ob es nicht eine letzte Gelegenheit ist. Ab heute ist er Soldat. Können wir es verantworten, ihm diesen vielleicht letzten Wunsch zu versagen? Und wer von uns hat ein Recht zu richten?"

Die beiden zögernden Menschen, deren Herz voll Groll war, konnten den Bitten Siegbertes nicht widerstehen. Alle drei erschraken, als die kranke Mutter aus dem Nebenzimmer plötzlich Siegbertes Namen rief. Halb aufgerichtet saß sie im Bett, als ihr Sohn und die beiden Frauen zu ihr traten. „Ihr sprecht von Emil", flüsterte sie, „wo ist er? Ich will ihn sehen, ehe ich sterbe; er ist trotz allem mein Kind. Vielleicht ist dieses auch meine letzte Bitte, erfüllt sie mir."

Man sah es dem Bauern an, welcher Aufruhr in seinem Innern entfacht wurde, dann aber legte er die Hand auf die Schulter der Mutter und sagte: „Emil soll kommen. Siegberte wird ihn uns bringen."

So geschah es, daß Emil Holzbann wenige Zeit später im Wagen der Ärztin in sein Elternhaus gebracht wurde. Alwine ließ sich nicht sehen. Zögernd nur betrat Emil neben Siegberte die Wohnstube, in deren Mitte hochaufgerichtet sein Bruder stand, den kleinen Emil an der Hand haltend. Es war dem jüngeren Bruder, als schlage ihn jemand, als Wilhelm sich an das Kind wandte: „Geh und begrüße den Onkel." Und als der Junge zögerte, befahl er ihm: „Geh und tu, was ich dich heiße." Kein Wort vermochte Emil zu erwidern. Zitternd und bleich vor Erregung streckte er dem Kind die Hand entgegen. Er wußte in diesem Augenblick, daß er selbst die Ursache davon war, daß keine Brücke vom Herzen des Kindes zu seinem Herzen führen konnte. Und wenn er die Haltung seines Bruders schon als Härte empfand, so mußte er sich doch eingestehen, sie war berechtigt. Er hatte es nicht anders verdient. Da stand sein Bruder – aufrecht und stark und erfüllte an der Frau und dem Kind die Pflichten, die er hätte erfüllen müssen. Siegberte, die mit im Zimmer war, machte, als Emil kein Wort zu sprechen imstande war, der peinlichen Lage ein Ende, indem sie die Türe zum Nebenzimmer öffnete und zu Emil sagte: „Hier liegt deine Mutter, sie wartet auf dich." Mutter und Sohn ließ sie allein.

Mit dem Mittagszug verließ Emil Holzbann sein heimatliches Dorf.

Kriegsjahre zählen doppelt. Die Menschen alterten zusehends und je länger der Krieg dauerte, desto besorgter blickte man in die Zukunft. Immer neue Opfer forderte der Krieg und immer furchtbarer ward das Grauen. Verzweifelt standen die Menschen oft vor den Trümmern ihrer Habe, und unbeschreibliche Szenen spielten sich in den Nächten des Schreckens zwischen den eingestürzten und brennenden Häusern ab. Ganze Städte wurden in kürzester Zeit vernichtet. Gleich unheimlich leuchtenden Fackeln hasteten die Menschen, selbst vom Feuer ergriffen, durch die Straßen und stürzten sich, dem Irrsinn nahe, in die Flüsse, um Linderung von ihren Qualen zu finden, wo sie dann elendiglich ertranken. Mütter mußten mit ansehen, wie ihre Kinder eines grausamen Todes starben, ohne daß sie ihnen helfen konnten. Kinder wurden zu Waisen. Es geschah oft, daß sie Tage und Nächte neben den Leichen ihrer Mütter oder beider Eltern unter den eingestürzten Häusern zubrachten, bevor sie befreit wurden. Schreie der Verzweiflung, lautes Beten, drohende Flüche und Haßausbrüche der Menschen stiegen gen Himmel. Und es war, als ob Gott zu all dem Grauen schweige, als ob ihn der Jammer der Menschheit nicht im geringsten bekümmere. Und doch gab es Menschen, die gerade in der Not und Nacht jener Tage zu ihm hinfanden und trotz des Heulens der Sirenen und dem unheimlichen Getöse jener grauenvollen Nächte in sich selbst stille werden konnten und seine Stimme vernahmen. Andere jedoch reckten die geballten Fäuste gen Himmel, als wollten sie den unsichtbaren, rachedürstigen Gott, der solche Strafen und Heimsuchungen über seine Geschöpfe ergehen ließ, herausfordern. Diejenigen aber, die in dieser Zeit zu ihm hinfanden, wußten, daß ihr Gotterleben nichts zu tun hatte mit phrasenhafter Frömmigkeit, sondern daß aus ihm die einzige Kraft hervorging, die sie fähig machte, in all dem furchtbaren Elend stille und getrost zu bleiben und daran festzuhalten, daß diese entsetzliche Not nicht sinnlos sein könne, sondern von Gott zugelassen sei.

Es war etwa ein halbes Jahr vor dem Ende des Krieges, als Siegberte aus den Briefen ihres Mannes zunehmende Sorge zu lesen vermeinte, ohne daß er dies direkt aussprach. Er streifte das eigentliche Kriegsgeschehen nur noch flüchtig und hob immer mehr die menschliche Not, die ihm begegnete, hervor. Nur zu gut verstand sie ihn. Bei den wenigen Malen, die er zu kurzem Urlaub zu Hause gewesen war, hatte sie deutlich beobachten können, wie ihn der Krieg gereifter und ernster gemacht hatte.

In den Kriegsjahren war der Briefwechsel zwischen Siegberte und Heiner die Brücke, auf der sie sich trafen; er bedeutete ihnen immer wieder Kraftquelle in dieser schweren Zeit. Unendlich litt gerade Siegberte darunter, wenn sie längere Zeit ohne Nachricht von ihrem Manne blieb, und nur zu gut verstand sie, welche Not es im Innern anderer Frauen aufriß, wenn sie Wochen und Monate vergeblich auf einen Brief von ihren Männern oder Söhnen warteten.

„Meine liebste Siegberte!

Oft denke ich, es sei unrecht von mir, Dich mit dem zu belasten, was mich so stark bewegt. Und doch sind es meine

Erholungsstunden, wenn ich mit Dir reden kann und sei es auch nur durch die Briefe. In diesen Tagen dachte ich daran, wie der Chefarzt von Fichtenhöhe mir eines Tages sagte, ich hätte nicht Arzt werden sollen. Es war in jener Zeit, wo das Wissen um die vielen unheilbaren Kranken, die wir dort oben hatten, mich seelisch beinahe lähmte. Ich war ein junger, unerfahrener Mensch und liebte das Leben. Wie gut erinnere ich mich noch des spöttischen Lächelns meines Vorgesetzten, als er eines Tages dazu kam, wie ich einer sechzehnjährigen Kranken – übrigens kennst Du sie, es war Ursula, die später ja auch bei uns auf dem Eichenhof zur Erholung weilte –, eine Anemone brachte. ‚Sie sind ein Dichter, aber kein Arzt', sagte er; ‚sorgen Sie, daß Sie nicht zu sentimental werden.' Heute ist es so, daß ich mir täglich sage: ‚Gott sei Dank, daß ich nicht als Soldat, sondern als Arzt meinen Kriegsdienst zu verrichten habe. Nicht, daß ich mein Vaterland nicht liebte, aber der Gedanke, die Waffe gegen einen Menschen, den Sohn einer Mutter, den Vater von Kindern erheben zu müssen, wäre mir unerträglich. Daß ich nicht sentimental bin, weißt Du, aber ich glaube nicht, daß meine Veranlagung es gestatten würde, einerseits den Willen zur Vernichtung und gleichzeitig den zur helfenden Tat aufzubringen. Daß man sein Vaterland verteidigen muß, weiß ich, aber ich danke Gott für die Aufgabe, die ich dabei zu erfüllen habe. Grauenhaft sind die Bilder, die ich jeden Tag sehe, und es ist erschütternd, wie aus tapferen Kämpfern, die nie daran dachten sich zu schonen, hilflose Kinder werden, wenn die körperliche Not in fast unerträglicher Stärke über sie kommt oder der Tod nach ihnen greift. Natürlich ist es bei den einzelnen verschieden. Es gibt auch solche, die heldenhaft das ihnen auferlegte Los tragen und bis zuletzt vorbildliche Haltung bewahren. Heute starb ein junger achtzehnjähriger Mensch unter meinen Händen. Sein letztes Wort war ‚Mutter', und ich werde gewiß lange die Erinnerung an den Augenblick nicht los, als er ausrief: ‚Ich habe ja noch gar nicht gelebt! Warum muß ich jetzt sterben?' Dabei liefen ihm die Tränen über sein Kindergesicht. O Siegberte, es fällt mir oft unsagbar schwer, an den Sinn eines solchen Krieges zu glauben. Sollten wir uns nicht alle viel mehr dafür einsetzen, daß der Menschheit der Friede bewahrt bliebe?!

Täglich weilen meine Gedanken bei Dir und auf unserem Eichenhof. Was gäbe ich darum, wieder neben Dir zu stehen in gemeinsamer Arbeit. Aber es ist töricht, Dir das Herz mit solchen Gedanken zu beschweren. Wir müssen durchhalten und auch aus dieser Zeit das Beste machen ..."

„... Liebster, wie gut verstehe ich, was in Dir vorgeht. Es ist meines Erachtens kein Zeichen von Unmännlichkeit, wenn ein Mann empfindet wie Du und keinen inneren Kontakt zu dem grauenhaften Geschehen dieses Krieges findet. Daß du aber versuchst, die namenlosen Leiden der Verwundeten und Sterbenden zu lindern, das halte ich für selbstverständlich und nehme daher auch den Schmerz der Trennung hin. Glaube nur nicht, daß ich immer gleich tapfer und ausgeglichen sei. Ich muß mir an jedem Morgen neu die Kraft erbitten, getrost und freudig die mir auferlegten Pflichten hinzunehmen, und wenn die einzelnen unserer Gäste mich mit ihren Nöten überfallen und jeder meint, sein Schicksal sei das schwerste, dann habe ich oft Mühe, meine Umgebung nicht fühlen zu lassen, daß mein Kriegsopfer auch nicht das geringste ist. Und doch erfüllt es mich manches Mal mit stolzer Freude, daß ich das von Dir angefangene Werk weiterführen darf und zwar in Deinem Sinne. Es muß unser beider ernstliches Anliegen sein, durch die Zeit der Trennung und die von uns geforderten Opfer innerlich nicht ärmer, sondern bereichert zu werden und uns noch näher zu kommen. Wie werden wir einmal beglückt sein, wenn die Zeit unserer Wiedervereinigung kommt und gemeinsam unsere Aufgabe erfüllen können. Ach, wäre es schon so weit! ..."

„... Wieder liegt ein schwerer Tag hinter mir. Die Kämpfe halten seit Tagen an. Unser Lazarett ist längst überfüllt. Die Verwundeten liegen in Gängen, in Treppenhäusern, im Keller. Immer wieder bewundere ich die Haltung unserer Schwestern, die unermüdlich Tag und Nacht auf dem Posten sind. Wir kommen nicht mehr zu uns selbst, und es darf Dich nicht bekümmern, wenn Du tagelang vielleicht ohne Nachricht von mir bleibst. Es ist jetzt drei Uhr früh. Ich habe noch keine Minute geschlafen und doch will ich Dir erst diesen Gruß schreiben. Ich sorge mich oft sehr um Dich. Wie willst Du nur alles bewältigen! Mit der Zeit wirst Du eines oder das andere aufgeben müssen. Wo aber bist du notwendiger, in der Außenpraxis oder im Sanatorium? Daß Doktor Nölle immer wieder einspringt und die Patienten im Dorf, soweit seine Kraft noch ausreicht, besucht, ist mir eine große Beruhigung. Du darfst Dich nicht überanstrengen, hörst Du? Vergiß nie, daß wir noch manches Jahr gemeinsam arbeiten wollen. Schone Dich, wo du kannst! Stelle nach Möglichkeit Hilfskräfte ein. Es ist nur gut, daß Franz für die Landwirtschaft da ist. Welch eine Beruhigung, um seine Zuverlässigkeit zu wissen. Du fragst mich in Deinem letzten Brief wegen des Urlaubs. Da ist wenig Hoffnung, weiß nicht, wie ich hier herauskommen sollte. Die Lage ist mehr wie ernst.

Heute erlebten wir etwas, was mich mehr erschütterte, als meine Umgebung wohl ahnte. Es wurde uns ein Schwerverwundeter mit Bauchschuß gebracht. Ich sah auf den ersten Blick, daß keine Hilfe mehr möglich war. Meine beiden Assistenzärzte und einige Schwestern bemühten sich um ihn. Plötzlich hob er wie in Abwehr die Hand und sagte: ‚Es hat doch keinen Zweck mehr, aber betet.' Ein betretenes Schweigen folgte. Auf allen Gesichtern zeigte sich mehr oder weniger Verlegenheit. Meine beiden jungen Kollegen sahen geradezu hilflos aus. Aufs neue wiederholte der Sterbende seine Bitte: ‚Betet.' Ich wußte, daß meine Pflicht in diesem Augenblick nicht die des Arztes, sondern die des Seelsorgers war. Ich war gerade dabei, mir die Hände zu waschen und wollte dann zu ihm treten, um seine letzte Bitte zu erfüllen. Da trat unsere jünste Schwester, kaum zwanzig Jahre, mutig hervor. Ein liebliches Rot überzog ihr Gesicht, aus dem Mut und tapfere Entschlossenheit sprachen. Sie trat zur Bahre des Mannes, legte ihre Hände auf die seinen und betete mit klarer Stimme: ‚Unser Vater, der du bist im Himmel ...' Es ging eine solche Macht von diesem Gebet aus, daß alle Anwesenden tief ergriffen dabeistanden; selbst die beiden jungen Ärzte konnten nicht anders als ihre Hände zu falten.

So erleben wir täglich das Sterben von Menschen. Dem Auslöschen dieser Lebenslichter geht oft ein tapferes und bewußtes Sichergeben, manchmal aber auch ein empörtes Sichauflehnen und ein bis zum letzten Augenblick wildes Stöhnen voraus. Oft ist es auch ein klägliches, jammervolles Versagen der Menschen. In keinem Fall aber hätten wir das Recht zu verurteilen, denn keiner von uns weiß, welche Stellung er einmal in seiner letzten Stunde dem Leben und dem Tod gegenüber einnehmen wird. Jedenfalls erfüllte uns alle in diesen Augenblicken ein ehrfürchtiges Schweigen vor der Gegenwart Gottes, die spürbar war, und das Gebet dieser jungen Krankenschwester war wie eine Brücke vom Diesseits zum Jenseits, auf der der Sterbende die letzten schwankenden Schritte machte. Kaum war das ‚Amen' gesprochen, als sein Lebenslicht erlosch.

Wie die Kinder sind unsere Verwundeten. So dankbar und so froh, wenn wir ihnen helfen und ihnen die oft unbeschreiblichen Schmerzen lindern können. Manchmal wünschte ich, Siegberte, Du wärest auch hier an meiner

Seite. Welch ungeheures Arbeitsgebiet fändest Du hier und welche Gelegenheit, Deine große Mütterlichkeit ausströmen zu lassen. Denn immer wieder empfinde ich es auch hier bei unseren Männern: was sie brauchen ist Hilfe für Leib und Seele und zwar solche, wie sie eine Mutter am besten geben kann. Nicht umsonst erleben wir es immer wieder, daß die Verwundeten, besonders aber die Sterbenden, in ihren Nöten nach der Mutter rufen. Andererseits aber bin ich immer glücklich, daß ich weiß, Dir bleibt der Anblick des grauenvollsten Kriegselendes erspart. Wie würdest Du leiden im Anblick des Entsetzlichen, was sich täglich unseren Augen zeigt ..."

*

„... Grüße mir die junge Schwester recht herzlich, wenn auch unbekannterweise. Daß Du unter Deinen Helfern einen Menschen hast, der imstande ist, einem Sterbenden in seiner letzten Not beizustehen, freut mich sehr. Stündlich sind meine Gedanken bei Dir, Liebster, und wenn ich bis jetzt Gott in erster Linie darum bat, daß er uns beide doch bald wieder zusammenführen möchte, so ist mir inzwischen klargeworden, dieses Gebet komme aus einer gewissen Selbstsucht her. Ich sehe ein, daß ich meine Person zurückstellen muß. Ich bitte Gott jetzt vor allem, daß er Dir täglich die nötige Kraft gebe, um in der Fülle der Aufgaben, die Du zu bewältigen hast, durchhalten zu können.

Es wird uns allen zwar gleich gehen, daß wir bei den schrecklichen Dingen, die dieser Krieg mit sich bringt, uns immer wieder erneut nach dem Sinn des Ganzen fragen. Du wirst entsetzt sein, wenn Du zurückkehrst und die Zerstörung in den Städten rings um uns wahrnehmen wirst. Halbe Nächte verbringen auch wir jetzt im Luftschutzkeller. Die Menschen verzweifeln beinahe. Eine Schreckensnachricht folgt der andern. Im ganzen Dorf ist kaum noch ein

Haus, wo nicht das Leid eingekehrt wäre. Hartmanns ältester Sohn ist blind aus dem Krieg zurückgekehrt. Millers bekamen die Nachricht, daß nun auch ihr Dritter gefallen ist. Peter Schubert hat in dem fürchterlichen Erleben an der Front den Verstand verloren und mußte in eine Anstalt gebracht werden. Am selben Tag brachte seine Frau ihr sechstes Kind zur Welt. Eine ganze Anzahl von Männern ist vermißt. Die Frauen arbeiten weit über ihre Kräfte. Wie lange wird dieses Elend noch dauern! Aus den Städten kommen die Menschen in Scharen aufs Land, um hier untergebracht zu werden und dem Grauen der entsetzlichen Fliegernächte zu entgehen. Der Eichenhof ist natürlich nach wie vor überbelegt. Viele suchen Zuflucht bei uns, die alles verloren haben. Gestern wurde mir eine Frau gebracht, die drei Tage unter den Trümmern ihres eingestürzten Hauses verbracht hatte. Not — wohin man blickt. Was mich bei all diesem immer wieder aufrichtet, ist das Bewußtsein, daß wir beide, Du und ich, auch jetzt wieder im Dienst am Menschen stehen. Das hebt uns über uns selbst hinaus.

Seit drei Wochen ist nun Sterna ganz bei mir. Es war mir klar, daß ich im Hause jemand haben müsse, der mich in meiner Abwesenheit vertreten kann. Die Praxis erfordert viel Kraft und Zeit. Heidi ist vollauf beschäftigt. Sie kümmert sich gewissenhaft und pflichtgetreu um die Wirtschaftsleitung. Leider ist ihre Gesundheit gar nicht stark. Wir alle sind froh, Sterna im Hause zu haben. Es geht eine Frische und eine Freudigkeit von ihr aus, daß jeder sich davon angesteckt fühlt. Dabei ist ihr Wesen so klar und durchsichtig und vor allem bleibt sie sich immer gleich. Sie zeigt viel Umsicht und Tatkraft und springt immer gerade da ein, wo sie am nötigsten gebraucht wird. Der Umgang mit ihr bedeutet mir persönlich viel. Wir verstehen uns gut und haben in unserer Wesensart viel Gemeinsames. Es war nicht ganz leicht für sie, sich daheim loszumachen. Dem Vater schien die Anstellung in unserem Hause nicht genügend Möglichkeiten zu bieten. Aber sie hat sich durchgesetzt und sagte mir schlicht und einfach, als sie ihren Platz einnahm: ‚Ich mußte einfach kommen. Es war, als ob eine Hand nach mir faßte und mich führte.' Einen solchen Menschen an der Seite zu haben ist eine Gottesgabe, und ich weiß, daß Du mit mir und für mich darüber froh bist ..."

„... Siegberte, heute habe ich das seltsamste Erleben während der ganzen Kriegszeit gehabt. Obgleich ich im Augenblick kaum Zeit habe, kann ich doch nicht anders, als es Dir schnell mitteilen. In der Morgenfrühe wurde uns ein neuer Transport Verwundeter gebracht. Es waren meistens schwere Fälle. Die Oberschwester rief mich an die Bahre eines Mannes der furchtbar zugerichtet war. Als ich mich zur Untersuchung über ihn beugte, erkannte ich Emil Holzbann. Ich hätte nie geglaubt, daß die schrecklichen Kriegserlebnisse hier an der Front die Erinnerung an Vergangenes, das oft weit, weit zurückliegt, mit solcher Stärke und Gewalt lebendig werden ließen. Und ich empfinde es jetzt recht demütigend für mich, daß ich nicht imstande war, den alten Groll, ja ein Gefühl des Hasses in mir zu unterdrücken. Da lag der Mensch vor mir, der soviel Unheil über unser Haus, vor allem über Dich, geliebte Frau, gebracht hatte. Ich sah, daß er auch mich erkannte. Auf seinem Angesicht spiegelten sich Angst und Verlegenheit. Mir kam plötzlich der Gedanke, ob es nicht richtig wäre, ein solch verbrecherisches Leben einfach auslöschen zu lassen? Nur Unheil hatte dieser Mensch angerichtet, in mehr als einem Hause. Während ich so dachte, stöhnte der Schwerverwundete auf in fürchterlichen Qualen. Er wandte sein Gesicht ab, um mich nicht ansehen zu müssen. Ich überlegte, ob ich seine Betreuung einem der mir unterstellten Assistenten übertragen solle, daß ich mich selbst seiner annehme, konnte schließlich niemand von mir verlangen. So empfand ich. Aber kurz darauf kam die Oberschwester zu mir und fragte schier verzweifelt, wo sie denn die vielen Verwundeten unterbringen solle, es sei im ganzen Haus kein Platz mehr frei. Da kam es wie ein innerer Zwang über mich, daß ich ihr sagen mußte: ‚Lassen Sie den Verwundeten namens Holzbann in mein Zimmer bringen; er soll dort gepflegt werden.' Die Schwester sah mich fassungslos an. ‚Herr Doktor', sagte sie, ‚so habe ich es doch nicht gemeint. Das ist ja ganz ausgeschlossen, wo Sie ohnehin weit über Ihre Kraft arbeiten und Ihr bißchen Ruhe so nötig haben. Niemals können wir ihn in Ihr Zimmer bringen.' Ich aber bestand darauf, und nun liegt Holzbann bei mir. Ich weiß nicht, wie ich dazu kam, aber ich konnte einfach nicht anders. Beinahe möchte ich es erklären wie Du mir von Sterna in Deinem letzten Brief schriebst: es war als ob eine Hand mich faßte, die mich führte. Ich bin so froh, daß ich so handelte, und vielleicht darf ich ihm für die letzte Wegstrecke, die nur noch kurz sein wird, noch ein Lichtlein anzünden."

*

Das war die letzte Nachricht, die Siegberte von ihrem Mann erhielt. Sie wartete vergeblich Tage, Wochen, Monate — kein Lebenszeichen von ihm drang mehr zu ihr. Hätten die Aufgaben jener Tage ihr mehr Zeit zur Besinnung gelassen, sie hätte diese Not kaum verkraftet. Wie schwer trug sie an dem Zusammenbruch des Vaterlandes, das sie so innig liebte! Aber die täglichen Anforderungen ließen es nicht zu, daß sie sich ihrem Schmerz und der Angst hingab, die sie oft überfallen wollten. Ihr Haus, in dem ohnehin jedes Zimmer belegt war, stand jeglicher Not offen. Der sich durch das Dorf wälzende Flüchtlingsstrom forderte ein tätiges Einspringen und Zuhilfekommen. Täglich wurden Scharen von Menschen an ihren Tischen gespeist, Verletzte verbunden, Kranke gepflegt, Verzweifelte getröstet, Hilflosen Rat erteilt.

Eines Abends hatte sich Siegberte nach einem schweren Arbeitstag, dem Zusammenbrechen nahe, in ihr Zimmer begeben, um wenigstens ein paar Stunden zu ruhen und neue Kräfte zu sammeln, als ihr eine junge Rote-Kreuz-Schwester gemeldet wurde. Einen Augenblick zögerte Siegberte, den Besuch zu empfangen. Es war ihr, als könne sie ohne ein Ausruhen nicht weiterarbeiten. Dann aber bat sie das junge Mädchen doch zu sich. Es stellte sich heraus, daß die Besucherin jene Schwester war, die nach Doktor Sorgers Bericht mit dem sterbenden Soldaten sein letztes Vaterunser gebetet hatte. Nach Heiners Bericht war sie nicht älter als zwanzig Jahre. Aber wie sah sie aus! Sie mußte Entsetzliches durchlebt haben. Die Kleider hingen ihr am Körper, die Augen lagen in tiefen Höhlen und waren von dunklen Schatten umgeben. Ihr einstmals gewiß schönes braunes Haar war von weißen Fäden durchzogen. Siegberte nahm sie mit großer Herzlichkeit auf, konnte sich aber eines zunehmenden Gefühls der Angst und Unruhe nicht erwehren. Sie rang innerlich um Fassung, als sie die Frage stellte: „Bringen Sie mir irgendeine Nachricht von meinem Mann?" Und nun war es die Schwester, die sich bemühte ruhig zu bleiben, als sie folgenden Bericht erstattete:

„Wir waren auf der Flucht. Das Lazarett mußte Hals über Kopf geräumt werden. Die Schwerverwundeten waren abtransportiert, die leichteren Fälle wurden auf Lastwagen verladen, eine Anzahl der Verwundeten mußte zu Fuß gehen. Als letzte verließen die Ärzte und die Schwestern das Haus. Doktor Sorger wollte unbedingt den Schwerverwundeten in seinem Auto mitnehmen, der schon seit zwei Wochen in seinem eigenen Zimmer lag und um den er sich in besonderer Weise bemühte. Trotz allseitigem Abraten wurde Holzbann, so war sein Name, in den Wagen des Doktors verladen. Wir folgten mit den wichtigsten Instrumenten. Unterwegs kamen wir in einen Fliegerangriff. Es waren solche Augenblicke des Schreckens, daß wir später keine Einzelheiten zu schildern vermochten. Jedenfalls geriet Doktor Sorgers Wagen in Brand. Holzbann, der nicht schnell genug herausgebracht werden konnte, kam in den Flammen um. Der Herr Doktor aber brach von Maschinengewehrgeschossen getroffen am Wegesrand zusammen. Wir flüchteten in ein nahe liegendes Wäldchen. Einer unserer Sanitäter, den ich zwei Tage später traf, berichtete mir, daß Ihr Mann in seinen Armen verschieden sei."

Als die Schwester mit Ihrer Schilderung so weit gekommen war, erhob sich Siegberte totenblaß und bat die Schwester, sie einen Augenblick zu entschuldigen. In aufrechter Haltung verließ sie das Zimmer. In Heiners Arbeitsraum sank sie in einen Sessel und durchkämpfte dort wohl die schwersten Augenblicke ihres Lebens. Nun hatte Gott also doch dieses schwerste Opfer von ihr gefordert. Ihr ganzes Innere bäumte sich dagegen auf. Ihre Seele wand sich in Qualen unbeschreiblicher Not. Nein, es konnte nicht sein! Wie sollte sie das weitere Leben ohne den Geliebten ertragen! Was bedeutete ihr der Eichenhof, die Praxis, ihr ganzes Dasein ohne ihn! Ihr bisheriges Leben, die glücklichen Jahre an seiner Seite, die überaus harmonische Ehe zogen in Sekundenschnelle an ihrem inneren Auge vorüber. Alles zerstört in einem einzigen Augenblick. Es war nicht möglich, nein, es konnte nicht sein! Weshalb wird das von mir gefordert? Weshalb? Die letzten Wochen, da sie in qualvoller Ungewißheit auf Nachricht von ihm gewartet hatte, waren doch durchzogen von der Hoffnung: Einmal kommt ja doch wieder eine Botschaft von ihm, und ihre Gedanken hatten sich unzählige Male, Tag und Nacht, auf den Weg gemacht, ihn zu suchen. Heiner, wo bist du? Und nun war alles mit einem Male aus. Die Gefühle stritten in ihr. Noch hatte sie keine amtliche Nachricht von dem Tode ihres Mannes. Vielleicht war es doch ein Irrtum, was der Sanitäter behauptet hatte. Sie hatte ganz vergessen, daß Schwester Dora in ihrem Zimmer wartete. Sterna hatte sich schließlich dieser angenommen und dafür gesorgt, daß die völlig Erschöpfte ein Zimmer bekam, wo sie ausruhen konnte. Von ihr erfuhr auch Sterna die furchtbare Nachricht. Eine Weile fragte sie sich, ob sie nicht zu Siegberte gehen sollte. Nicht weil sie glaubte, sie trösten zu können, aber doch um ihr zu zeigen, daß sie in dieser furchtbaren Stunde nicht allein sei. Aber sie war vor eine verschlossene Tür gekommen.

„Laß mich allein!" hatte Siegberte gebeten, ohne zu öffnen. Sterna zog sich zurück, war aber in jener Nacht zu keiner Ruhe gekommen; sie litt mit Siegberte und wußte, daß es jetzt erst recht ihre Pflicht sei, ihr beizustehen.

Wie ist es möglich, daß das Leben weitergeht, nachdem alle Lichter der Hoffnung und der Freude für einen Menschen erloschen sind? Wie ist es möglich, daß man arbeiten kann, während man das Gefühl hat, innerlich selbst tot zu sein? Oder ist es vielleicht gerade die Arbeit, die in solchen Augenblicken über das Schwerste hinweghilft und Vergessen schafft? Hatte Siegberte in jener Nacht, als sie verzweifelt an den Trümmern ihres Lebensglückes stand, gemeint, nie wieder arbeiten zu können, so zwang die Not dieser Tage sie einfach an ihr Werk.

Der Krieg war beendet, anders als die meisten es sich vorgestellt hatten. Die Städte waren zerstört, Tausende von Menschen heimatlos geworden. Man vegetierte durch die Tage, jedes Planen für die Zukunft hatte aufgehört. Längst war der Eichenhof nicht mehr nur Sanatorium und Erholungsstätte. Flüchtlinge, Evakuierte, Verwundete, entlassene Soldaten, die bei der Heimkehr vergeblich nach ihren Familien gesucht hatten – so kamen sie, und viele von ihnen fanden vorübergehend oder auch für längere Zeit Aufnahme im Hause der Frau, die wie so viele von ihnen ihr Liebstes hatte hergeben müssen. Äußerlich betrachtet, war sie wohl besser dran als viele andere. Ihr Haus stand unbeschädigt, sie hatte von ihrem Besitz nichts einbüßen müssen. Diese Tatsache fühlte sie jedoch täglich als Verpflichtung denen gegenüber, die der Krieg arm gemacht hatte. Sie öffnete allen Hilfesuchenden ihr Haus und entging so dem Erdrücktwerden durch das eigene Leid. Sie wußte, daß der Dienst am Nächsten ihr Dasein noch ausfüllen konnte. Ohne denselben wäre ihr das Leben nicht länger lebenswert erschienen. Wie oft dachte sie in dieser Zeit: Hätte ich wenigstens ein Kind, das ich als Heiners Vermächtnis ansehen könnte, und fühlte deutlich, daß die alte Wunde immer noch nicht völlig verheilt war. Wenn sie von der furchtbaren Kindernot hörte, die der Krieg und seine Folgen verursacht hatte, dann regte sich – zuerst leicht und sacht, später jedoch immer stärker – der Wunsch in ihr, für die vielen Kriegswaisen etwas zu tun, und heimlich malte sie sich aus, wie ganz anders das Leben auf dem Eichenhof sein würde, wenn derselbe ausschließlich der Kindernot geöffnet werden würde. Oft ertappte sie sich dann bei solchem Planen, daß sie dem Gedanken Raum gab: Ich warte, bis Heiner zurückkommt, daß ich seine Meinung hören und er mir raten kann. Aber dann kam immer ein schmerzliches Erschrecken über sie, wenn ihr bewußt wurde, daß er nie mehr zurückkehren werde. Wie dankbar war sie in jener Zeit für die Menschen, die ihr zur Seite standen: Heidi mit ihrem Mann, der aus dem Krieg zurückgekehrt war, Franz, der mit seiner Frau die Landwirtschaft besorgte, vor allem aber Sterna, die sich je länger je mehr in ihre Aufgaben eingearbeitet hatte und denselben ihr ganzes Herz entgegenbrachte.

Bei den Flüchtlingen, die noch immer in Scharen durch die Dörfer zogen, fiel Siegberte eines Tages ein Kind auf, ein schmaler, blasser Junge von etwa sechs Jahren. Eine alte Frau schob ihn mühsam vor sich her. Das Kind weinte leise, seine Füßchen trugen es kaum noch, es hatte sie wund gelaufen. An einer Schnur um den Hals des Kindes hing eine Karte mit der Aufschrift: „Die Mutter dieses Kindes ist auf der Flucht gestorben; weitere Angehörige sind nicht vorhanden." Siegberte fragte die Flüchtlinge, was sie mit dem Kinde zu tun gedächten. Ein Achselzucken war die Antwort. Irgendwo würde es schließlich unterkommen. Die Augen des Kindes waren flehend auf Siegberte gerichtet und plötzlich wußte sie, sie durfte den heimatlosen, völlig erschöpften Jungen nicht weiterziehen lassen, der Eichenhof sollte ihm zur Heimat werden.

Das war der Anfang einer Arbeit, die in jenen Tagen, da die Not fast unerträglich war, begonnen wurde.

Von allen Seiten kamen Berichte, die von der Not der Kinder erzählten. Sterna las eines Abends aus einem Brief, den sie erhalten hatte, von einem kleinen Mädchen, das bei einem Flüchtlingstransport gefunden wurde. Die Mutter des Kindes war auf der Fahrt bei einem Fliegerangriff umgekommen, dem zweijährigen Mädchen war der rechte Arm ausgerissen. Fremde nahmen sich seiner an. Scharen von Kindern waren in überfüllten Zügen erdrückt worden, andere am Wegesrand vor Hunger zusammengebrochen und gestorben. Wieder andere wurden von Typhus und anderen Seuchen dahingerafft. Ein kleiner Junge, etwa sieben Jahre alt, war der einzige Überlebende seiner Familie bei einem Fliegerangriff. Er war über die Leichen seiner Mutter und Geschwister hinweg, noch während die Bomben fielen, aus dem brennenden Haus geflüchtet und schließlich auf einen nahe gelegenen Friedhof gekommen, wo er völlig erschöpft auf einem Grabe liegend, aufgefunden wurde.

Diese und ähnliche Berichte ließen Siegberte nicht mehr zur Ruhe kommen. Sie meinte Tag und Nacht Hilfe heischende Kinderhände vor sich zu sehen und ihr mütterliches Herz konnte sich dieser Not nicht verschließen. In einer schlaflosen Nacht faßte sie den festen Entschluß, den sie am Morgen Sterna mitteilte:

„Der Eichenhof soll eine Heimat für eltern- und heimatlose Kinder werden. Ich weiß, daß dies der Weg ist, den ich zu gehen habe. Vielleicht ist mir der Segen der Mutterschaft versagt geblieben, damit ich diesen Armen eine Mutter sein kann. Es ist mir klar, daß es keine geringe Aufgabe ist, die ich auf mich nehmen will, noch größere Anforderungen werden an uns gestellt als bisher. Aber nur in der Erfüllung dieser Pflicht glaube ich innerlich zur Ruhe zu kommen. Willst du mir dabei helfen? Ich weiß, ich fordere viel von dir, denn wenn wir dieses Werk beginnen und weiterführen wollen, wird dies für uns noch mehr als bisher bedeuten, unsere eigenen Interessen in den Hintergrund zu drängen und nur für diese Kinder zu leben. Aber glaube mir, Sterna, ich sehne mich danach, meine mütterliche Liebe den Kindern entgegenzubringen. Allein kann ich es jedoch nicht; ich meine aber, du seiest der Mensch, der mit mir diesen Weg gehen könnte."

Da umarmte Sterna Siegberte stürmisch und sagte: „Siegberte, von Herzen gern. Du kannst mit mir rechnen. Nun weiß ich auch, wofür ich zu leben habe."

Die große Schwierigkeit war nun nicht, die Kinder ins Haus zu bekommen, sondern für alle, die bisher den Eichenhof bewohnten, ein geeignetes Unterkommen zu finden. Das war eine zum Teil schmerzliche und andererseits unliebsame Arbeit. Viele der Gäste waren Siegberte in dieser Zeit der Not stark ans Herz gewachsen. Das Sichloslösen von dem Platz, an dem sie heimisch geworden waren, bedeutete für sie mehr als nur eine äußerliche Trennung. Andere beurteilten Siegbertes Vorgehen gehässig und unterschoben ihr unlautere Beweggründe; aber sie sah ihren Weg vor sich und handelte. Und so war der Eichenhof eines Tages frei, um die Kinder aufnehmen zu können. Sie stand mit Sterna am Bahnhof, um die ersten Ankömmlinge abzuholen und mußte beinahe über sich selbst lächeln, als sie feststellte, daß ihr Herz erwartungsvoll klopfte und eine große Freude sie erfüllte. Vielleicht war es die erste wirkliche Freude, die sie seit dem Empfang der Todesnachricht ihres Mannes erhalten hatte. Aber nun kamen Kinder, ihre Kinder, denen sie eine Mutter sein wollte. — Wenige Augenblicke später standen sie vor ihr, drei Geschwister, bleich, unterernährt, auf den Gesichtern die Spuren erlebter Angst und Entbehrung. Nur zögernd reichten sie den beiden Frauen die Hände, und das erste, was der älteste fragte, war: „Schwester, kriegen wir was zu essen?" Siegberte nahm alle drei in ihre Arme: „Ich bin die Mutti", sagte sie, „die Mutti vom Eichenhof und natürlich bekommt ihr etwas zu essen und ein schönes, weiches Bett wartet auf euch und ein Spielzimmer mit Puppen und Eisenbahnen, mit Bilderbüchern und Bällen."

Da leuchtete es in den Augen der Kleinen auf. Seit Monaten hatten sie in Flüchtlingslagern gelebt, auf der Erde im Stroh geschlafen. Ihre Eltern hatten sie auf der Flucht verloren. Sie waren zu klein, um ihr Alter und ihre Herkunft angeben zu können und ihre Berichte waren so verworren, daß man sich beim besten Willen kein klares Bild davon machen konnte. Staunend standen sie in dem freundlichen Schlafzimmer. „Jedes ein Bett für sich!" Und als sie frisch gebadet in ihren buntgeblümten Nachthemdlein vor einem großen Teller süßen Breis saßen, klatschten sie in die Hände und brachen in hellen Jubel aus. Am späten Abend noch beugten Siegberte und Sterna sich über die kleinen Schläfer. Sie wußten nicht viel, oder eigentlich gar nichts von diesen Kindern, aber eines war ihnen klar: was sie brauchten war Liebe, mütterliche Liebe, und die sollten sie hier finden.

Sehr bald hatte es sich herumgesprochen, daß der Eichenhof Kinderheim geworden war. Siegberte konnte gar nicht schnell genug die vielen Anfragen und Bitten um Aufnahme von Kindern beantworten, die von allen Seiten, von Flüchtlingslagern, von Jugendämtern und von Fürsorgestellen kamen. Und es währte nicht lange, bis im Eichenhof jedes Zimmer belegt war. Aber aus welchen Verhältnissen kamen diese Buben und Mädchen! In Abgründe von Not und Leid hatten sie geblickt! Eines Tages stand ein hochaufgeschossener, blasser Junge vor dem Portal. Seine wenige Habe trug er in einem kleinen Bündel. Er war mit einem Flüchtlingstransport gekommen, und, da ein schwerer Asthmaanfall ihn an der Weiterreise hinderte, zunächst in ein Krankenhaus eingewiesen. Von dort wurde er auf den Eichenhof geschickt. Er sah mit seinen sechzehn Jahren aus wie ein alter Mann und berichtete von furchtbaren Erlebnissen. Er war Lehrling in einer Fabrik. Als die Lage der Stadt unhaltbar geworden war, wurde die ganze Belegschaft mit dem Bescheid entlassen: „Seht zu, wie ihr weiterkommt. Wir können nichts mehr für euch tun.“ So war Otto tagelang gewandert, um ins heimatliche Dorf und zu den Eltern zu gelangen. Vor den Fliegerangriffen hatte er sich in den Wäldern zu verbergen gesucht, seinen Hunger mit Kräutern und Beeren notdürftig stillend. Dann und wann schloß er sich einem Flüchtlingstrupp an. Mildtätige Menschen hatten ihm manchmal ein Stück Brot gereicht. So war er schließlich nach Hause gekommen. Was aber hatte er dort vorgefunden! Ein völlig zerstörtes Dorf, ausgebrannte Häuser, von den Eltern keine Spur. Verzweifelt war er weitergeirrt, niemand konnte ihm Auskunft über die Seinen geben. Schließlich war er bei einem Flüchtlingstransport gelandet, und nun stand er vor dem Eichenhof, ein sechzehnjähriger Heimatloser, der nur eine Sehnsucht kannte, seine Angehörigen wiederzufinden. Siegberte ließ ihn zu sich rufen und versprach ihm, alles zu tun, um seine Mutter wiederzufinden. Da füllten sich seine Augen mit Tränen und wortlos wandte er sich ab. Etliche Tage später trat er zu Siegberte mit der Frage: „Darf ich Mutter zu dir sagen, wenigstens solange, bis ich meine rechte Mutter wieder gefunden habe?“ Er fand sie nie. Nach monatelangem Suchen kam die Nachricht, daß sie in einer Angriffsnacht ums Leben gekommen war.

Eines Tages wurden zwei Geschwister auf den Eichenhof gebracht, ein elfjähriger Junge und seine achtjährige Schwester. Es war ergreifend, wie die beiden aneinander hingen. Der Junge wirkte jedoch mehr wie ein Erwachsener als wie ein Kind. Sie hatten beide den Selbstmord der Mutter erlebt, und es dauerte lange, bis sie sich fröhlich und unbeschwert unter den übrigen Kindern bewegten. Siegberte jedoch verstand auch diese Kinder. Sie zwang sie nicht, sich an Spiel und Scherz der anderen zu beteiligen, versuchte aber unablässig, jedem der Kinder eine wirkliche Heimat zu bieten.

Wenngleich Siegberte unter der Trennung von ihrem Manne, den sie nun nicht mehr zurückerwarten konnte, unsagbar litt, so war doch ihr Inneres still geworden. Sie wußte, daß ihr schweres Leid sie reifen müsse, und so sträubte sie sich bewußt dagegen, innerlich zu verlieren und zu erlahmen. Das Leben auf dem Eichenhof half auch mit, sie davor zu bewahren. Nichts erfüllte Siegberte augenblicklich mit größerer Freude, als wenn die Kinder mit ihren kleinen Anliegen vertrauensvoll zu ihr kamen. Weiche Kinderärmchen legten sich um ihren Hals, und klare offene

Kinderaugen blickten ihr erwartungsvoll und Hilfe und Trost begehrend entgegen. Ein Gefühl tiefen Dankes erfüllte oft ihr Herz, wenn sie sich sagte, daß keine Aufgabe ihr hätte mehr helfen können, sich über ihren Schmerz und ihr eigenes Leid zu erheben.

Eines Tages machte sie Sterna den Vorschlag, von jetzt an regelmäßig einmal im Monat die Freunde ihres Hauses aus der Nachbarschaft auf den Eichenhof einzuladen. Sie sah auch darin eine Verpflichtung und glaubte, im Sinne ihres Mannes zu handeln, wenn sie diesen Freunden, die alle durch mehr oder weniger schmerzliches Erleben gegangen waren, die Gelegenheit zu einem anregenden Gedankenaustausch und zu gegenseitiger Hilfe bot. Sterna war von dem Plan begeistert. Gleich in der nächsten Woche wollten sie zusammenkommen.

„Sorge du für die geistige Anregung", schlug sie Siegberte vor. „Ich will die äußere Gestaltung des Abends übernehmen. Du weißt, sie alle haben Freude am Schönen, und wir dürfen uns nicht von dem Bedrückenden der Zeit so beeinflussen lassen, daß uns der Sinn dafür verlorengeht."

Am darauffolgenden Sonntag hatte Sterna in Siegbertes Zimmer alles vorbereitet. Letztere hatte diesen Raum gewählt, um dem Abend eine ganz persönliche Note zu geben. Der Tisch war sinnig mit Blumen geschmückt und lud zu einem, wenn auch einfachen, so doch sorgfältig zubereiteten Abendessen ein. Gerne hatten sie alle der Einladung Folge geleistet, der Schriftsteller Rolf Kabel mit seiner Frau und deren Mutter, Doktor Nölle, der alte Freund des Hauses und seine Schwester, Heidi und Fritz Klickmüller und auch der Verwalter Franz mit seiner jungen Frau. Der Steinhaldenbauer mit Alwine war ebenfalls erschienen, nachdem er erst zögernd überlegt hatte, ob er wohl in diesen Kreis hineinpasse. Doch hatte Siegberte ihm gut zugeredet und das Aufleuchten in den Augen der Bäuerin war ihr ein

Beweis dafür gewesen, wie glücklich diese über die Einladung war. Man hatte in den letzten Jahren sich kaum die Zeit genommen, dann und wann in dieser familiären Art zusammenzukommen. Jeder war mit seinen eigenen Aufgaben und Nöten beschäftigt gewesen und hatte Mühe genug, damit fertig zu werden.

Ganz verschieden waren die Führungen und Erlebnisse der einzelnen gewesen, und doch standen sie nun alle in derselben Not. Die Mutter von Sabine Kabel, eine einstmals in Wohlstand lebende Fabrikantenfrau, saß als altersschwache Greisin in einem Sessel. Die Hand, die die Tasse zum Munde führte, zitterte. Sie schien völlig gebrochen zu sein. In einer einzigen Nacht verlor sie durch einen Fliegerangriff ihre prachtvolle Villa und die Fabrik, während ihr Mann von einem stürzenden Balken erschlagen wurde. Dem Wahnsinn nahe hatte man die Frau in das Haus ihres Schwiegersohnes gebracht. Ihre Tochter Sabine wußte, daß es ihre Pflicht und Schuldigkeit war, der Mutter nun Heimat zu bieten. Aber sie tat es seufzend, denn noch nie hatte zwischen ihr und der Mutter ein innerliches Verhältnis bestanden. Rolf Kabel versuchte täglich seiner Frau klarzumachen, daß sie es lernen müsse, diese Pflicht willig zu erfüllen und war selbst bemüht, der Schwiegermutter den Aufenthalt in seinem Hause angenehm zu gestalten. Der Einladung Siegbertes hatte sie Folge geleistet, sie sagte: „Erstens imponiert mir diese Frau, und zweitens ist es doch eine kleine Abwechslung in dem ewigen Einerlei."

Mit dem Steinhaldenbauer, der ihr zur Seite saß, wußte sie nicht recht was anzufangen. „Der Mensch weiß sich ja nicht zu benehmen", flüsterte sie ihrem Schwiegersohn zu.

„Zu benehmen schon", entgegnete dieser, „vielleicht nicht recht wie sich mit einer Frau, wie du bist, zu unterhalten. Es gibt aber keinen treueren und fleißigeren Menschen als ihn."

Siegberte war eine aufmerksame Wirtin. Für jeden hatte sie ein freundliches, aufmunterndes Wort. Aber sie spürte ganz deutlich, daß es bei diesen Zusammenkünften schwer war, den ungezwungenen, heiteren Ton zu finden, wie das in den früheren Jahren selbstverständlich gewesen war. Irgendwie trugen sie alle Lasten, irgend etwas war jedem zerbrochen und alle standen vor der qualvollen Frage: Wie soll es weitergehen?

Fritz und Heidi Klickmüller wußten ebenso wie Franz Gradmann und seine Frau, daß sie auf dem Eichenhof weiter Anstellung behalten würden und betrachteten es als selbstverständliche Pflicht, Siegberte treu zur Seite zu stehen — jetzt erst recht, wo Doktor Sorger nicht mehr zurückkehren würde. Fritz Klickmüller war mit Malaria aus Rußland zurückgekehrt. Alle paar Wochen lag er krank und pflegebedürftig einige Tage darnieder. Die Krankheit bedrückte sein Gemüt, zumal Heidi selbst ebenfalls seit Jahren mit einer schwachen Gesundheit zu kämpfen hatte. Der Gedanke, daß sie beide Siegberte nicht in dem Maße helfend zur Hand gehen konnten, wie sie es wünschten, peinigte ihn oft und er sprach wiederholt seiner Frau gegenüber aus, daß sie eigentlich verpflichtet wären, einem gesunden Hausmeistersehepaar Platz zu machen. „Es wird mir wohl nichts anderes übrigbleiben, als wieder in die Fabrik zurückzugehen."

„Wie denkst du dir das mit der Wohnung?" fragte Heidi voller Sorge. „Du weißt, daß jedes Haus voll Menschen ist." Immer, wenn sie solche Gespräche führten, umfaßte sie ihr kleines freundliches Heim mit liebevollem Blick, und Tränen traten ihr in die Augen, wenn sie daran dachte, dieses vielleicht aufgeben zu müssen. Bis jetzt hatten sie nicht zu Siegberte von diesen Sorgen gesprochen. Sie aber fühlte, daß beide etwas bedrückte und nahm sich vor, den Grund herauszufinden.

Doktor Nölle war inzwischen schon recht alt und hinfällig geworden. „Den letzten Knax“, so sagte er, „hat mir dieser unselige Krieg gegeben. Solch eine Zeit macht den stärksten Gaul mürbe.“ Hin und wieder wurde er von Siegberte gebeten, in der Praxis mitzuhelfen, sie schaffte es einfach nicht allein.

„Siehst du“, sagte er, „nun hat sich das Blatt gewendet. Weißt du noch, wie du dich vor Jahren sträubtest, als Eichenhofbäuerin mir bei meinen Krankenbesuchen zu helfen?“ Er lachte. „Aber ich habe dich doch herumgekriegt, und heute könntest du dir's gar nicht vorstellen ohne die Praxis.“

„Und doch wird es eine Änderung geben müssen“, erwiderte sie ihm. „Jetzt, wo ich nicht mehr damit rechnen kann, daß Heiner . . .“ Es fiel ihr schwer weiterzusprechen. Nach einer Weile hatte sie sich gefaßt und fuhr fort: „Ich trage mich ernstlich mit dem Gedanken, einem jüngeren Kollegen die Außenpraxis zu übergeben. Ich verkrafte es einfach nicht mehr. Eines von beiden wird darunter leiden, entweder unser Kinderheim oder die Patienten. Und Ihnen, Herr Doktor, darf ich nicht mehr zumuten, als das in den letzten Monaten von Ihnen verlangte.“

Doktor Nölle war nicht gleich mit dem Plan einverstanden. Er wurde jedoch von Rolf Kabel und den andern überstimmt. „Doch, Siegberte hat recht, sie kann in dieser Weise nicht mehr weiterarbeiten. Das hält kein Mensch aus, Tag und Nacht auf den Füßen zu sein bei schwerstem Dienst und höchsten Anforderungen.“ So berieten sie hin und her. Alle empfanden es an diesem Abend schmerzlich, daß Heiner, mit dem sie ohne Ausnahme innig verbunden waren, nicht mehr in ihrer Mitte weilte. Scheu blickte Alwine zu Siegberte, die deutlich die Gedankengänge der andern zu verspüren meinte. Sie fragte Heidi und Alwine nach ihren Kindern, um den Abend nicht in der dunklen Wolke schmerzlichen Erinnerns untergehen zu lassen. Da wurden die Mütter lebendig. Heidi berichtete von allerlei drolligen Episoden mit Hans-Peter, erzählte jedoch auch davon, wie er beginne, über ernsthafte Lebensfragen nachzudenken und wie er sie kürzlich beim Gutenachtsagen gefragt habe: „Mutti, hätte der liebe Gott nicht verhüten können, daß Kabels Oma heimatlos wurde und daß die Fabrik mit den schönen Spielsachen verbrannte? Und warum mußte dann auch noch der Opa von dem Holzbalken zerschlagen werden? Ist es dann richtig, wenn wir noch sagen: der ‚liebe' Gott? Wenn mir einer mein Haus, das ich aus Bausteinen gebaut habe, kaputt macht, zu dem sag ich auch: ‚du bist böse' und nicht: ‚du bist lieb'. Du sagst doch, der liebe Gott kann alles. Warum hat er nicht dafür gesorgt, daß der Krieg früher ausging, ehe alle Städte zerstört waren, und warum läßt er Onkel Heiner nicht mehr nach Hause kommen, wo doch Tante Siegberte so sehr auf ihn wartet? Das ist doch kein ‚lieber' Gott."

Dann schwiegen alle für eine Weile. Plötzlich erhob sich Sterna lebhaft und ging zum Bücherschrank. „Siegberte, erlaubst du, daß ich jetzt vielleicht das Gedicht von Maria Feesche lese, das dich gestern so ermutigt und aufgerichtet hat?"

Siegberte nickte stumm. Sie war froh für den Versuch der Freundin, das Gespräch in eine gute Bahn zu lenken.

Und Sterna las vor:

Im Stillesein

Arbeit! Ich möchte wohl nie
mir denken die Wanderschaft ohne sie!
Doch, daß es mein Herze nur nie vergißt,
daß uns noch Beßres gegeben ist,
als Arbeit und Wirken auf Erden.
Und das ist — — Werden!

Werden! Und wie's auch geschieht,
im Kampf, den kein Auge sieht,
im Strome der Wirklichkeit,
nur werden! – So mag auch im Leid,
im Stillsein der Krankheit, das weiß ich nun,
manche Seele die köstlichste Arbeit tun.

Aufmerksam hatten alle zugehört. Dann wiederholte Rolf Kabel: „Ja, Werden! Wachsen! – das ist schließlich der tiefere Sinn des furchtbaren Erlebens, das hinter uns liegt. Wüßten wir das nicht, müßte man am Leben verzweifeln. Vielleicht müßten wir uns öfters die Frage vorlegen: Was macht die Zeit aus uns? Ist bei uns inneres Wachstum und Reife, wie Gott sie bei uns sucht, wohl wirklich zu bemerken? Jetzt gilt es für uns festzustehen, daß wir nicht im Kampf unseres Daseins unterliegen. Die Kriegsjahre sollten uns gelöst haben vom Irdischen und Vergänglichen und sollten uns fester mit bleibenden Werten verbinden."

Frau Happland warf ihrem Schwiegersohn einen empörten Blick zu und konnte sich nicht enthalten, ihm vorwurfsvoll zu antworten: „Du hast gut reden, nachdem du so gut wie keinen Verlust erlitten hast. Dein Haus steht, du besitzest noch Frau und Kinder ..."

„... und eine liebe Schwiegermutter", sagte er begütigend und streckte ihr die Hand entgegen, die sie aber absichtlich übersah.

Gekränkt fuhr sie fort: „Beweise erst einmal solche Haltung, wenn du hast Opfer bringen müssen, wie zum Beispiel ich."

„Du magst recht haben", erwiderte er, „und ich begreife, daß du das als ungerecht empfindest, wenn dem einen alles genommen wurde, während der andere scheinbar gar nichts hergeben mußte. Es ist mir aber klar, daß wir, die wir vor Unglück bewahrt geblieben sind und unseren Besitz behalten durften, den hart Betroffenen gegenüber Verpflichtungen haben. Für uns heißt es jetzt abzugeben, zu teilen, bereit zu sein, die Lasten der andern auf uns zu nehmen."

„Wenn es auch manchmal schwerfällt, der alten Mutter ein Stübchen einzuräumen", fuhr Frau Happland gereizt fort und warf ihrer Tochter einen giftigen Blick zu.

„Aber Mutter", versuchte Rolf einzulenken, „du weißt, wie gerne wir dich aufgenommen haben."

Siegberte wußte auch jetzt die Situation zu erfassen, griff nach dem Büchlein, aus dem Sterna soeben vorgelesen hatte, und sagte: „Zu dem ersten feinen Gedicht von Maria Feesche sollten wir gewiß das noch von dem verwundeten Acker hören. Es paßt so gut zu dem, was eben gesprochen wurde." Und sie las vor:

Der verwundete Acker

Wenn ihm die Pflugschar die Furchen bricht,
weiß der verwundete Acker es nicht,
daß ihm die Härte des Eisens frommt,
daß nun der Reichtum des Lebens kommt.
Erst wenn die Keime im Saatkorn sich regen,
spürt er das Werden und spürt er den Segen,
und der Acker mit fröhlichem Spenden
dankt den pflügenden, säenden Händen. –

So glaubt dein Herze im bittren Leid
nimmer, daß jetzo die Werdezeit;
's tut ihm so wehe die starke Hand,
die mit der Pflugschar sich zu ihm fand.
Erst wenn es spürt, wie die Früchte ihm reifen,
wird es den Segen des Leides begreifen.
Wenn's für die Pflugschar erst danken lernte,
dann steht dein Herz schon im Reichtum der Ernte.

War es der Wohllaut ihrer Stimme oder war es die Kraft, die von ihrer Persönlichkeit ausging. Die alte, eben noch so bitter sprechende Frau hörte mit derselben Aufmerksamkeit zu wie die andern Gäste, und plötzlich liefen über ihr Gesicht Tränen. „Das war schön", sagte sie, aber es ist schwer, dahin zu kommen."

Der Steinhaldenbauer aber, der bis dahin ziemlich schweigsam dem Gespräch beigewohnt hatte, nickte bedächtig. „Ja, das vom Acker, das verstehe ich auch. Man muß draußen auf dem Feld arbeiten, um recht zu begreifen, wie das gemeint ist."

Als er am Abend mit seiner Frau unter dem Sternenhimmel dem Steinhaldenhof zuschritt, sagte er: „Alwine, wenn wir wieder eingeladen werden, sträube ich mich nicht, hinzugehen. Es ist beinahe wie in der Kirche."

Eines Tages kam Sterna aus dem Dorf und suchte erregt nach Siegberte.

„Höre nur, was ich erlebt habe", sagte sie. „Ich bin voller Empörung. Heute morgen sind Flüchtlinge in unser Dorf gekommen, die untergebracht werden sollen. Auf dem Schulhof mußten sie sich sammeln. Der Bürgermeister ließ die Dorfbewohner zusammenrufen und sagte ihnen, daß nach behördlicher Bestimmung achtzig Flüchtlinge im Dorf Aufnahme finden müßten. Er schilderte wirklich verständnisvoll die Notlage im Dorf und sagte deshalb, er sähe es lieber, wenn diejenigen, die in ihren Wohnungen noch Platz hätten, einen oder mehrere der Flüchtlinge aufzunehmen, sich freiwillig melden würden. Wenn dieses nicht geschehe, so müsse er einfach bestimmen.

Zuerst trat keiner von den Bauern hervor. Schließlich aber faßte ein Bauer ein junges Mädchen von zwanzig Jahren am Arm und sagte: ‚Dich nehm ich, du siehst aus, als könntest du arbeiten.' Das Mädchen deutete auf seine alte Mutter: ‚Aber die muß auch mit. Ich kann sie nicht allein lassen.' Der Bauer aber wehrte ab. ‚Nichts da, was soll ich mit dem alten Weib? – Ich kann nur jemand brauchen, der ordentlich zupackt.'

Dies veranlaßte auch andere, durch die Reihen zu gehen und da einen jungen Mann, dort eine kräftige junge Frau oder ein Mädchen zu wählen. Die Alten wurden von niemand begehrt und auch die kinderreichen Mütter ließ man stehen. ‚Uns will niemand', klagte ein alter Mann; ‚wären wir doch zu Hause gestorben, es wäre uns besser ergangen.'"

Sterna bat Siegberte: „Komm, laß uns zum Bürgermeister fahren. Du mußt deinen Einfluß geltend machen und dafür sorgen, daß diese armen Menschen untergebracht und versorgt werden."

Siegberte war sofort einverstanden. Das Herz tat ihr weh, als sie Sternas Bericht anhörte. Wenige Augenblicke später fuhren die beiden Frauen ins Dorf. – Es war tatsächlich so, daß etwa zwanzig alte Leute, Männer und Frauen, vor dem Schulhaus auf ihren Bündeln ratlos saßen. Eine Achtzigjährige weinte bitterlich, ebenso einige andere. „Jetzt muß man in seinen alten Tagen noch Fremden zur Last fallen und weiß sehr wohl, daß man nicht erwünscht ist."

Siegberte und Sterna gingen von einem zum andern, trösteten, ermutigten, und Siegberte versprach, dafür zu sorgen, daß alle gut untergebracht würden.

Ein alter Mann küßte ihr unter Tränen die Hand. „Gnädige Frau, Sie sind ein Engel, meine Hochachtung –"

Der Bürgermeister kam erhitzt und sichtlich erschöpft angelaufen. „Frau Doktor, Sie hier? – Ich kann Ihnen sagen, herzlos und roh sind unsere Bauern. Ihnen allen ist's noch viel zu gut gegangen. Unsere Städter, denen die Häuser niedergebrannt oder zusammengestürzt sind, haben noch eher Verständnis für die Lage dieser Ärmsten. Ich selber habe eine vierköpfige Familie aufgenommen. Es versteht sich, daß ich mit gutem Beispiel vorangehe. Aber nur mit Gewalt lassen sich diese sturen Menschen bewegen, die

Leute aufzunehmen, und außer in zwei, drei Fällen geschah es mit Widerwillen, oft sogar unter Fluchen und Schimpfen. Die armen Menschen tun mir so leid. Wüßt' ich nicht, Frau Doktor, daß Sie ihr ganzes Haus belegt haben, ich würde bei Ihnen um Rat und Hilfe eingekommen sein. – Wenn mir nur einer sagen wollte, was ich mit diesen alten Leuten machen soll? Die will natürlich niemand."

„Mir kommt soeben ein Gedanke", unterbrach ihn Siegberte. „Beim Krugwirt ist doch der alte, unbewohnte Nebenbau. Wenn ich nicht irre, sind dort sechs oder sieben Zimmer. Vor dem Krieg wurden dort Sommergäste aufgenommen. Sie beschlagnahmen einfach diese möblierten Räume und eröffnen dort ein kleines Altersheim für Flüchtlinge."

Der Bürgermeister sah Siegberte sprachlos an. „Daß ich daran nicht gedacht habe! Das ist tatsächlich eine gute Idee. Was aber wird der Krugwirt sagen?"

„Der wird gar nicht lange gefragt. Jeder muß in dieser schweren Zeit seine Opfer bringen. Und Sie als Bürgermeister haben Bestimmungsrecht. – Aber was soll aus dem armen Weib werden? Eins, zwei, drei – sechs Kinder, eines blasser und kümmerlicher als das andere! Das kann ich mir denken, daß sich niemand um sie gerissen hat. Aber hier können wir sie schließlich nicht sitzen lassen. Warten Sie, ich will mit der Frau reden."

Nach wenigen Augenblicken wandte sie sich wieder an den Bürgermeister. „Eine arme Frau! Der Mann wurde, weil er sich weigerte, sein Haus zu verlassen, erschlagen, und nun steht sie mit ihren unversorgten Kindern allein da und kein Mensch will sie. – Das kann man ja nicht mit ansehen."

Siegberte wandte sich an die Freundin: „Komm, Sterna, nimm das arme Weib mitsamt ihren vaterlosen Kindern und bringe sie auf den Eichenhof – oder warte – die Frau schafft den Weg kaum noch, die nehm ich mit im Wagen, wenn wir jetzt zum Krugwirt fahren. – Es ist Ihnen doch recht, Herr Bürgermeister? Wir setzen uns zu zweit doch besser durch als einer allein."

Der Bürgermeister verbeugte sich: „Ich bin Ihnen sehr dankbar, Frau Doktor."

Siegberte fuhr fort: „Also, Sterna, nimm die Kinder mit. Wir stellen eben noch ein paar Feldbetten auf. Die Mutter überweise ich zunächst ins Krankenhaus und die Kinder bleiben in Gottes Namen bei uns, bis sich alles Weitere geklärt hat."

Die kleinsten der Kinder brachen in ein jammervolles Geschrei aus, als sie sahen, daß ihre Mutter das Auto bestieg. „Sie haben schon so schrecklich viel Schweres durchgemacht", erklärte die Mutter. „Sie fürchten, ich komme nicht wieder." Dann faßte sie nach Siegbertes Händen: „Oh, gnädige Frau, wenn Sie sich nicht unserer annähmen! Ich war schon der Verzweiflung nahe."

„Vergessen Sie uns nicht!" Die alten Frauen und Männer erhoben flehend die Hände.

„Es kommt gleich jemand, um euch abzuholen", erwiderte Siegberte und lächelte den Armen ermutigend zu. „In einer Stunde wißt ihr, wo ihr von jetzt an zu Hause sein sollt und heute abend hat jeder von euch sein sauberes Bett." –

Der Krugwirt fluchte. Es nützte ihn aber nichts.

Die alten Leutchen weinten Freudentränen, als sie nach kurzer Zeit die sauberen Zimmer betraten. Einige fehlende Betten ließ der Bürgermeister aus den Häusern holen. In allerlei Dachkammern fand sich noch manches, was bis dahin unbenutzt gewesen war. Jetzt erfüllte es seinen Zweck. –

Siegbertes Wagen hielt vor dem Hause Doktor Nölles. „Zu Ihnen will ich heute nicht", sagte Siegberte, als der Arzt sie begrüßt hatte. „Wo finde ich Ihre Schwester?"

„Im Wohnzimmer. Sie probiert ein kompliziertes Strickmuster aus, um die Zeit totzuschlagen."

„Das hat aufgehört", erwiderte Siegberte. Und dann saß sie bei Fräulein Jettchen. „Sie haben mir schon oft geklagt, daß es Sie nicht befriedigt, Ihrem Bruder den Haushalt zu führen und ihn zu betreuen. Ich denke, daß Sie mit Ihren fünfzig Jahren noch rüstig genug sind, ein Amt zu übernehmen. Wir haben soeben ein Flüchtlingsaltersheim gegründet. Sie sollen die Leitung übernehmen."

Jettchen Nölle verschlug es die Sprache. Sie hörte Siegberte staunend zu. „Und sie meinen, daß ich das kann?"

„Aber selbstverständlich." Und Siegberte erklärte ihr, wie sie sich den Wirkungskreis des Fräuleins vorstellte. Schließlich strahlte diese. „Wenn mein Bruder mich gehen läßt, ich bin bereit."

„Gott sei gelobt!" sagte Doktor Nölle. „So ist uns beiden geholfen."

Das traurige Schicksal der Flüchtlinge bewegte Siegberte stark. Oft lag sie schlaflos und dachte angestrengt darüber nach, wie sie ihnen ihr schweres Los erleichtern könne. — Einige von ihnen waren einigermaßen gut untergebracht und von den Leuten wenigstens nicht unfreundlich aufgenommen worden. Andere aber mußten fühlen, daß sie unerwünscht und lästig waren.

Eines Tages kam Siegberte von einem Krankenbesuch aus dem Dorf. Weil ihr Wagen in Reparatur war, mußte sie zu Fuß gehen. Der Weg durch die Wiesen und Felder war für sie eine Erholung. Sie bedauerte auch oft, jetzt so wenig Zeit für die Landwirtschaft zu finden. Als echte Bauerntochter war sie viel zu stark mit der Natur verbunden, als daß sie nicht an allem, was draußen geschah, regen Anteil genommen hätte. Wie gut, daß Franz ein so treuer Verwalter und in seinen Händen alles aufs beste versorgt war. —

An einer Wiesenböschung saß eine der alten Frauen aus

dem von Siegberte gegründeten Altersheim. Sie hatte die kleinen Flüchtlingskinder um sich geschart, während die größeren die Dorfschule besuchten und die Mütter bei der Arbeit waren. Hinter einem Gebüsch verborgen war Siegberte eine Weile stiller Zeuge dessen, was die alte Frau den Kindern erzählte.

„Und am Abend nach der Arbeit saßen wir dann noch ein Weilchen auf der Bank vor dem Haus. Das Abendglöcklein läutete, aus den Ställen drang dann und wann ein zufriedener Laut der Tiere, die versorgt waren. Am Abendhimmel kam ein Sternlein nach dem andern zum Vorschein. Der Nachbar kam noch auf ein halbes Stündchen zu uns herüber, der Brunnen vor dem Haus plätscherte, und die Burschen und Mädchen zogen in langen Reihen singend durchs Dorf."

Schließlich sang das alte Mütterlein den lauschenden Kindern eines der schönen alten Heimatlieder mit zitternder Stimme. Aber plötzlich brach das Singen ab — ein Schluchzen wurde daraus. Auch Siegbertes Augen füllten sich mit Tränen. Das alte Weiblein tat ihr bis in die Seele leid.

Hier sprach Heimweh, eine unstillbare Sehnsucht. Und es bestand keine Aussicht, das Verlorene zurückzuerlangen. — Auch die Kinder waren verstummt. Ein hellblonder, aufgeweckter Junge, der der alten Frau bis dahin aufmerksam gelauscht hatte, streichelte ihr mit seinen Händen über das runzelige Gesicht. „Großmutter, nicht weinen!" Dann sprang er plötzlich auf und begann am Wiesenrand Blumen zu pflücken. Margueriten, Federnelken, Akelei und andere. „Großmutter, nicht wahr, genau dieselben wachsen auch bei uns zu Hause?" Und die alte Frau streichelte über die bunte Pracht, die der Kleine ihr in den Schoß geschüttet hatte, so, als liebkose sie ein Kind und bestätigte: „Ja, genau solche, ganz genau solche!"

Siegberte vermochte jetzt nicht zu reden. Sie schlug einen Seitenweg ein, um ungesehen von der Flüchtlingsfrau den Eichenhof zu erreichen. Das Erlebte riß in ihr die noch immer unvernarbten Wunden auf. — Am Wiesenrand war Heiner gestorben. Gewiß hatten auch dort die gleichen Blumen geblüht wie in der Heimat. — Margueriten, Federnelken, Akelei und andere! — Ob sie nicht auch in ihm, dem Sterbenden, die Sehnsucht nach der Heimat wachgerufen hatten! Ganz gewiß hatten seine Gedanken bis zuletzt den Eichenhof umschlossen und waren schließlich bei ihr, seinem Weib, stehengeblieben. O Heiner — Heiner, und ich mußte dich allein lassen in deiner Not — und nun kann ich nicht einmal deine letzte, irdische Ruhestätte mit Blumen schmücken. — Ach Heiner, wenn ich nur innerlich zur Ruhe käme im Gedenken an dich! — Weshalb ist mein Christenglaube nicht so stark, daß ich stille sein kann in dem Gedanken, Gott habe dich gerufen. — Ich klage mich an, daß ich nicht gefaßter bin. — Aber ganz gewiß versteht Gott, daß in mir ein unstillbares Weh ist, eine Wunde, die nie aufhören wird zu schmerzen. — Wie jäh wurden wir, die wir füreinander bestimmt waren, auseinandergerissen! — Und das — das kann niemals das Ende unseres gemeinsamen Weges sein. — In ihr regte sich die Antwort: Es ist ja auch nicht das Ende. Lebendiges Christentum weiß nicht von einem solchen Ende. Wir sterben — um zu leben!

Der Sturm in Siegbertes Innerem legte sich. Aber eine neue Aufgabe stand fordernd vor ihr. Es muß etwas für die Flüchtlinge geschehen.

Die Arbeit im Flüchtlingskinderheim nahm täglich zu. Hundert Knaben und Mädchen im Alter von 1—15 Jahren waren in drei Abteilungen untergebracht. „Unser Schatzkästlein" nannte Siegberte die Kleinkinderstation, wo ein Gitterbettlein neben dem andern stand. Wenn sie am Morgen zu ihnen hineintrat, hoben sich die blonden, braunen und dunklen Köpfchen aus den lustig geblümten Kissen. „Mutti, Mutti!" schallte es ihr entgegen und ein eifersüchtiges, gegenseitiges Überwachen begann. Jedes wollte zuerst von Siegberte auf den Arm genommen sein, und es war eine Freude, zu sehen, wie die ganze kleine Gesellschaft ohne Ausnahme an der Eichenhof-Mutti hing. Der Aufenthalt in der Kleinkinderabteilung war für Siegberte eine Erholung. Sie kannte das Schicksal jedes einzelnen der Kinder, soweit man über dasselbe Auskunft bekommen konnte. Alle diese Kinder wurden von ihr in erbarmende Liebe eingehüllt und viele von ihnen waren ganz gewiß zu Hause nicht annähernd so gut versorgt worden wie hier auf dem Eichenhof.

Das Schicksal der Flüchtlingskinder war im allgemeinen ein schweres. Noch tragischer aber dünkte es Siegberte, wenn sich zum unverschuldeten Unglück auch noch die Schuld der Eltern gesellte. So war da eine Anzahl Kinder aus Ehescheidungsfällen, bei denen anzunehmen war, daß nie wieder ein glückliches Familienleben zustande käme, selbst wenn sich die äußeren Verhältnisse wieder regeln würden. Wenn eine solche Mutter oder dann und wann ein Vater die Kinder zu ihr brachten, dann hielt Siegberte in ihrer geraden Art nicht mit ihrer Meinung zurück: „Denkt ihr denn nicht daran, was ihr euren Kindern antut, wenn ihr ihnen durch euer Getrenntleben jede Möglichkeit nehmt, in einem geordneten und harmonischen Familienleben aufzuwachsen?"

O diese unseligen, unüberlegt und verfrüht geschlossenen Ehen zwischen Menschen, die der Zufall zusammengeführt hat, Menschen, von denen keiner eine Ahnung von den Charaktereigenschaften des andern besaß. Immer waren die Kinder die Leidtragenden. Um so mehr schlossen die Kleinen sich ihr an. Sie spürten nur zu gut, welche

Klarheit aus dem Wesen dieser Frau ihnen entgegenleuchtete.

Siegberte hatte einige Kindergärtnerinnen angestellt, welche den Abteilungen vorstanden. Diesen waren Praktikantinnen unterstellt. Außer dem für die Landwirtschaft in Frage kommenden Personal waren es fünfundzwanzig Personen, die ihre Tätigkeit auf dem Eichenhof hatten. – Sehr sorgfältig war sie in der Auswahl ihrer Mitarbeiter. Sie wußte, nichts war so wichtig, als daß von den Erwachsenen eine gute Atmosphäre auf die Kinder überging, und sie sah es als eine ihrer wichtigsten Aufgaben an, ihre Angestellten persönlich zu betreuen und einen bewußt harmonischen Einfluß auf sie auszuüben. Ein minderwertiger Mensch hätte sich im Geist dieses Hauses weder wohlgefühlt noch gehalten. So kam es, daß das Schaffen auf dem Eichenhof zur Freude wurde. Allen voran war Siegberte vom frühen Morgen bis zum späten Abend in vorbildlicher Pflichttreue tätig.

Die Mitarbeiter sowie die Kinder verehrten und liebten Siegberte, und es war rührend, wie selbst die Kleinen sich bemühten, die „Mutti" zu erfreuen. Fast täglich fand sie ihren Platz im Speisesaal mit Blumen geschmückt und immer wieder streckte sich ein Kinderhändchen ihr entgegen: „Mutti, für dich!" Ein Blumensträußchen, ein selbstgemaltes Bildchen, ein bunter Stein, oder sonst eine kleine Gabe.

Eines Tages sprang der fünfjährige Michel auf sie zu: „Mutti, Mutti, ich habe eine Freude für dich auf dem Rücken. Rate mal, was es ist!" Und dann kam ein mit Erde gefülltes Schneckenhäuschen zum Vorschein, in welches Veilchen gepflanzt waren. Es bekam seinen Platz auf Siegbertes Schreibtisch. „O Heiner, daß du all diese Freuden miterleben könntest!"

Fräulein Nölle, die Schwester des Arztes, hatte sich mit Eifer in ihre neuen Aufgaben gestürzt. Was kümmerte es sie, daß der Krugwirt sie jeden Morgen mit wütenden Blicken empfing und sich über die alten Leute, „dieses lästige Flüchtlingspack", beschwerte. Die Räume waren amtlich für diesen Zweck beschlagnahmt worden – und sie, Jettchen Nölle, war die Leiterin des Altersheims. Es war nur ein Segen, daß die bucklige Schwester des Krugwirts, die als Köchin im Hause ihres Bruders ihr Dasein fristete, ein mildtätiger Mensch war. Ihre Seele war unbedingt besser geartet wie ihr armer verwachsener Körper. So war wenigstens eine einigermaßen annehmbare Verpflegung garantiert; denn der Bürgermeister hatte angeordnet, daß in der großen Gasthausküche für die zwanzig alten Leute gekocht werden müsse, während die Lebensmittel von der Gemeinde geliefert wurden.

Arbeit gab es für Fräulein Nölle genug. Einige der alten Leute, die vor der Flucht kaum die Grenzen ihres heimatlichen Dorfes überschritten hatten, fanden sich in der Fremde einfach nicht zurecht. Sie fühlten sich unsicher und benötigten der Hilfe und Beratung auf allen Gebieten. Jette hatte somit genug Gelegenheit, ihre Fürsorge und Mütterlichkeit, mit der sie bisher ihren Bruder beglückt hatte und wodurch sie ihm oft auf die Nerven gefallen war, anzuwenden. Einige der alten Leute waren auch teilweise bettlägerig und daher pflegebedürftig. Am liebsten wäre Fräulein Nölle ganz in ihr Altersheim gezogen, aber schließlich konnte sie ihren Bruder doch nicht ganz allein lassen. – So übergab sie dem Ehepaar Konvalski, einem achtundsechzigjährigen, noch ganz rüstigen Mann mit seiner freundlichen kleinen Frau, die Verantwortung während ihrer Abwesenheit. – Fräulein Nölle aber war durch die ihr von Siegberte übertragenen Aufgaben so erfüllt, daß sie ganz verjüngt wirkte. Ihr Dasein war ihr bis zur Stunde auch so leer, so unausgefüllt erschienen, daß sie sich oft ganz unglücklich fühlte. Ihr knurriger Bruder hatte trotz seines

Arztberufes nur wenig Verständnis für seine Schwester und nannte sie eine verschrobene alte Jungfer, die ihre schlechten Launen pflege. Jetzt aber merkte selbst er die Veränderung, die mit ihr vorgegangen war.

„Siegberte, welchen Zaubertrank hast du nur meiner Schwester verabreicht?“ sagte Doktor Nölle.

„Ich habe ihr nur ein Mittel fürs Herz gegeben“, erwiderte diese. „Das sollten Sie als Arzt doch längst wissen, daß man in der Fürsorge für andere seine eigenen Nöte, wirkliche oder nur vermeintliche, am leichtesten vergißt. — Übrigens fällt mir da gerade etwas ein. Ich weiß noch jemand, der was ‚fürs Herz‘ benötigt.“

Und sie nahm sich noch am gleichen Tage die Zeit, zu Kabels ins Haus „Heimkehr“ zu gehen, wo sie die junge Frau in Tränen fand.

„Was ist dir, Sabine?“ fragte Siegberte und setzte sich zu ihr. Sie deutete auf den gefüllten Flickkorb und das zerrissene Kinderhöschen, an dem die Freundin gerade flickte. „Wirst du mit diesen häuslichen Sorgen nicht fertig? Oder was drückt dich sonst?“

Sabine vergewisserte sich, daß die Türe zum Nebenzimmer geschlossen sei. Dann berichtete sie: „Es ist wegen der Mutter. Obgleich ich mir wirklich die größte Mühe gebe, alles zu verhüten, vergeht kein Tag, an dem wir nicht einen Zusammenstoß hätten. Und das reibt mich auf. — Sieh, ich bin in den Jahren meiner Ehe doch eine andere Atmosphäre gewöhnt — Gott sei Dank! Zu Hause gab es leider täglich Zusammenstöße zwischen meinen Eltern. Aber du kennst ja Rolf, und weißt, wie ausgeglichen sein Wesen ist. In seiner Nähe bin ich selbst ruhiger geworden. Die Art meiner Mutter bringt mich wieder, ohne daß ich es will, ins alte Fahrwasser. Alles Sichwehren nützt da oft nichts. Wir stoßen zusammen und das schafft einen Geist in unserem Hause, unter dem wir alle leiden. Rolf redet mir zwar immer zu und meint, ich müsse es lernen, mich zu beherrschen und zu schweigen, auch wenn ich im Recht und Mutter im Unrecht sei – aber es fällt mir schrecklich schwer. Und nachher bin ich immer so unglücklich."

„Womit beschäftigt sich denn deine Mutter den ganzen Tag?" fragte Siegberte.

„Das ist es ja gerade. Sie war ihr Leben lang gewöhnt, bedient zu werden. Unser Mädchen hätte den ganzen Tag zu tun, Mutters Sonderwünsche zu erfüllen. Dabei gibt es doch wahrhaftig in Haus und Garten für eine Person genug zu tun. Und meine Zeit ist vollkommen ausgefüllt mit der Betreuung der Zwillinge und dem täglichen Kochen. Daß Mutter mich ein wenig entlasten und etwas von meiner Arbeit abnehmen könnte, kommt ihr gar nicht in den Sinn. Ich denke ja nicht an schwere Arbeit. Aber sieh dir den Flickkorb an, Siegberte. Es wäre doch gewiß nicht zuviel verlangt, wenn sie mir etwas behilflich wäre. Sie bleibt jeden Morgen bis zehn Uhr liegen und verlangt, daß ihr der Kaffee ans Bett gebracht werde, wie sie dieses früher gewöhnt war. Ihr Zimmer notdürftig in Ordnung zu halten, geht schon fast über ihre Kraft. Dann jammert sie täglich, daß sie in dieser Einöde leben müsse. Sie vermißt ihr Kaffeekränzchen, Kino und Theater."

Siegberte schüttelte den Kopf. „Hat die arme Frau denn wirklich nicht mehr aus den schweren Erlebnissen der letzten Jahre gelernt?!"

„Aber das Schlimmste habe ich dir noch gar nicht gesagt. – Ach Siegberte! – Was meines Mannes und meine große Freude ist, versetzt sie in höchste Entrüstung!" Sabine begann in ihrer Erregung wieder zu weinen. „Wir erwarten wieder ein Kind. Rolf ist überglücklich, und auch ich freue mich sehr darauf. Heute morgen habe ich es meiner Mutter anvertraut in der Annahme, daß dieses Wissen ihren Gedanken eine neue Richtung geben könnte. – Aber weißt du was geschah? Sie überhäufte mich mit Vorwürfen. Sie meinte sogar, es sei ein Verbrechen, in dieser Zeit Kinder in die Welt zu setzen. Von großmütterlicher Freude keine Spur. Ach, Siegberte, ich bin wirklich unglücklich."

„Das ist nicht nötig", versuchte Siegberte zu beruhigen. „Schwierigkeiten sind da, um überwunden zu werden. – Und nun will ich dir auch den Grund meines Kommens nennen. Ich will deiner Mutter den Vorschlag machen, Fräulein Jette Nölle bei der Betreuung der alten Leutchen zu helfen." – Sabine schüttelte ungläubig den Kopf. „Darauf wird sie sich auf keinen Fall einlassen; besonders nicht, wenn es sich um arme oder ‚primitive' Menschen handelt."

„Arm sind wir heute alle", antwortete Siegberte. „Der geringe Besitz, der uns übriggeblieben ist, verpflichtet uns denen gegenüber, die nichts mehr haben. Aber sind wir selber nicht recht primitiv, wenn wir an der Not des Nächsten achtlos vorübergehen? – Laß mich nur mit deiner Mutter reden. Vielleicht gelingt es, sie zur Mitarbeit zu gewinnen und ihr dadurch zu helfen."

Sabine hatte recht. Frau Happland lehnte es zuerst entschieden ab, Fräulein Nölle behilflich zu sein. „Was glauben Sie! Ich bin nicht gewillt, mir in diesen armseligen Behausungen eine Krankheit oder gar Ungeziefer zu holen. Und außerdem wäre mir dieses Niveau völlig fremd."

Aber seltsamerweise betrat sie dann doch bereits am Nachmittag mit Siegberte das Altersheim.

„Das ist ja herrlich, Frau Happland, daß Sie mir helfen wollen. Ich weiß ohnehin heute vor lauter Arbeit nicht aus noch ein. – Mein altes Frauchen Spinngabel ist gestürzt und liegt mit verstauchtem Bein im Bett. Es müssen Umschläge gemacht werden. Dann habe ich noch keine Zeit gefunden, dem blinden Großvater vorzulesen, worauf er sich jeden Tag freut. Die gelben Rüben müssen für morgen auch noch geputzt werden."

Frau Happland hob entsetzt die gepflegten Hände. „Ich bitte Sie, Fräulein Nölle! – Was haben Sie für Vorstellungen? Gelbe Rüben putzen, Umschläge machen . . . !"

Aber Fräulein Nölle, in die mit Amt und Würden ein völlig neuer Geist eingezogen zu sein schien, hakte sich bei der alten kritischen Dame ein.

„Meine liebste Frau Happland, Sie lassen mich nicht im Stich. Ich habe oben noch eine weiße Schürze hängen, die wird Ihnen passen, wir haben ja beinahe dieselbe Figur!" Und sie zog die alte Dame kurzerhand mit sich. Siegberte blieb lächelnd zurück. Hier war sie im Augenblick überflüssig. Fräulein Nölle würde auch ohne sie schon fertig werden.

Allerdings ahnte sie nicht, daß Frau Happland gleich am nächsten Tag Zeuge eines tragischen Ereignisses sein würde. Siegberte hatte gerade einen Gang durch ihr Haus unternommen und stand mit Sterna im Kindergarten, in welchem sich die vorschulpflichtigen Kinder des Heims tagsüber aufhielten, als plötzlich die Tür aufgerissen wurde und Fritz Klickmüller erregt meldete: „Frau Doktor, soeben hat Fräulein Nölle angerufen, einer der Männer im Altersheim habe einen Selbstmordversuch gemacht; Sie möchten sofort kommen."

„Laß mich mit dir fahren", bat Sterna und blickte Siegberte voller Besorgnis an. In letzter Zeit hatte diese manchmal mit Herzschwächen zu tun gehabt. Es war einfach zuviel, was der Tag von ihr forderte.

Kurz darauf standen die beiden Frauen in der Wirtschaft zum Krug, vor der sich bereits eine Anzahl Neugieriger versammelt hatte. In der Gaststube war der Wirt mit dem Bürgermeister und einigen Männern vom Gemeinderat im heftigsten Wortwechsel. Fräulein Nölle stand händeringend und zitternd zwischen den Männern und versuchte den Sachverhalt zu erklären. Als Siegberte Sorger den Raum betrat, stürzte sie ihr laut aufweinend entgegen: „O Frau Doktor, es ist gar nicht zu sagen, was passiert ist. Unser guter Lappöhn, Sie wissen, der schweigsame Alte mit dem Holzfuß, hat sich erhängt. Dabei hätte er morgen seinen achtzigsten Geburtstag gefeiert. Es ist schrecklich ..."

Der Krugwirt unterbrach sie in höchster Erregung: „Was war schrecklich? Wollen Sie vielleicht sagen, daß ich daran schuld bin?"

Siegberte schob den Aufgeregten einfach beiseite und sagte zu Fräulein Nölle: „Führen Sie mich sofort zu dem Mann. Vor allem müssen wir sehen, ob ihm noch zu helfen ist."

In der Bodenkammer des Hauses hatte man den armen Menschen auf die Erde gelegt. Siegberte stellte fest, daß er tot war.

„Und die arme Frau!" schluchzte Jettchen Nölle. „Nur mit Gewalt konnten wir sie von ihrem Manne wegbringen. Das Unglück war natürlich sofort im ganzen Hause bekannt, und wir konnten es nicht verhüten, daß das Weiblein, so rasch es ihre schwachen Beine erlaubten, hier heraufeilte."

„Wo ist sie?" fragte Siegberte. „Lassen Sie mich zu ihr."

Als sie in das Zimmer geführt wurde, wo die verzweifelte Frau zu finden war, fand sie Frau Happland neben dem Mütterchen auf dem Sofa sitzend. Sie hatte den Arm um sie gelegt und versuchte sie zu trösten. Dabei liefen beiden die Tränen über das Gesicht. So ist's gut, dachte Siegberte. Mit der alten Dame haben wir sichtlich den rechten Weg eingeschlagen. Sie setzte sich auf die andere Seite neben Frau Lappöhn und wußte, daß sie jetzt nichts anderes zu tun hatte, als zuzuhören.

Sterna ließ sich indessen im Hausgang von den aufgeregten Mitbewohnern des Altersheims den Vorgang schildern. „Niederträchtig war der Krugwirt! – Es fehlte nicht viel, so hätte er den alten Mann die Treppe hinuntergeworfen. Beschimpft hat er ihn, nur weil er für seine Frau, die gerade einen heftigen Anfall von Gallenkolik hatte, aus der Küche heißen Tee holen wollte. ‚Verfressenes Gesindel', hat der Wirt geschrien. ‚Lästiges Pack. Wäret ihr geblieben, wo ihr waret, anstatt den Frieden anderer zu stören.' Und so ging's in einem fort. Plötzlich sei der alte Mann schneeweiß geworden, habe sich wortlos umgedreht und sei in sein Zimmer zurückgewankt. Etwa eine Stunde habe er dann schweigend am Bett seiner Frau gesessen, um dann wortlos zur Tür hinauszugehen. Eines der Hausmädchen hatte in der oberen Bodenkammer zu tun und fand ihn dort erhängt."

Die Leute befanden sich in höchster Erregung. „Es wird nicht der letzte sein, der solchen Ausweg sucht", sagte einer der Männer und alle sahen recht unglücklich drein. Sterna versuchte ihnen zuzureden, bat sie, nicht zu verzweifeln, deutete auf Fräulein Nölle, die weinend zu den Leuten getreten war, und sagte: „Ihr wißt doch, wie sie für euch eintritt und mit welcher Liebe sie euch umsorgt und pflegt. Und vergeßt nicht, was Frau Doktor Sorger für euch tut. Seht, wir alle sind ja nicht schuld an eurem Unglück, aber wir wollen es euch tragen helfen und glaubt mir, es sind genug Menschen da, die euer schweres Schicksal verstehen und tiefes Mitleid mit euch empfinden."

Indessen jammerte Frau Lappöhn in ihrem großen Schmerz: „Ganz allein hat er mich zurückgelassen. Hätte er mich doch mitgenommen — hätte er nur ein Wort gesagt, ich wäre bereit gewesen mitzugehen. — Was tue ich allein in der Fremde! Er hat es gut, ihm ist wohl — ach, warum hat er mir nichts von seinem Vorhaben gesagt."

Mit Hilfe von Frau Happland entkleidete Siegberte die 78jährige und brachte sie zu Bett. Dann flüsterte sie der alten Dame zu: „Wir dürfen sie vorerst nicht allein lassen." Diese nickte mit Tränen in den Augen. Plötzlich faßte sie Siegbertes Hände: „Ich bleibe hier, wenigstens in dieser Nacht; sie soll sich nicht ganz verlassen fühlen."

Siegberte erwiderte den Händedruck und sagte: „Ich danke Ihnen, Frau Happland, Sie erweisen mir einen großen Dienst damit." Dann ging sie, um mit dem herzlosen, rohen Wirt ein Wort unter vier Augen zu reden.

Die traurige Geschichte hatte sich natürlich schon in der nächsten Stunde im Dorf herumgesprochen. Die Einwohner nahmen Stellung dazu, je nachdem wie sie dem Flüchtlingsproblem gegenüberstanden. Es waren nur ganz wenige, die für diese leidgeprüften Menschen Verständnis zeigten. Mehr oder weniger wurden die den Einwohnern Zugewiesenen als Last empfunden. Und dann schien es nicht ratsam, sich gegen den Krugwirt zu stellen. Man wußte nicht, wie man sich noch gegenseitig brauchte. Diejenigen, die aus Gewissensgründen seine Haltung ablehnten, waren derartig in der Minderzahl, daß sie gegen die andern nicht aufkamen. — Wie eine Verschwörung ging es von Haus zu Haus: Es geht niemand von uns zur Beerdigung des Alten. Er gehört nicht zu uns. Wir haben nichts mit ihm zu schaffen. Die Flüchtlinge sind und bleiben Fremde.

Auch der alte Pfarrer hatte nicht vermocht, etwas hiergegen auszurichten. Gleich nach der unglückseligen Tat war er bei der alten Frau Lappöhn gewesen. Sie freute sich über seinen Besuch, aber zu trösten hatte er sie nicht vermocht. Merkwürdigerweise schloß sie sich gänzlich ihrer Pflegerin Frau Happland an, die in den Kreislauf dieses Geschehens in einer Weise hineingerissen worden war, wie sie sich dies nie hätte träumen lassen. Die alte Frau hatte ja keine Ahnung von den vorhergehenden Erlebnissen der Frau Happland und erschloß ihr armes, heimwehkrankes Herz ganz der Fürsorge dieser ‚gütigen Dame'. Diese aber erlebte zum erstenmal etwas von der Größe des Wortes: „Einer trage des andern Last, so werdet ihr das Gesetz Christi erfüllen." Sie war sich natürlich darüber klar, daß ihre Hilfeleistung sich nur auf einige Tage erstrecken würde. Schließlich sollte sich diese Jette Nölle nicht einbilden, in ihr eine Angestellte des Altersheims zu sehen. – Daß sie im Augenblick die alte Frau Lappöhn, die sich in ihrer Verzweiflung an sie klammerte, nicht im Stich lassen konnte, war klar. Aber später – nein – diese Armenhausluft wünschte sie nicht ständig einzuatmen.

Auch der Ortspfarrer hatte eine ernste Unterredung mit dem Krugwirt in dessen hinterem Zimmer gehabt, aber großen Eindruck hatte diese nicht auf ihn gemacht. Was wußte dieser alte Priester schon vom Leben! Aber wenn der Wirt glaubte, mit seiner Pfiffigkeit dem Gespräch eine andere Wendung geben zu können, indem er reges Interesse für die Bienenzucht oder das Obstland des Pfarrers heuchelte, so kam er damit nicht an. Der alte Mann blieb bei seinem Thema: Nächstenliebe – und ließ sich auch nicht beirren, als der Krugwirt ihm ein Glas von seinem besten Schnaps vorsetzte.

„Ich glaube, daß es nicht angebracht ist, das traurige Geschehen noch zu begießen", sagte er in großem Ernst. „Vergiß nicht" – er sagte zu all seinen einstigen Konfirmanden „du" – „daß ein Toter in deinem Hause liegt, der einmal schwere Anklage gegen dich vor dem höchsten Richter erheben wird."

Am nächsten Tag läutete das Totenglöcklein, während sich ein armseliger Elendszug hinter dem Leichenwagen zum Friedhof bewegte. Es war ein trüber, regnerischer Tag. Die Sonne hatte sich hinter grauen Wolken verborgen. Bis auf drei oder vier Bettlägerige nahmen alle Insassen des Altersheims an der Beerdigung teil. Direkt hinter dem Leichenwagen wankte, gestützt von Fräulein Nölle und Frau Happland, die Witwe, Frau Lappöhn. Die übrigen alten

Leute boten ein trauriges Bild in ihrer armseligen Kleidung und schlechtem Schuhwerk. Einer stützte den andern. Es war, als müßten sie sich in ihrer Not und grenzenlosen Einsamkeit erst recht aneinander klammern und aufrichten. Auch von den übrigen Flüchtlingen waren die meisten erschienen. Von den Dorfbewohnern hatten sich nur wenige eingestellt. Die Augen der Flüchtlinge blickten meist stumpf brütend oder waren voll schmerzlicher Sehnsucht in die Ferne gerichtet. Sie dachten an ihr Heimatdorf und den heimatlichen Friedhof. Sie vermeinten den Klang der Totenglocke von daheim zu vernehmen und standen im Geiste an den Gräbern derer, die dort ihr letztes irdisches Bett hatten. Viele von ihnen beneideten diese stillen Schläfer in der heimatlichen Erde, die all diesen namenlosen Jammer, in dem sie leben mußten, hinter sich gelassen und dieser freudlosen Erde entflohen waren.

Als der Leichenzug den Friedhof erreicht hatte, bot die Grabstätte ein schönes Bild. Siegberte und Sterna standen mit etwa dreißig ihrer größeren Kinder an dem mit Blumen wunderschön geschmückten Grab. Die Kinder trugen alle Blumen in den Händen. Als der Sarg ins Grab gesenkt wurde, sangen sie ein dreistimmiges Lied:

Bringe du mich heim, Vater,
bringe mich nach Haus
durch der Nächte Dunkel —
und durch des Sturms Gebraus
meinen Fuß bewahre
vor dem falschen Pfad.
Sicher bringe mich nach Haus,
Herr, durch deine Gnad.

Es war ergreifend, wie dieses Lied auf die heimatlosen Menschen wirkte. — Heimkehren wollten sie, sonst nichts! Aufschreien hätten sie mögen vor Herzeleid. — In tiefer Bewegung sprach der greise Pfarrer darauf zu ihnen über das

Schriftwort: „Kommt wieder, Menschenkinder!" und zeigte, wie die Gottesbotschaft an jedes Menschenherz dringt und es zurück in's ewige Heimathaus ruft.

*

„Es muß etwas geschehen!" Siegberte stand im Arbeitszimmer des Bürgermeisters. „Wir dürfen nicht tatenlos zusehen, wie ein großer Teil unserer Leute sich zu den Flüchtlingen stellt. Wenn es Ihnen recht ist, Herr Bürgermeister, will ich bei der nächsten Gemeindeversammlung über die Sache reden."

„Es ist mir recht und ich bewundere Sie, Frau Doktor", erwiderte der Bürgermeister. „Wenn die Leute auf irgend jemand hören werden, so sind Sie es. Alle respektieren Sie, und das Wort des Arztes hat mehr Gewicht als das eines anderen Menschen."

„Glauben Sie nur nicht, daß mir das öffentliche Reden leicht wird", erwiderte Siegberte. „Aber vielleicht hören unsere Bauern in einem solchen Fall eher auf die Stimme der Menschlichkeit als auf die des Zwanges. Übrigens ist es ja auch zwecklos, Gewaltmaßnahmen treffen zu wollen, wo das Herz sprechen müßte. – Ich will jedenfalls versuchen, an das soziale Empfinden unserer Dorfbewohner zu appellieren."

Doktor Nölle war begeistert über Siegbertes Vorhaben. „Ganz recht! Sag es ihnen nur deutlich, diesen Dickschädeln! Weißt du, ich halte sonst nichts von Frauenrechtlerinnen. Ich hatte auch Mühe genug, meine holde Schwester in Zaum zu halten – aber du und die Jette, ihr seid ja zwei ganz verschiedene Frauenzimmer. Du leistest wenigstens etwas, während meine Schwester ständig nur in Rührung und Salbung zerfließt und auf der Suche nach frommen Sprüchen ist."

„Sie tun Ihrer Schwester unrecht", verteidigte Siegberte diese. „Niemand könnte sich treuer für unsere Alten einsetzen, als sie es tut. Und gerade ihre Herzlichkeit, die Sie, Herr Doktor, Rührung und Salbung nennen, tut den einsamen alten Leuten so gut. Übrigens bin ich hoch erfreut, daß Fräulein Jette es fertigbringt, Sabines Mutter, Frau Happland, auch weiterhin für das Altersheim zu interessieren. Die sonst ständig klagende Frau ließ sich herbei, nach der Beerdigung des alten Lappöhn zu mir zu sagen: ‚Als ich diese ganze trostlose Flüchtlingsgemeinde auf dem Friedhof vor mir sah, diese armseligen, ausgemergelten Gestalten in ihren zusammengeflickten Kleidern, vor allem ihre traurigen Augen und vom Leid durchfurchten Gesichtern, wurde es mir klar, daß es mir trotz all dem Schweren, das ich erlebt habe, noch immer sehr gut geht.' –"

„Was tut denn der alte Nölle?" fragte der Eulenmüller seinen Nachbarn, der gerade mit einem Mistwagen aufs Feld fuhr. „Jeden, der ihm begegnet, spricht er an, und ich hab' ihn auch schon in ein paar Häuser hineingehen sehen. Das ist doch sonst nicht seine Art, wenn er nicht gerade zu einem Kranken gerufen wird."

„Ach, der Alte wird immer verschrobener", antwortete der andere. „Ich hab' ihn gefragt, ob er sich nicht als Dorfbüttel von der Gemeinde zum Ausschellen der Neuigkeiten anstellen lassen wolle."

„Was weiß er denn Neues?"

„Er fordert dringend auf, heute abend ins Schulhaus zu der Gemeindeversammlung zu kommen. Es gäbe eine Sonderzuteilung für alle, die Flüchtlinge aufnehmen müßten."

„Was, Sonderzuteilung? Auch für Selbstversorger?"

„Ja, so hat er gesagt – und Selbstversorger ist in unserem Dorf doch fast jeder außer den paar Häuslern und den Leuten in der Siedlung."

Der Eulenmüller eilte, um seiner Frau die Nachricht zu bringen. „Sonderzuteilung! Ausgezeichnet. Was es wohl gibt? Schmalz, Heringe oder gar Schnaps?"

So sorgte Doktor Nölle dafür, daß der Schulsaal bis zum letzten Platz besetzt war.

Der Bürgermeister hatte verschiedene Dorfangelegenheiten zu besprechen. Das zunehmende Auftreten des Kartoffelkäfers war ein Grund zu ernster Besorgnis. – In einer nachbarlichen Gemeinde war ein ganzer Wald gefällt worden, weil der Borkenkäfer großen Schaden angerichtet hatte. Es mußte Vorsorge gegen Einschleppung dieser Schädlinge getroffen werden. – Es gab Neuregelungen für die Rentenempfänger; Anregungen für verbesserte Obstanlagen wurden gegeben. – Aber noch kein Wort über Sonderzuteilungen. Als der Bürgermeister seine Ansprache beendet hatte, sagte er: „Und nun hat Frau Doktor Sorger um das Wort gebeten. Ich bitte um ungeteilte Aufmerksamkeit."

„Und die Sonderzuteilung?" fragte Hans Pinkert, der Hinterwaldbauer, und stieß Doktor Nölle, der mitten unter den Zuhörern saß, von hinten an.

„Die kommt jetzt, verlaß dich drauf."

Siegberte stand aufgerichtet in ihrem schwarzen Kleid vor den Leuten. Kraft und Ruhe ging von ihr aus. Sie begann: „In unserem Dorf ist ein Mord geschehen!" – Sie hielt inne. Erstaunt, beunruhigt waren die Blicke der Männer und Frauen auf sie gerichtet. Siegberte fuhr fort: „Ein durch schwerstes Erleben gegangener Mensch, ein Heimatloser, ein schon vorher Verzweifelter ist durch Lieblosigkeit und Härte so schwer getroffen, daß er freiwillig in den Tod ging. Er ist gemordet worden!"

In diesem Augenblick sprang der Krugwirt mit haßentstelltem, rot angelaufenen Gesicht auf. Sein Atem keuchte, er hatte die Hände zu Fäusten geballt.

„Wer – wer ist ein Mörder?" Mit vor Erregung entstellter Stimme stieß er diese Worte hervor. Alles wandte sich ihm zu. Seine Frau aber zog ihn auf seinen Platz nieder: „August, wer redet denn von dir? Bis jetzt ist dein Name doch gar nicht genannt worden."

Der Krugwirt zitterte am ganzen Körper und wischte sich den Schweiß von der Stirne. Siegberte blieb ruhig. Sie hatte mit solchen Zwischenfällen gerechnet. Nach kurzer Pause fuhr sie fort: „Habt ihr euch schon einmal vorgestellt, wie uns zumute wäre, wenn wir Haus und Hof, die uns liebgewordenen, vertrauten Stätten, unsere Kirche, unsere Gräber, unsere Berge und Wälder innerhalb einer Stunde verlassen müßten und nur mit dem, was wir eben tragen könnten, die Flucht ergreifen müßten? Und wenn wir dazu beschimpft, geschlagen und verfolgt würden? Stellt euch vor, uns hätte solches Schicksal ereilt, ihr hättet mit ansehen müssen, wie eure Kinder von eurer Seite gerissen und verschleppt, unsere Alten wie das Vieh getrieben, die Frauen geschändet worden wären, und ihr müßtet alle solche Behandlung und Schmach über euch ergehen lassen, ohne euch wehren zu können. Wir brauchen uns nur vorzustellen, das Schicksal unserer Flüchtlinge wäre das unserige — dann wäre es ausgeschlossen, daß solche Hartherzigkeit und Ungerechtigkeiten sich zeigen könnten, wie es in unserem Dorf der Fall ist."

Ein Murmeln ging durch die Reihen der Zuhörer. Protest oder Zustimmung? — Einige Frauen nickten; einige der Großbauern setzten eine überlegen abweisende Miene auf. — Was fiel dieser Siegberte ein, in solchem Ton mit ihnen zu reden! Mußte man sich das gefallen lassen, von einer, die mit ihnen aufgewachsen und zur Schule gegangen war?

„Es hat einer dieser Heimatlosen, der bei uns vergeblich Verständnis und Hilfe zu finden hoffte, in seiner Verzweiflung Selbstmord verübt. — Der Tote steht vor uns und klagt uns an. Unsere Härte und Lieblosigkeit, unsere Selbstsucht, unsere Angst, ein wenig von unserer Habe abgeben zu müssen an diejenigen, die nichts mehr besitzen, als ihr armes Leben, haben ihn gemordet."

Der Krugwirt rief aufgeregt: „Ich verbitte mir ..." Aber wieder zog ihn seine Frau zurück: „August, bist du verrück? Ich bitte dich, sei doch vernünftig! Der Nölle sitzt nicht weit von uns. Der ist imstande und haut dir eine runter."

Siegberte fuhr fort: „Das Volk, das nicht gewillt ist, seine Schwachen zu tragen, hat sich selbst das Todesurteil gesprochen. Habt ihr vergessen, welch ein Sturm der Entrüstung durch unser Dorf ging, als das traurige Schicksal des armen, blöden Jakob ruchbar wurde."

Der Eulenhofbauer bekam in diesem Augenblick einen Hustenanfall. Seine Frau schoß giftige Blicke nach Siegberte. – Das wurde ja heute wirklich bunt! –

„Sein geistiger Zustand verschlimmerte sich derartig, daß seine Verbringung in eine Heilanstalt nicht mehr zu umgehen war. Nach einigen Monaten kam die Nachricht, er sei an einer Blinddarmentzündung gestorben. Mein Mann und ich erhoben damals Protest, und wir betrachteten es als selbstverständlich, daß das Dorf diesen Protest unterstützte.

Aber was geschieht heute? Heimatlosen weisen wir die Türe und begegnen ihnen mit Härte. Dabei sitzen wir Sonntag für Sonntag in der Kirche und kennen das Wort: ‚Wohlzutun und mitzuteilen, vergesset nicht.'"

„Warum ist sie eigentlich nicht Pfarrer geworden?" rief es aus der hintersten Reihe.

Siegberte ließ sich nicht beirren.

„Ich habe nicht vor, euch eine Predigt zu halten. Dafür ist unser Pastor da, aber es kann uns nichts schaden, wenn wir uns daran erinnern, daß ein Segen darauf ruht, wenn man sich der Not des Nächsten annimmt; – ein Fluch folgt aber denen, die ihre Herzen und Häuser dieser Not verschließen. Unser Volk durchlebt Zeiten der größten Not und Demütigung. Soll dieses alles vergeblich sein? Habt ihr das Wort noch nie gehört: ‚Notzeit ist Offenbarungszeit‘? Von Offenbarungen spürt man bei uns allerdings sehr wenig. Müßten wir nicht alle zusammenstehen in diesen schweren Zeiten und einer dem andern helfen! Jeder von uns mußte in dem vergangenen Krieg seine Opfer bringen, und ich würde nicht wagen, in dieser Weise zu euch zu reden, wenn ich nicht auch mein Teil an Opfern beigetragen hätte. Wir wurden nicht gefragt, ob es angenehm war, unsere Söhne und Männer herzugeben. Ebensowenig war es unseren Flüchtlingen möglich, Gewaltmaßnahmen zu ergreifen, als sie Haus und Hof zurücklassen mußten. — Was ist jetzt unsere Aufgabe? Zusammenzuhalten — die uns auferlegten Lasten gemeinsam zu tragen und durch die Erlebnisse der Gegenwart zu reifen für die Aufgaben, die unserer noch warten mögen.

Faßt meine Worte nicht als eine Bevormundung auf. Ich würde mir eine solche Anmaßung nicht erlauben. Aber das darf ich doch wohl sagen, daß der Eichenhof seine Tore schon für viele Unglückliche geöffnet hat, die keine Heimat mehr hatten, und ich bin glücklich, so manchem armen Menschenkind ein wenig geholfen zu haben. Ihr habt mir bis jetzt euer Vertrauen geschenkt; nehmt auch jetzt mein Wort gut auf.“

„Deswegen lassen wir uns aber doch keine Vorschriften machen“, kam es halblaut aus den Reihen der Zuhörer. „Und einmal muß das Opferbringen auch ein Ende haben.“

„Wir haben kein Recht Kritik zu üben“, fuhr Siegberte fort, „wenn wir nicht selbst mit gutem Beispiel vorangehen. Täglich kann man in unseren Häusern Äußerungen des Unmuts über behördliche Bestimmungen hören. Wir fluchen denen, die über unser Volk das große Unheil gebracht haben. — Laßt uns doch zusammenstehen und uns die Hände reichen, um zu beweisen, daß die Schreckenszeit es nicht vermochte, alle Werte in uns zu ersticken. Laßt aus den Trümmern rings um uns her ein Neues erstehen. Wir wollen nicht länger Haß und Mißgunst säen, sondern neu beginnen. Diese Gesinnung sollen vor allem die Flüchtlinge merken, die unsere Hausgenossen geworden sind. Wir wollen aufbauen – nicht noch mehr einreißen. Und nun möchte ich meine Mitarbeiterin Sterna Seemoos bitten, das Gedicht vorzulesen, das sie kürzlich für einen aus der Gefangenschaft heimgekehrten jungen Arzt verfaßte, der schier daran zerbrach, die Heimat, die er vor Jahren verlassen hatte, in Trümmern wiederzufinden. – Ich denke, daß dieses Gedicht uns allen etwas zu sagen hat. Und damit habe ich gesagt, was mir auf dem Herzen lag."

Sterna erhob sich errötend. „Aber Siegberte, du hast mir ja gar nichts von diesem Vorhaben gesagt. Ich bin darauf nicht vorbereitet."

„Das ist auch nicht nötig. Hier ist dein Gedicht, bitte lies es jetzt. Ich verspreche mir viel davon."

Sterna Seemoos vermochte die Freundin nicht im Stich zu lassen. Sie selbst wäre in ihrer großen Bescheidenheit nicht auf den Gedanken gekommen, ihr Gedicht, mit dem sie dem befreundeten jungen Arzt einen Dienst erweisen wollte, an andere weiterzugeben. – Nun las sie es, erst ein wenig zögernd, dann aber als eine ihr zugedachte Aufgabe und mit dem Wunsch, durch dasselbe die Worte der Freundin zu unterstützen.

Es liegt das Land in Trümmern,
in das uns Gott gestellt.
Dort wo einst Leben brauste,
ist heute totes Feld.

In eingefallnen Mauern
haust grauenvolle Not.
Aus brandgeschwärzten Löchern
grinst fratzenhaft der Tod.

Was uns einst lieb und teuer,
in Scherben es zerbrach.
Stumm und verzweifelt fühlen
die Härte wir der Schmach,

die aus der Schuld geboren,
die aus Betrug entstand;
die Früchte eines Volkes,
das sich selbst nicht mehr fand,

das Gottes Weg verlassend
baute auf Menschenmacht
und göttlich Lieb verachtend
versank in Todesnacht.

Nun sehen wir erwachend
die Trümmer um uns her.
Daß es je anders werde,
wir glauben's fast nicht mehr.

So stand ich kürzlich sinnend
mit leiderfülltem Herz
vor solcher Trümmerstätte,
gebeugt in Gram und Schmerz.

Doch sieh, da fällt mein Auge
auf zartes Frühlingsgrün.
Aus Schutt, Geröll und Asche
erwächst ein neues Blühn.

Hier zierlich feine Blättchen,
dort schlicht grünes Gerank.
Es bahnt sich neues Leben
zum Licht und weiß ihm Dank.

Und auf verkohltem Balken
ein Vöglein singt sein Lied.
Durch meine müde Seele
ein Frühlingssehnen zieht.

Ich stehe da und staune,
noch kann ich's fassen nicht:
Aus modernder Zerstörung
strebt es empor zum Licht,

nur klein und unbedeutend
und doch voll Lebenkraft,
es grünt und blüht auf Trümmern.
So ist's, wenn Hoffnung schafft.

Still bin ich weitergangen,
noch zögernd war mein Schritt;
doch nahm von dieser Stätte
ich neues Hoffen mit.

*

Auch du stehst zwischen Trümmern,
auch um dich her wächst Not
aus mancher zerstörten Hoffnung. –
Es scheint, als siegt der Tod,

das Grau'n und die Vernichtung;
wohin du blickst, Zerfall;
die Menschheit steht an Gräbern.
Verzweiflung überall.

Und mitten in dies Weinen
bist du von Gott gestellt
und sollst vom Lichte zeugen,
das jede Nacht erhellt.

Da wird dir's oft gar bange,
du fühlst dich ohne Macht;
dir ist's, als tappest selber
du in dunkelster Nacht.

Du kehrtest heim erst eben
aus schwerem Kriegsgeschehn
und sollst als Baumann Gottes
bereits am Werke stehn.

In dir selbst liegt in Trümmern
soviel, was einst bestand.
Dir ist, als kehrst als Fremder
du in dein eigen Land.

Und dabei sollst du bauen,
Zerbrochnes richten auf! –
Du wirst am Werk verzagen,
wenn du nicht blickst hinauf

zu jenen Bergen Gottes,
von denen Hilfe naht,
so wie manch Diener Gottes
in Zeit der Not es tat.

Verzweifle nicht, dein Glaube
er soll noch Wunder sehn:
Aus Schutt, Geröll und Staube
soll neues Blühn erstehn.

Gott selbst wird dich erfüllen
mit seiner ew'gen Kraft,
die auch auf Trümmerstätten
ein neu Erleben schafft.

So werd in ihm nur stille,
trau's seinem Wirken zu!
Sein ew'ges Reich zu bauen
berufen bist auch du.

Und das Gedicht verfehlte seine Wirkung nicht. Es machte sichtlich Eindruck auf die Zuhörer.

Der Krugwirt konnte es sich allerdings nicht verkneifen, in grimmiger Weise halblaut zu bemerken, es sei eigentlich erstaunlich, daß diese Gemeindeversammlung nicht in der Kirche abgehalten werde und es würde ihn nicht wundern, wenn sie mit einem Choral geschlossen würde. Als er aber neben sich ein unterdrücktes Schluchzen vernahm und merkte, daß es seine Frau war, der die Tränen über das Gesicht liefen, da kämpften in ihm Verlegenheit und Wut. „Hörst du auf!" fauchte er sie halblaut an und stieß sie in die Seite. „Was gibt's denn da zu flennen?"

In diesem Augenblick erhob sich der Bürgermeister,

dankte Siegberte für ihre Ausführungen und fragte, ob irgend jemand noch etwas hinzuzufügen habe.

Ein nicht geringes Erstaunen ging durch die Versammlung, als sich der sonst so schweigsame Steinhaldenbauer erhob. Es kostete ihn sichtlich Überwindung, hier öffentlich zu sprechen, desto eindrucksvoller waren jedoch seine Worte.

„Ich habe mich auch nicht gerade gefreut, als man mir sechs Flüchtlinge ins Haus setzte", sagte er in seiner bedächtigen Art. „Wenn man ohnehin vor lauter Arbeit kaum Zeit für seine Familie findet, möchte man sein Haus nicht auch noch mit Fremden teilen. Wir haben mit unsern Flüchtlingen bis jetzt nicht in Streit gelebt; — allerdings auch nicht in Freundschaft, aber ich glaube, daß die Siegberte ... ich meine die Frau Doktor, recht hat — es muß manchmal nur einer kommen und es einem richtig sagen. — Wenn ich weiß, der Notleidende ist mein Bruder, dann steh' ich anders zu ihm. Ich glaube, da müssen wir uns alle was merken. Ich muß da auch manches anders machen. Es kann ja keiner verlangen, daß wir uns über die Einquartierung freuen, aber wenn diese Flüchtlinge nun schon einmal da sind, dann müssen wir ihnen das Leben doch einigermaßen erträglich machen." — Er setzte sich.

„Amen!" höhnte der Krugwirt und stand auf. „Komm, Weib, jetzt brauch ich einen Schnaps."

Die Versammlung war geschlossen.

Vor dem Schulhaus stand man noch eine Weile in Gruppen zusammen. Als Siegberte den Platz überquerte, waren es nur wenige, die sich durch ihre Haltung ihr gegenüber als Gegner kennzeichneten. Sie machte sich nichts daraus. Was sie gesagt hatte, war innerer Auftrag gewesen.

*

„Was halten Sie von Siegbertes Zustand?" Sterna Seemoos hatte soeben Doktor Nölle zum Hauptportal begleitet. „Ich bin in großer Sorge um sie."

Der Arzt antwortete nicht gleich. Er dachte angestrengt nach, dann stieß er seinen Stock grimmig in den Boden und fuhr auf: „Ist es denn ein Wunder? Was sie leistet, ist ja mehr wie menschenmöglich. Haben Sie schon einmal eine Frau gesehen, die sich solche Lasten freiwillig aufbürdet? Freiwillig aufbürdet, sage ich. Heruntergewirtschaftet hat sie sich einfach. Dieser Zusammenbruch war unvermeidlich. Was Sie jetzt in der ganzen Angelegenheit zu tun haben, ist, dafür zu sorgen, daß sie Ruhe und Schonung hat. Kein Mensch darf zu ihr ins Zimmer außer Ihnen und — mir natürlich, versteht sich von selbst. Aber allen andern gegenüber seien sie unerbittlich, sonst wird der Eichenhof in Kürze verwaist sein und damit ist niemand geholfen. Vor allem lassen Sie auch meine Schwester nicht zu ihr. Die Jette betet ja die Siegberte an, obgleich sie beinahe ihre Mutter sein könnte. Einen Narren hat sie an ihr gefressen und behauptet, sie habe ihr erst zu einem richtigen Leben verholfen. Nun ja, auch das nennt man Leben, wenn man alten Weibern die Stube putzt und stundenlang geduldig zuhört, wenn Mummelgreise im Buch der Erinnerung blättern. Aber wie es jedem gefällt! — Doch jetzt geht es nicht um Jette, sondern um Siegberte, und ich muß Sie bitten, Fräulein Seemoos, meinen Anweisungen Folge zu leisten. Ruhe, Ruhe und noch einmal Ruhe! Und wenn das in ihrem Hause mit hundert Kindern nicht möglich ist, so muß sie einfach eine Zeitlang weg, damit sie von allem nichts mehr hört und sieht."

Es war tatsächlich so. Siegberte war zusammengebrochen. Sie, die Starke, konnte eines Tages einfach nicht mehr weiterarbeiten. Nun lag sie in ihrem Zimmer und hatte Mühe, sich in die neue Situation zu finden. Seitdem Heiner nicht mehr lebte, hatte sie erst recht nichts anderes gekannt als Pflichterfüllung vom frühen Morgen bis zum späten Abend, und die Arbeit war ihr ein kostbares Geschenk gewesen. Sie hatte ihr nicht nur Vergessen gebracht, sondern sie auch über den Schmerz der Trennung hinausgehoben, hatte ihr Dasein ausgefüllt und ihr Leben befriedigt. – Und nun war sie zum Nichtstun verurteilt. Das war das Schwerste von allem. Aber sie spürte deutlich, daß sie trotz aller Energie nicht weiterarbeiten könnte. Doktor Nölle hatte recht, es war einfach zuviel gewesen. Wenn sie jetzt wenigstens zur Ruhe kommen könnte! Aber unaufhörlich zogen Bilder aus vergangenen Wochen an ihrem Auge vorüber.

Sie hatte längst nicht Platz genug in ihrem Haus, alle die Kinder aufzunehmen, die untergebracht werden sollten. Und nichts war ihr so schwer, als die Türen vor dieser Kindernot schließen zu müssen. Sie ließ sich jede neue Anfrage wegen der Unterbringung heimatloser Kinder melden, und solange noch die geringste Möglichkeit bestand, ein Plätzchen – und war es auch nur ein Notplätzchen – frei zu machen, geschah es. Ein Glück war es, daß Siegberte so vorzügliche Mitarbeiter hatte, die bereit waren, gleich ihr Opfer zu bringen und die ganze Kraft für die Pflege der ihnen anvertrauten Kinder einzusetzen.

Während Siegberte über das vielerlei Kinderelend, das ihr immer wieder begegnete, nachdachte, nahmen ihre Gedanken ihren Weg auch zu den Flüchtlingen. Wie bei den Dorfbewohnern in manchem Fall Unverstand und Lieblosigkeit den Fremden gegenüber zutage traten, so zeigten sich oft auch bei letzteren böser Wille und Undankbarkeit. Manche von den Fremden übersahen, daß ihr Kommen für die Dorfbewohner auch Einschränkung und Opferbringen bedeutete. Da galt es zu schlichten, zu ermahnen und zu ermutigen. Wer hätte das besser zu tun vermocht als eben Siegberte?

Schließlich hatte Siegberte die Flüchtlingsfrauen jeden Monat einmal auf den Eichenhof zu einer Zusammenkunft eingeladen. An freundlich gedeckten Tischen wurde ihnen da Kaffee serviert, sie durften ihre Näh- und Flickarbeiten mitbringen. Siegberte nahm sich Zeit für alle. Wenn sie auswärts in der Praxis war, trat Sterna an ihre Stelle. Die Frauen durften von ihren Erlebnissen berichten, ihre Nöte vorbringen, man gab ihnen Rat. Auch las man mit ihnen ein gutes Buch. Diese Zusammenkünfte sollten den Flüchtlingen sagen: wir wollen euch helfen, wir wollen euch verstehen! Siegberte ließ sie ihre Heimatlieder singen, erkundigte sich nach Sitten und Gebräuchen ihrer Heimat, und verstand es, in feiner, zartfühlender Weise den oft recht verzagten Frauen neuen Lebensmut zu vermitteln und ihnen ihr Dasein etwas zu erleichtern. Aber all dies forderte natürlich Kraft.

Auch ihren kleinen Freundeskreis hatte sie versucht weiter zu pflegen. An jedem ersten Sonntag im Monat war man irgendwo zusammengekommen, sei es bei Rolf Kabel im Hause „Heimkehr", sei es auf dem Steinhaldenhof oder bei ihr auf dem Eichenhof. Die Freunde dankten es ihr. Man hatte sich immer etwas zu geben. Die Seele des Ganzen aber war und blieb Siegberte.

Glücklich war sie, zu sehen, wie nicht nur Jette Nölle, sondern auch Frau Happland die Mauern ihrer engen Welt der Selbstsucht und Eigenliebe sprengte. Es war erstaunlich, wie die beiden Frauen sich in der Arbeit im Altersheim zusammengefunden hatten, wie eine der andern behilflich war und wie sie dabei ihre eigenen Nöte vergaßen.

In freudiger Erregung war Sabine eines Tages zu Siegberte gekommen.

„Denk dir nur, mit unserer Großmama ist eine Veränderung vorgegangen. Jeden Morgen steigt sie von unserem Berg herunter, ganz einerlei wie das Wetter ist. ‚Meine alten Leutchen brauchen mich', sagt sie. ‚Nun weiß ich doch wirklich, wofür ich lebe.' Und denke dir, Siegberte, jetzt freut sie sich auf unser Kleines, das wir erwarten. Wir spüren alle die Wandlung; auch mein Mann sagt, unsere Großmama sei kaum wiederzuerkennen."

Siegbertes Art war so, daß sie alles, was an sie herantrat, außerordentlich stark erlebte. Freud und Leid des Nächsten nahm sie als ihr eigenes hin. Oft war ihr bei der vielen Arbeit der Gedanke gekommen, einen Assistenzarzt heranzuziehen, der sie entlasten könnte. Aber sie hatte sich tatsächlich nie Zeit genommen, sich danach umzutun. So hatte sie täglich ihre Sprechstunden, war mit ihrem Wagen unterwegs um die Patienten aufzusuchen, und kam sie heim, so beanspruchte sie das Kinderheim wieder völlig. Ihr Wirkungskreis vergrößerte sich ständig, und es war wohl die Freude an ihrer Arbeit, die sie überhaupt immer wieder aufrecht hielt.

Gestern hatte sie noch ein Erlebnis beim Krugwirt gehabt. Sein jüngstes Töchterchen, an dem er mit besonderer Liebe hing, war plötzlich schwer erkrankt. Doktor Nölle zu holen hatte er sich geweigert und mit Siegberte war er verfeindet. Er hatte versucht, einen Arzt aus der Kreisstadt zu bekommen. Dieser war aber nicht zu erreichen. Der Zustand des Kindes verschlechterte sich jedoch von Stunde zu Stunde derart, daß ihm kein anderer Ausweg blieb, als entweder Doktor Nölle oder Siegberte zu rufen. Der erstere lehnte es entschieden ab zu kommen. „Ich bin außer Dienst und dem Krugwirt sein Haus betrete ich nicht mehr." Die Angst um das todkranke Kind hatte den Wirt schließlich bewogen, Siegberte anzurufen und sie zu bitten, in sein Haus zu kommen. Als sie kurz darauf das Zimmer betrat, in dem das röchelnde Kind lag, tat der Krugwirt zuerst recht fremd. Siegberte übersah geflissentlich seine Haltung. Was hatte sie auch mit ihm zu tun. Das todkranke Kind benötigte sie. Nachdem sie die Kleine untersucht hatte, machte sie keinen Hehl daraus, daß es sehr ernst um sie stehe. Winselnd schlich der Vater sich zu Siegberte und bat: „Frau Doktor, helfen Sie ihr! Ich will keine Kosten scheuen, aber das Kind darf nicht sterben. Es ist mein liebstes. Fordern Sie, was Sie wollen, aber retten Sie das Kind."

Siegberte antwortete nicht und würdigte den charakterlosen Menschen auch keines Blickes. Die zuckende Hand des kleinen Mädchens in der ihrigen haltend, beobachtete sie das Kind unablässig. Dann rief sie die Mutter, die ihr Handreichungen tun mußte. Als sie sich anschickte, der Kleinen eine Spritze zu verabreichen, hielt sich der Vater die Augen zu und jammerte, als müsse er selber unter das Messer. „Ich halte es nicht aus! Ich kann es nicht mit ansehen!" Mit gefalteten Händen wandte er sich wieder Siegberte zu. „Retten Sie das Kind! Ich will auch drüben im Altersheim neue Öfen setzen lassen, und der lahme Scharkmann soll eine neue Matratze bekommen. Ich will auch für gutes Essen sorgen, die Alten sollen nicht hungern. Alles will ich tun, aber Gustchen soll leben!"

Siegberte bettete die Kleine wieder fürsorglich in die Kissen. Dann blickte sie den Krugwirt an, der in seiner unmännlichen Haltung geradezu widerlich wirkte. „Hätten Sie mich ein paar Tage früher gerufen, dann wäre ihr Kind noch zu retten gewesen. Ich fürchte, jetzt ist es zu spät."

Da fing der Mann an zu zittern; die Zähne schlugen ihm aufeinander. Mit verkrampften Händen bettelte er: „Ich beschwöre Sie, helfen Sie dem Kind. Ich gelobe . . ."

Er hatte nicht mehr nötig, sein Gelübde auszusprechen, denn in diesem Augenblick entrang sich der Brust des sterbenden Kindes ein qualvoller Seufzer. Das kleine Lichtlein war erloschen.

Was nun folgte, würde Siegberte so rasch nicht vergessen können. Wie ein Rasender gebärdete sich der Krugwirt. Er warf sich auf die Erde, schlug mit den Fäusten um sich, Schaum stand vor seinem Munde. Die Augen traten aus den Höhlen wie bei einem Irrsinnigen. Es blieb nichts anderes übrig, als ihn als Patienten zu behandeln. Erst nachdem die Ärztin auch ihm eine Spritze gegeben hatte, beruhigte er sich. Die Frau, totenbleich, stumm in ihrem Schmerz, geleitete Siegberte bis vor das Haus. „Kein Mensch ahnt, was ich bis jetzt durchgemacht habe", sagte sie, sonst nichts.

Dieses und manch anderes Erlebnis aus den vergangenen Tagen und Wochen zog nun an Siegbertes Seele vorüber, als sie zum Stilliegen gezwungen in ihrem Zimmer ruhte. Sie schloß die Augen. Was hatte Gott mit ihr vor? – Forderte er wirklich ein Zurücktreten von der ihr so liebgewordenen Arbeit? – Aber was sollte werden? Im Kinderheim selbst, das wußte sie, würde alles seinen geregelten Gang gehen, auch wenn sie einige Zeit aussetzen müßte. Dafür bürgten Sterna und die anderen Mitarbeiter. Auch die Landwirtschaft war in guten Händen. Fritz und Heidi Klickmüller waren ebenfalls unbedingt zuverlässig. – Was ihr Unruhe und Sorge bereitete, war die Praxis, die Patienten. – O Heiner, wärest du doch da! – Wie oft hatte sie diesen Seufzer nun schon ausgestoßen! Immer, immer waren ihre Gedanken mit ihm beschäftigt. Und merkwürdig war es, daß sie ihn oft ganz nah bei sich fühlte. Auch jetzt war es ihr gewesen, als streife sie sein Atem. – Bin ich vielleicht selber schon so weit an die Pforte der Ewigkeit gerückt, daß die Grenzen zwischen Diesseits und Jenseits einander näher gekommen sind? – Kommst du mir schon entgegen, Heiner, weil meine Zeit vielleicht auch bald abgelaufen ist? – Du kannst nicht weit von mir entfernt sein! Ich ahne dich, ich fühle dich – und unaussprechlich stark ist die Sehnsucht nach dir in meinem Herzen. – Aber ich kann nicht gehen, ohne daß alles geordnet ist. – Schwer wird es mir, unsagbar schwer, alles zurückzulassen, mit dem ich hier verbunden bin; vor allem die Arbeit, die ich über alles liebe. Die Kinder, meine alten Leute, die Kranken, die Freunde, alle die Aufgaben, die mein Dasein ausfüllten, die mich so reich machten und mir Herz und Hände füllten, so daß ich immer wieder austeilen konnte. – Göttlicher Kreislauf des Segens –, gesegnet werden, um andern ein Segen zu sein. – Heiner, ob du mir nahe bist und von allem weißt? – Ich wünschte, ich hätte Gewißheit. –

In diesem Augenblick öffnete sich die Türe, leise trat Sterna ein und beugte sich über das Bett der Freundin.

„Wie geht es dir, Siegberte? Ich glaube, du hast starkes Fieber. Versuche doch ein wenig zu schlafen." Sie neigte den Kopf tiefer zu der Kranken herab, um zu verstehen, was diese fast unhörbar flüsterte.

„Die Arbeit, die Praxis! – Es muß alles geordnet sein – vorher kann ich nicht gehen."

Auf dem Gesicht Sternas zeigten sich Sorge und Erschrecken.

„Was redest du, Liebes? Es kann gar keine Rede davon sein, daß du uns verläßt. Du brauchst nur Ruhe und Pflege – und daran soll es nicht fehlen. Und wenn du dich einigermaßen erholt hast, dann mußt du eine Weile weg von hier, um wieder ganz zu Kräften zu kommen. Um die Arbeit darfst du dich nicht sorgen. Es sind genügend Menschen da, die die Verantwortung für alles übernehmen und nichts lieber tun, als dich zu entlasten. Du darfst dich auf keinen Fall beunruhigen."

Sterna achtete fürsorglich darauf, daß Siegberte ungestört ruhen konnte. Wie ein Lauffeuer sprach es sich durchs Dorf, daß sie schwer erkrankt sei. Und schon meldeten sich die ersten Besucher. Ihre Rede an die Dorfbewohner war nicht fruchtlos geblieben. Das Verhältnis zwischen diesen und den Flüchtlingen hatte sich in vielen Fällen gebessert; man brachte einander gegenseitiges Verständnis entgegen und war guten Willens, in Harmonie zusammenzuleben. So konnte es nun vorkommen, daß eine Bäuerin mit der bei ihr wohnenden Flüchtlingsfrau zusammen vor Siegbertes Tür stand, um nur einmal hereinzuschauen und zu fragen, wie es um sie stand. Aber Sterna ließ sich auf nichts ein. In freundlicher Weise machte sie den Leuten klar, daß Siegberte jetzt unter allen Umständen Ruhe brauche. Dem mußten sich die Besucher fügen, wenn sie es auch nicht gerne taten.

Siegbertes kraftvolle und willensstarke Natur siegte über ihre Krankheit. Sie hatte sich nach Wochen soweit erholt, daß sie wieder bedeutungsvolle Entschlüsse fassen konnte.

Eines Nachmittags, als die Freundin mit einer Handarbeit still an ihrem Bett saß, fragte sie:

„Wie ist das mit dem jungen Arzt, mit dem du in Verbindung stehst? Erzähle mir doch bitte einmal von ihm!"

Es entging Siegberte nicht, daß Sterna errötete, während sie ihr antwortete.

„Wenn es dich nicht zu sehr anstrengt, will ich dir gern berichten. Wir sind Jugendfreunde. Harry Maywald wuchs als einziger Sohn einer Witwe in unserer Nachbarschaft auf. Sein Vater war sehr früh gestorben, die Mutter lebte nur für das Kind und arbeitete unermüdlich für seine Ausbildung. Harry ist sehr begabt. Er erhielt einige Stipendien, die Schulleitung förderte ihn, wo sie nur konnte. Auf der Universität tat er sich hervor durch Fleiß und Eifer. Sein höchstes Ziel war der Arztberuf. Kurz vor dem Krieg plante er, als praktischer Arzt sich niederzulassen. Alles wurde ihm zerschlagen. Er wurde schwer verwundet, jedoch wieder geheilt. Er mußte wieder an die Front zurückkehren und geriet kurz vor Kriegsende in Gefangenschaft. Lange habe ich nichts von ihm gehört, bis vor einigen Wochen sein erster Brief kam. Er ist zu seiner Mutter zurückgekehrt. Aber was er wiedergefunden hat, ist so furchtbar, daß er sich seelisch kaum erholen kann. Nun lebt er mit der Mutter in kümmerlichsten Verhältnissen. Natürlich wünscht er sich eine Praxis, aber die Möglichkeiten sind heute so gering und der Anfang ungeheuer schwer. Die wenigen Ersparnisse der Mutter sind aufgebraucht, ihr Hab und Gut durch Fliegerangriff vernichtet. Der moralische Zerfall in unserem Volk lastet noch schwerer auf meinem Freund als die Zerstörung der Städte. Er ist ein feinsinniger, tief empfindender Mensch, und es ist furchtbar, zu sehen, wie er unter der scheinbaren Hoffnungslosigkeit dieser Zeit leidet."

Siegberte richtete sich halb auf.

„Gib mir einmal deine Hand, Sterna! Warum hast du mir bis jetzt nichts von dieser Jugendliebe gesagt?"

Sternas Gesicht färbte sich noch dunkler. Sie hatte sichtlich Mühe, ihre Bewegung niederzukämpfen. Ihre Augen schimmerten feucht, als sie antwortete:

„Weil ich sie als hoffnungslos ansehe. Der Krieg, Harrys Verwundung, die schweren Verluste. Wenn er in gesicherter Existenz wäre, würde er mich gewiß fragen, ob wir nicht unseren Weg gemeinsam gehen wollen. So aber ist er zu stolz, als Unbemittelter meinen Vater zu bitten, ihm seine Tochter zu geben. Es ist wahr, Siegberte, ich habe Harry sehr lieb und könnte mir kein größeres Glück vorstellen, als seine Frau zu werden. Aber nie würde ich selbst etwas unternehmen. Ich habe versucht, stille zu werden im Gedanken daran, daß Gott mich vielleicht anders führen wolle, als es meines Herzens Wunsch ist. Daß ich mit dir in unserer wunderschönen Arbeit stehen darf, hat mir geholfen zu überwinden, was mir schwerfiel."

Siegberte antwortete nicht gleich und auch Sterna beugte sich wieder schweigend über ihre Arbeit. Die Freundin sah aber doch, wie eine Träne auf dieselbe tropfte. Nach einer ganzen Weile sagte Siegberte:

„Wenn ich wieder gesund sein werde, will ich zu diesem Harry Maywald fahren. Ich will Erkundigungen über ihn einziehen, und wenn er unseren Anforderungen entspricht, können wir ihm hier den Weg in die Praxis ebnen."

Jetzt mußte sie es sich gefallen lassen, daß Sterna aufsprang, die Arbeit aus ihren Händen fallen ließ und – Siegbertes Schwäche völlig vergessend – dieser mit einem Jubelruf um den Hals fiel.

„Siegberte, das wolltest du tun? Für Harry?"

Und auf einmal fing sie fassungslos zu weinen an, und Siegberte ahnte in diesem Augenblick, welch tapferen Kampf die Freundin bisher schweigend gekämpft hatte und wie groß ihre Haltung dabei gewesen war.

„Du Armes!" sagte sie und zog die Weinende an sich. „Wie gerne hätte ich mit dir diese Last getragen. Aber vielleicht können wir euch doch noch helfen."

Noch unter Tränen fragte Sterna: „Du sagst wiederholt ‚wir'? Von wem redest du?"

Da legte Siegberte sich zurück in die Kissen und ein Zug tiefer Traurigkeit war auf ihrem Gesicht zu lesen.

„Ach Sterna, es ahnt niemand, wie sehr ich noch immer mit Heiner verbunden bin. Alle Entscheidungen, die ich treffe, alle Arbeit, die ich verrichte, all mein Denken und Zielen wurzelt in ihm. Er ist mir so nah, daß ich mich oft wundere, seine Stimme nicht zu hören. Aber ich glaube, er würde auch diesen Entschluß billigen. Denn es ist mir ganz klar, daß ich in der seitherigen Weise nicht weiterarbeiten kann, und wenn nun Gott auch dieses Letzte noch von mir fordern sollte, das Aufgeben der Praxis, des eigentlichen Arztberufes, dann will ich auch dazu bereit sein."

*

Siegbertes Geburtstag. Seit acht Tagen hatte sie das Krankenlager verlassen, aber Sterna achtete darauf, daß sie sich schonte und keinerlei Arbeit aufnahm. Die dringlichsten Krankheitsfälle besorgte Doktor Nölle. „Siegberte zuliebe will ich es tun", hatte er brummend geäußert. „Es nimmt mich nur wunder, nach wem sie einmal greift, wenn sie den alten morschen Krückstock nicht mehr aus der Ecke hervorholen kann." Auch Doktor Nölle hatte zu den Gratulanten gehört. Ein Kommen und Gehen war es gewesen, und diesmal hatte Sterna es nicht gewagt, auch nur einem der Besucher zu wehren. Am frühen Morgen waren die verschiedenen Kindergruppen gekommen, um vor Siegbertes Zimmer ihre Lieder zu singen. Ein Kind aus jeder Abteilung trug ein Licht in den Händen. Freude sollte es verkünden und hell strahlen auf dem Weg ins neue Lebensjahr. Als Siegberte das kleine Bärbele auf dem Arm hatte und das Kind sein Ärmchen um ihren Hals legte und sich an sie schmiegte, sagte diese: „Das ist doch mein allerschönstes Geburtstagsgeschenk." Und nun wollten alle Kinder von der „Mutti" in den Arm genommen und gedrückt werden. So war sie umringt von einer ganzen Schar strahlender, kleiner Gratulanten, die sie aus ihrer Not gehoben und in das Licht einer sonnigen Kinderheimat versetzt hatte.

Sie saß noch mit Sterna am Kaffeetisch, den diese zierlich gedeckt und mit Blumen geschmückt hatte, als man durchs Fenster einen eigentümlichen Zug sich dem Haus nähern sah. Siegberte schob den Vorhang beiseite.

„Sieh nur, Sterna, Jettchen Nölle und Frau Happland kommen mit ihren alten Leuten zu mir. Das ist wirklich mehr, als wie ich erwartet hätte."

Langsam, Schritt für Schritt, einige auf Stöcken gestützt, einer der alten Männer sogar im Fahrstuhl, kamen sie zum Eichenhof. Siegberte trat ihnen auf der Freitreppe entgegen. „Meine guten Alten, ihr ahnt ja nicht, wie ihr mich erfreut und überrascht."

Und nun geschah etwas, was niemand erwartet hatte. Sie bildeten einen Halbkreis, Jettchen Nölle zog aus ihrem handgestrickten Beutel einen Dirigentenstab, stellte sich vor ihre alten Leute und stimmte mit ihnen ein Geburtstagslied an. Auch Frau Happland sang von Herzen mit. Es war ein merkwürdiger Chor, das mußte man schon sagen. Und harmonisch klangen die Töne auch nicht gerade. Aber kaum ist ein Geburtstagskind inniger erfreut worden als Siegberte von diesen Gratulanten. Mit welcher Mühe hatte Jettchen Nölle das Geburtstagslied eingeübt! Und wie wichtig waren sich die Alten vorgekommen. Aber sie wußten ja alle, was sie Siegberte zu verdanken hatten. Daß sie schließlich doch eine freundliche Heimat gefunden hatten, daß sie versorgt waren und liebevoll betreut wurden, war Siegbertes Werk. Einer der Männer trat hervor und hielt, wenn auch mit zitternder Stimme, eine kleine Geburtstagsrede.

Sterna war sofort in die Küche geeilt, nachdem sie die alten Leutchen hatte kommen sehen, um dort ein Geburtstagsfrühstück für sie zu bestellen. Und nun saß Siegberte zwischen ihren alten Leuten. Sie freute sich mit ihnen und feierte einen Geburtstag wie nie zuvor. Auch von den im Dorf zerstreut wohnenden Flüchtlingen kamen einige. Und dann fehlten natürlich Heidis Kinder nicht, vor allem nicht Hans-Peter, der nun schon ein strammer Junge geworden war. Noch bevor er seinen Glückwunsch anbrachte, zog er Siegberte zu sich herunter, um sich zu erkundigen:

„Was gibt es, Kaffee oder Kakao? Und wieviel Kuchen kann man essen?"

Auch Alwine vom Steinhaldenhof stellte sich mit ihren Kindern ein. Tiefbewegt streckte sie Siegberte die Hand entgegen.

„Frau Doktor, es kann keiner mehr um Ihr Leben gebangt haben als ich. Sie wissen, ich bringe es nicht fertig, viel Worte zu machen; aber nebst Gott verdanke ich Ihnen mein großes Glück. Nie kann ich Ihnen vergelten, was Sie an mir getan haben."

Siegberte schloß die junge Frau bewegt in die Arme.

„Alwine, du weißt doch längst, deine Freude ist meine Freude, und nur dadurch ist mein Dasein reich, daß ich für andere lebe."

Gegen Abend war sie nun doch recht müde. Müde von der Freude – müde durch die Fülle von Liebe, die ihr entgegengebracht wurde. Sie erwartete zum Ausgang des Tages noch den Kreis ihrer Freunde. Rolf Kabel hatte versprochen, aus seinem neuen Manuskript vorzulesen.

„Ruhe dich vorher noch eine Stunde aus", mahnte Sterna, „sonst wird es dir doch zuviel. Ich gehe inzwischen, um alles vorzubereiten."

Als sie nach etwa einer halben Stunde das Zimmer wieder betrat, lag Siegberte totenbleich auf ihrem Ruhebett. Sterna erschrak. „Was ist dir, Siegberte? Es geht dir nicht gut – ich sehe es."

Da reichte diese ihr wortlos einen Brief, den ein Zimmermädchen während Sternas Abwesenheit gebracht hatte – einen Eilbrief.

„Lies ihn", sagte sie. „Es ist fast mehr, als ich verkraften kann."

Sterna zog einen Stuhl heran. Der Brief war von Schwester Dora, die ihr damals die Nachricht vom Tode ihres Mannes gebracht hatte. Sie schrieb:

„Sehr verehrte Frau Doktor!

Ich habe Ihnen eine Nachricht mitzuteilen, die mich selber aufs tiefste erschütterte und Ihnen aufs neue die alten Wunden aufreißen wird, Ihr Herz jedoch mit neuer Hoffnung und Zuversicht erfüllen soll. Ich bin gestern auf merkwürdige Weise mit jenem Sanitäter zusammengetroffen, der mir damals mitteilte, daß Ihr Gatte, Doktor Sorger, in seinen Armen verschieden sei. Ich nehme an, daß Sie noch immer ohne amtliche Bestätigung dieser Nachricht sind. Bei unserer Unterredung ließ ich mir von dem Mann noch einmal die Ereignisse jenes schrecklichen Tages schildern. Dabei wurde mir klar, daß es sich um eine Verwechslung handeln müsse. Dieser Sanitäter war nämlich erst wenige Tage vor unserer Flucht zu uns ins Lazarett gekommen und kannte die Ärzte noch nicht genügend. Nach der Beschreibung des Arztes, der damals im Straßengraben verschied, kann es sich sehr wohl um einen der beiden Assistenzärzte handeln. Es scheint mir sogar ganz sicher, daß der Verstorbene Doktor Hartmut war und nicht Ihr Gatte. Der Sanitäter konnte mir Näheres nicht berichten. Es ging damals alles so schnell, daß er nicht einmal die Papiere des Verstorbenen an sich nehmen konnte. Er mußte ihn zurücklassen und mit den andern flüchten, weil ihn sonst dasselbe Los getroffen hätte. Zudem waren die Szenen jener Stunden so schrecklich, daß er nicht imstande ist, ein klares Bild über alle Einzelheiten zu entwerfen.

Dieser Bericht besagt natürlich nichts Bestimmtes. Aber doch wird er in Ihnen einen noch hellen Hoffnungsschimmer entfachen, wie das bei mir der Fall war, die ich an Herrn Doktor Sorger mit allergrößter Achtung und Verehrung denke. Sie aber werden sich an diesen Hoffnungsstrahl klammern. Gott möge ihn zu einem hellen Licht werden lassen und Ihrem Hoffen Erfüllung schenken.

Es ist möglich, daß ich in den nächsten Wochen in Ihre Gegend komme. Wenn Sie gestatten, werde ich Sie besuchen und wir können über alles noch sprechen.

Ich grüße Sie sehr herzlich.

Ihre ergebene Schwester Dora."

Sterna ließ das Blatt in ihrer Hand sinken. Dann ließ sie sich neben dem Ruhebett nieder, umfaßte Siegberte, von deren Lippen noch immer kein Wort kam, deren Augen aber einen fast beängstigenden Ausdruck bekommen hatten.

„Siegberte", bat Sterna, „ich bitte dich um eines, rege dich nicht auf, du schadest dir — ein Rückschlag würde die Folge sein. Sei tapfer, wie du es bisher warst und denke daran, daß ich bei dir bin, um alles, was auch kommen mag, mit dir zu tragen. O Siegberte, wenn es Wahrheit wäre, wenn er lebte — —!"

Und nun rang sich ein wehes Schluchzen aus Siegbertes Brust. Sterna war froh dafür; diese Tränen halfen der Freundin, ihrer starken inneren Bewegung Herr zu werden. Siegberte schien die Anwesenheit Sternas ganz vergessen zu haben. Sie preßte die Hände vor das tränennasse Gesicht.

„Heiner, wo bist du? Wo soll ich dich suchen? — Darf ich dieser Hoffnung Raum lassen, nachdem ich in all den Monaten darum rang, stille zu werden und ‚ja' zu sagen zu der Forderung Gottes? Wieviel furchtbarer wird es sein, wenn diese Hoffnung nicht zur Erfüllung wird. — Heiner, wo soll ich dich suchen? — Und doch ist mir's immer so gewesen, als könnte es nicht sein. Jetzt weiß ich, weshalb ich dich so nahe fühlte, weshalb es mir war, als höre ich, wenn auch aus weiter Ferne, deine Stimme — als spüre ich den Hauch deines Mundes! — Und niemals kann die Sehnsucht nach einem Verstorbenen das Herz so bedrängen, wie ich es durchlebt und durchlitten habe. — Heiner, wo bist du?" —

„Siegberte", bat Sterna, „Siegberte, hörst du mich nicht? Komm zu dir, Siegberte — ich habe Angst um dich. Sei stark, sei tapfer, sei groß — wie du es bisher immer warst. Laß dich nicht überwältigen von der Gewalt dieser Stunde!" — Und dann weinte sie mit der Freundin. —

Das war Siegbertes Geburtstag.

Die Zusammenkunft mit den Freunden wurde natürlich abgesagt. Jetzt mußte Siegberte allein sein; allein mit der Not und der Freude — allein mit dem Fünklein Hoffnung, das doch so gewaltig war, daß es ihr fast das Herz zersprengte.

*

In Rotenacker gab es ein neues Dorfgespräch. „Wie gefällt euch dieser Doktor Maywald? Ein wenig still. Jedenfalls nicht so grob wie der alte Nölle — und natürlich längst nicht so tüchtig wie die Siegberte. Aber es soll ja seine erste Praxis sein und er wird schon Erfahrungen sammeln. — Und die andern erwiderten: „Wenn er nicht tüchtig wäre, hätte die Frau Doktor Sorger ihm nicht ihre Praxis übergeben. Schade ist's eigentlich, daß sie nicht mehr zu uns kommt, aber begreifen kann man es. Sie hat sich immer zuviel Arbeit aufgeladen. Aber gut, daß sie doch noch für uns da ist, wenn auch nicht mehr als unsere Ärztin. Aber das weiß man ja, daß jeder mit seiner Not zu ihr kommen kann, dafür nimmt sie sich immer Zeit, und es hat noch keiner ungetröstet den Eichenhof verlassen."— Wieder andere wußten sehr bald eine weitere Neuigkeit zu berichten. „Habt ihr schon gehört, daß auf dem Eichenhof eine Hochzeit stattfinden soll? Das Fräulein Sterna und der neue Doktor! Ob das wohl auch die Siegberte zustande gebracht hat? Ein stattliches Paar sind die beiden! Man hat sie gestern am Abend gesehen, als sie Hand in Hand am Waldrand gingen, nachdem der neue Doktor einige Patienten im Dorf besucht hatte."

Und Klickmüllers Kinder jubelten ebenso wie die des Steinhaldenhofes: „Wir dürfen mit bei der Hochzeit sein!" während Sabines Zwillinge von den andern beneidet wurden, weil sie dazu auserwählt waren, den Schleier von

Tante Sterna zu tragen. Festfreude und -vorbereitung inmitten schwerster Zeit. – Und wieder war die treibende Kraft Siegberte, die es einfach nicht fertigbrachte, untätig zu sein, und deren großes Lebensbedürfnis war, andere zu beschenken. – „Und wir", plante Jettchen Nölle, „wir üben wieder ein Lied mit unseren Alten ein – ein Hochzeitslied. Denn daß wir dabei sind, das steht fest."

Es war am Tag nach Sternas Fest. Schlicht, einfach und doch schön und festlich war die Hochzeit verlaufen. Eigentlich hatte das ganze Dorf sich mitgefreut, denn alle hatten die sonnige Mitarbeiterin Siegbertes, die ihrem Namen wirklich Ehre machte, ins Herz geschlossen. Und nun war das junge Paar für einige Tage abgereist, um sich nachher gemeinsam an Siegbertes Seite zu stellen, in ihren großen Wirkungskreis, der auch ihnen Lebensaufgabe bieten würde.

Siegberte verließ den Eichenhof, um nach Doktor Nölle zu sehen, der als einziger ihrer Freunde nicht an der Hochzeit hatte teilnehmen können. Ein schwerer Gelenkrheumatismus fesselte ihn ans Bett. In der Abwesenheit Doktor Maywalds hatte sie es übernommen, nach den Kranken zu sehen und die Sprechstunden zu halten. Nach ihrem alten Freund Doktor Nölle mußte sie aber in erster Linie sehen. Langsam schritt sie unter den alten Eichbäumen durch das Portal dem Dorf zu. Ihre Gedanken gingen Tag um Tag die gleichen Wege, seit Schwester Doras Brief in ihre Hand gekommen war. – „Heiner, du lebst, ich fühle dich! Warum läßt du mich ohne Nachricht?" – –

Vor einigen Tagen hatte sie in der Kreisstadt ein Heimkehrerlager besucht, in dem fast täglich ein Transport entlassener Gefangener ankam. Die Auskünfte, die sie dort einholen konnte, waren jedoch belanglos. Mit schwerem Herzen war sie zurückgekehrt. Wie sahen diese Männer aus! Junge Menschen – greisenhaft, viele von ihnen krank, mit geschwollenen Gliedern. Als das Entsetzlichste aber erschien ihr der stumpfe Ausdruck ihrer Augen. Was wartete auf sie? Die Städte in Trümmern, die Familien zerstreut, Frauen und Kinder vielfach gestorben, umgekommen! – Wo war ein Weg durch dieses Trümmerfeld hindurch? Wo die Möglichkeit zu einem neuen Anfang? – Aber unablässig klang es in Siegbertes Seele, seit sie all dieses Elend gesehen hatte: Wir müssen helfen, wir müssen zusammenstehen – wir müssen ihnen die Hände reichen!

Und mitten in dies Weinen
bist du von Gott gestellt,
und sollst vom Lichte zeugen,
das jede Nacht erhellt.

Wohl wird dir's oft so bange,
du fühlst dich ohne Macht,
dir ist's, du tappest selber
in völlig dunkler Nacht.

Helfen! – Helfen! – Sie meinte die Antwort zu vernehmen:

Verzweifle nicht, dein Glaube,
er soll noch Wunder sehn;
aus Schutt, Geröll und Staube
soll neues Blüh'n erstehn.

Gott selbst wird dich erfüllen
mit seiner ew'gen Kraft,
die auch auf Trümmerstätten
ein neues Leben schafft.

Und das Bild ihres sehnsüchtig erwarteten Mannes verschmolz mit dem dieser elenden, trostlosen Heimkehrer, die in solche Hoffnungslosigkeit zurückkamen. – Und noch einmal: Helfen, helfen –

Und dann geschah es. Noch hatte Siegberte die Allee nicht verlassen, als vom Dorf her ein Mann auf sie zukam. In vertragener, zerfetzter Uniform, mit müden, schleppenden Schritten, auf einen Stock gestützt, mit geschwollenen Füßen und eingefallenen Wangen kam er. Das spärliche Haar war schlohweiß. – Siegbertes Herzschlag stockte. In ihrem Herzen war ein einziger Aufschrei: Heiner! Über ihre bleichgewordenen Lippen kam kein Wort. Mitten auf der Straße blieb sie stehen und breitete die Arme aus. – Und dann erkannte er auch sie.

„Siegberte", stöhnte er auf, „hilf mir, ich bin am Ende meiner Kraft."

Da fühlte er sich schon von ihren Armen umschlungen.

Helfen! – Helfen!

„Ja, Heiner, wir helfen uns gegenseitig, und es wartet eine große Aufgabe auf uns."